あるくみるきく双書

田村善次郎・宮本千晴【監修】

宮本常一とあるいた昭和の日本

20

祭と芸能

農文協

はじめに

――そこはぼくらの「発見」の場であった――

「私にとって旅は発見であった。私自身の発見であり、日本の発見であった。書物の中で得られないものを得た。歩いてみると、その印象は実にひろく深いものであり、体験はまた多くのことを反省させてくれる。」これは『私の日本地図』の第一巻「天竜川にそって」の付録に書かれた宮本常一の「旅に学ぶ」という文章の一節である。これは宮本先生の持論でもあった。近畿日本ツーリスト・日本観光文化研究所に集まる若者の誰もが幾度となく聞かされ、旅ゆくことを奨められた。そして「どうじゃー、面白かったろうが」というのが旅から帰った者への先生の第一声であった。一生を旅に過ごしたといっても過言ではないほど、旅を続けた宮本先生にとって、旅は面白いものに決まっていた。それは発見があるからであった。発見は人を昂奮させ、魅了する。

この双書に収録された文章の多くは宮本常一に魅せられ、けしかけられて旅に出、旅に学ぶ楽しみと、発見の喜びを知った若者達の旅の記録である。一編一編は限られた村や町の紀行文であるが、こうして地域ごとに集めてみると、期せずして「昭和の風土記日本」と言ってもよいものになっている。

日本観光文化研究所は、宮本常一の私的な大学院みたいなものだといった人がいるが、この大学院は学歴も職歴も年齢も一切を問わない、皆平等で来るものを拒まないところであった。それだけに旺盛な好奇心と情熱をもった多様な性向の若者が出入りしていた。『あるく みる きく』は、この研究所の機関誌的な性格を持った月刊誌であり、所員、同人が写真を撮り、原稿を書き、レイアウトも編集もすることを原則としていた。編集者もデザイナーも筆者もカメラマンも、当時は皆まだ若かったし、素人であった。公刊が前提の原稿を書くのは初めてという人も少なくなかった。発見の喜び、感激を素直に表現し、紙面に定着させるのは容易なことではない。何回も写真を選び直し、原稿を書き改め、練り直す。徹夜は日常であった。素人の手作りからの出発であったが、この初心、発見の喜びと感激を素直に表現しようという姿勢、は最後まで貫かれていた。

月刊誌であるから毎月の刊行は義務である。多少のずれは許されても、欠号は許されない。特集の幾つかに宮本先生の古くからのお仲間や友人の執筆があるし、宮本先生も特集の何本かを執筆されているが、これらは欠号を出さず月刊を維持する苦心を物語るものである。

『あるく みる きく』の各号には、いま改めて読み返してみて、瑞々しい情熱と問題意識を感ずるものが多い。それは、私の贔屓目だけではなく、最後まで持ち続けられた初心、の故であるに違いない。

田村善次郎　宮本千晴

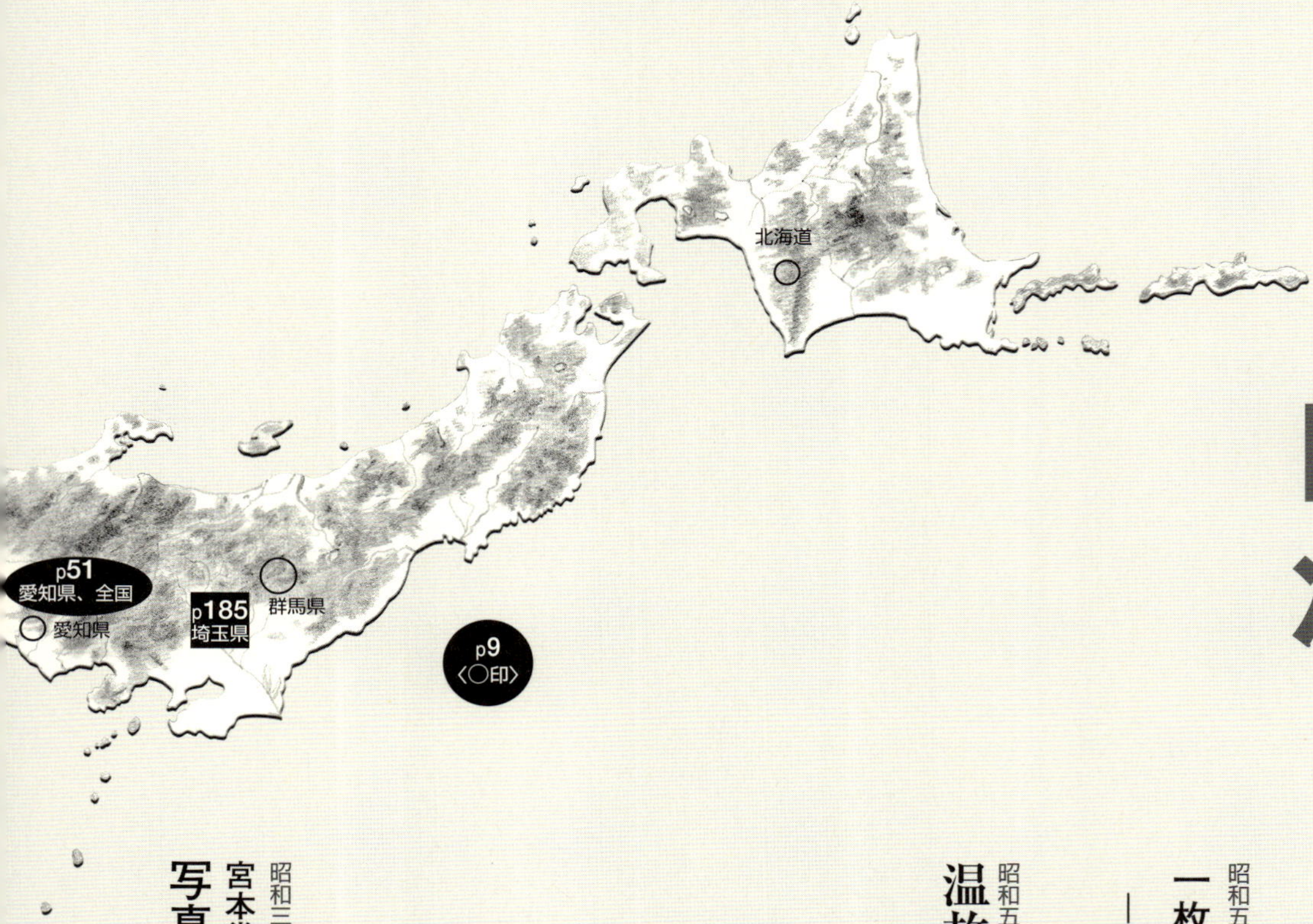
北海道
p51
愛知県、全国
愛知県
p185
埼玉県
群馬県
p9
〈○印〉

祭と芸能 目次

N
p137
広島県、岡山県、山口県、島根県
岡山県
p99
京都府
宮崎県
京都府
沖縄県

凡例

○この双書は『あるくみるきく』全二六三号の中から、日本国内の旅、地方の歴史・文化・祭礼行事などを特集したものを選出し、それを原本として地域および題目ごとに編集し合冊したものである。
○原本の『あるくみるきく』は、近畿日本ツーリストが開設した「日本観光文化研究所」（通称　観文研）の所長、民俗学者の宮本常一監修のもとに編集し昭和四二年（一九六七）三月創刊、昭和六三年（一九八八）一二月に終刊した月刊誌である。
○原本の『あるくみるきく』は一号ごとに特集の形を取り、表紙にその特集名を記した。合冊の中扉はその特集名を表題にした。
○編集にあたり、それぞれの執筆者に原本の原稿に加筆および訂正を入れてもらった。ただし文体は個性を尊重し、使用漢字、数字の記載法、送り仮名などの統一はしていない。
○写真は原本の『あるくみるきく』に掲載のものもあれば、あらたに組み替えたものもある。原本の写真を複写して使用したものもある。
○掲載写真の多くは原本の発行時の少し前に撮られているので、撮影年月は記載していない。
○写真撮影者は原本とは同一でないものもある。
○市町村名は原本の発行時のままで、合併によって市町村名の変わったものもある。また祭日や行事の日の変更もある。
○日本国有鉄道（通称「国鉄」）は民営化によって、昭和六二年（一九八七）四月一日から「ＪＲ」と呼ばれる。『あるくみるきく』はほとんどが国鉄当時の取材なので、鉄道の路線名・駅名など国鉄当時のものが多い。民営化によって廃線や駅名の変更、あるいは第三セクターの経営になった路線もあるが、それらは執筆時のままとし、特に註釈は記していない。
○この巻は須藤功が編集した。

一枚の写真から

宮本常一

—旅芸人—

伊勢大神楽「魁曲」。三重県桑名市　昭和47年（1972）12月　撮影・須藤　功

まだ大阪府の農村で小学校の教師をしていたころのことであるから、昭和の初の頃である。毎年のように村へ伊勢の大神楽がやって来た。一行の頭は伊藤森蔵といった。一行は四、五人であった。笛を吹き太鼓をならし、獅子舞をおこない、いろいろの曲芸をおこなう。村の中にあるお宮の境内でおこなう。村の者はみなその神楽を見にいった。そして獅子に頭をかんでもらうと夏病しないといって、女も子供も頭をかんでもらったものである。人びとは神楽がすむと、神輿と道具を車に積んで次の村へ向う。大神楽のまえに村の家々をまわって竈払《かまどばら》いをおこないお札をくばる。そのお札は入口に貼っておいたが、札の左下の隅に伊藤森蔵と書いてあった。伊藤さんは中肉中背の六〇歳前後のいかにも誠実な感じのする人で、村の人たちは毎年のように伊藤さんの来るのを待っていた。大神楽は代神楽であろうといわれている。本来ならば

伊勢へまいって神楽を奉納するところを、家にいて神楽を奉納することができるので村人にとっては心待ちせられるのもあたりまえである。この神楽は伊勢神宮のまつられている伊勢市にあるのではなく、桑名市の太夫町と、四日市市の阿倉川にあった。両方とも一二組あったから、全部で二四組であり、それが各地へわたりあるいて神楽をおこなったのである。しかし四日市のものは早くほろび、桑名のものも今親方が六人残っているにすぎなくなった。いつごろからこのような芸能がおこなわれるようになったか明らかでないが、近世初期にはもう各地をわたりあるいていたようである。さきにもいったように獅子舞の間に放下《ほうか》といわれる曲芸がおこなわれ、それが村人をよろこばせたのである。そしてその初は近江へ多く出かけていたようであるが、後には次第にひろがって大和・山城・河内・和泉・摂津あたりにも及んだようである。農家の入口に貼ってあるお札でそれとわかるのである。

戦後、近江の鈴鹿の近くをあるいていてこの仲間に出逢ったことがあった。その一行もお宮の境内で興行していたが、そのまえに一軒一軒の竈払いをおこない、家のまえで獅子舞を一曲舞い、最後にいろいろの獅子舞と放下芸の披露がある。獅子舞には鈴の舞、四方の舞、吉野舞、神来舞《しぐるま》、扇の舞などがあり、放下芸には手まり、水、綾とり、傘、献灯、魁曲《らんぎょく》などの曲芸があり、みな芸達者であった。

伊勢の大神楽であったか、あるいはおなじような座が他の地にもあったものか、子供の頃一度神楽を見たことがあった。それは代々神楽とよばれていた。

私の子供の頃に正月すぎによくやって来たのは万歳であった。鼓をうちながら寿詞《よごと》をのべるのであるが、私の祖父はその詞をみなおぼえていて、寝物語にその寿詞をよく唱えてもらったものである。そして私自身もほとんどおぼえていたのであるが、いまは唱えはじめの、

「万歳楽、万歳楽……」

という詞しかおぼえていないが、侍烏帽子《さむらいえぼし》に素襖《すおう》を着た老人の姿を今も思い出すことができる。

まだ一〇歳くらいのことであったと思うが、空気の澄んで晴れた夕方に万歳の一行が私の家へ来たことがある。家の者は留守であった。こういう人が来るとかならずお金を出す。そのお金に見あった唱えごとをして次へゆくのであるが、私はお金をもっていない。そこで仏壇のところへいってみると一〇円銀貨があった。私はそのお金を一行にわたしした。すると次の家へゆくのをやめて、表の障子をあけ放ち、一行は座敷へ上って芸をはじめた。若い娘は小さな琴をひきながらうたった。そして時折「オイデマシタカネ」という間《あい》の言葉をのべた。そんなとき、私の方を見てニコッと笑う。座敷ではいろいろの踊がおどられた。その中には田植踊もあった。私は気はずかしいような気持でそれを見ていた。一通りの芸ごとがすんで出ていったのだが、若い娘が「坊ちゃん」といってくれたのがとてもうれしかった。「坊ちゃん」といわれたのは生れてはじめてだった。

私の郷里へは正月から春さきにかけていろいろの門付芸人が訪れた。夷舞《えびすまい》は毎年のようにやって来た。笛と太

鼓にあわせて、日の丸を描いた立烏帽子をかぶり、直垂《ひたたれ》を着て舞うのだが、この方の言葉は少しおぼえている。

「ミサイナ、ミサイナ、オエベス舞をミサイナ。オエベスという人は、もとは漁師のことなれば、魚釣竿をかついで沖の浜へと出られた。沖をはるかにながむれば大鯛に小鯛に、チヌにハマチがチンラリシャンラリするわいな、ミサイナ、ミサイナ、オエベス舞をミサイナ……」

このようにしてつづいていくのだが、この舞は好きで私はよくその真似をした。

そのほかにエビスの人形をもったエビスまわし、阿波のデコまわし、獅子舞、盲僧琵琶、月琴ひき、猿まわしなどが来た。猿まわしは少しあたたかくなったころによく来てお宮の鳥居のところの広場で猿の芸を見せてくれた。小さな猿が人間の言葉を理解していろいろの芸をするのが何ともいえぬほどかわいかった。山の中で育った一匹の猿が、人間にとらえられて仲間とはなれて芸をおぼえて親方といっしょに旅をしてまわるということに、あるいとおしみをおぼえたのである。

猿まわしは毎年のようにやって来た。多分毎年おなじ人がやって来たのであろう。見にゆくときはたいてい一銭持っていった。それを投げると、猿はたくみに拾って親方のところへもっていく。芸がおわるとていねいに頭をさげ、親方が風呂敷包の荷を背負うと、その上にピョコンとのる。私たちはそのあとについてどこまでもいったものであった。

私は大正十二年（一九二三）、十六歳まで田舎にいた。そしてそのときまでは門付けの芸人は毎年のように来ていた。それから三年ほどして春休みや冬休みを持つことができるようになり、休みになると郷里へかえって時をすごすことが多かったのだが、わずか三年ほどの間に門付けの芸人はほとんど来なくなっていた。世の中が不景気になったためだといわれていたが、全く急速なかわり方であった。昭和五年（一九三〇）から六年へかけては病気のためにずっと故里で時をすごしたのだが、春をことほぐこれらの人の来訪はついぞなかった。

しかし、他の地方をあるいていると時折出あうことがあった。大神楽や万歳や福俵や願人坊《がんにんぼう》には昭和十七年頃まで諸所で出逢った。鳥追歌を唄って歩く夫婦と旅の宿で一しょになったこともあった。身の上話をきこうと思ったが男は語りたがらなかった。女は男にほれぬいているようであった。

後に東京府中へおちついて昔のことをいろいろきいてみると、ここには昭和十六、七年頃までたくさんの門付芸人がやって来ていたという。

その人びとによって春の心をゆたかにしたのであった。

伊勢大神楽。三重県桑名市　昭和47年(1972) 12月　撮影・須藤　功

安政年間（1854 ～ 1860）に描かれた「秋田風俗絵巻」所蔵・秋田県立博物館
上左「正月年礼」。上右「鳥追い」。下「かまくら」

温故正月

―巡りくる節《せつ》の理《ことわり》―

須藤功
萱野茂
都丸十九一
尾川いく子
佐藤健一郎

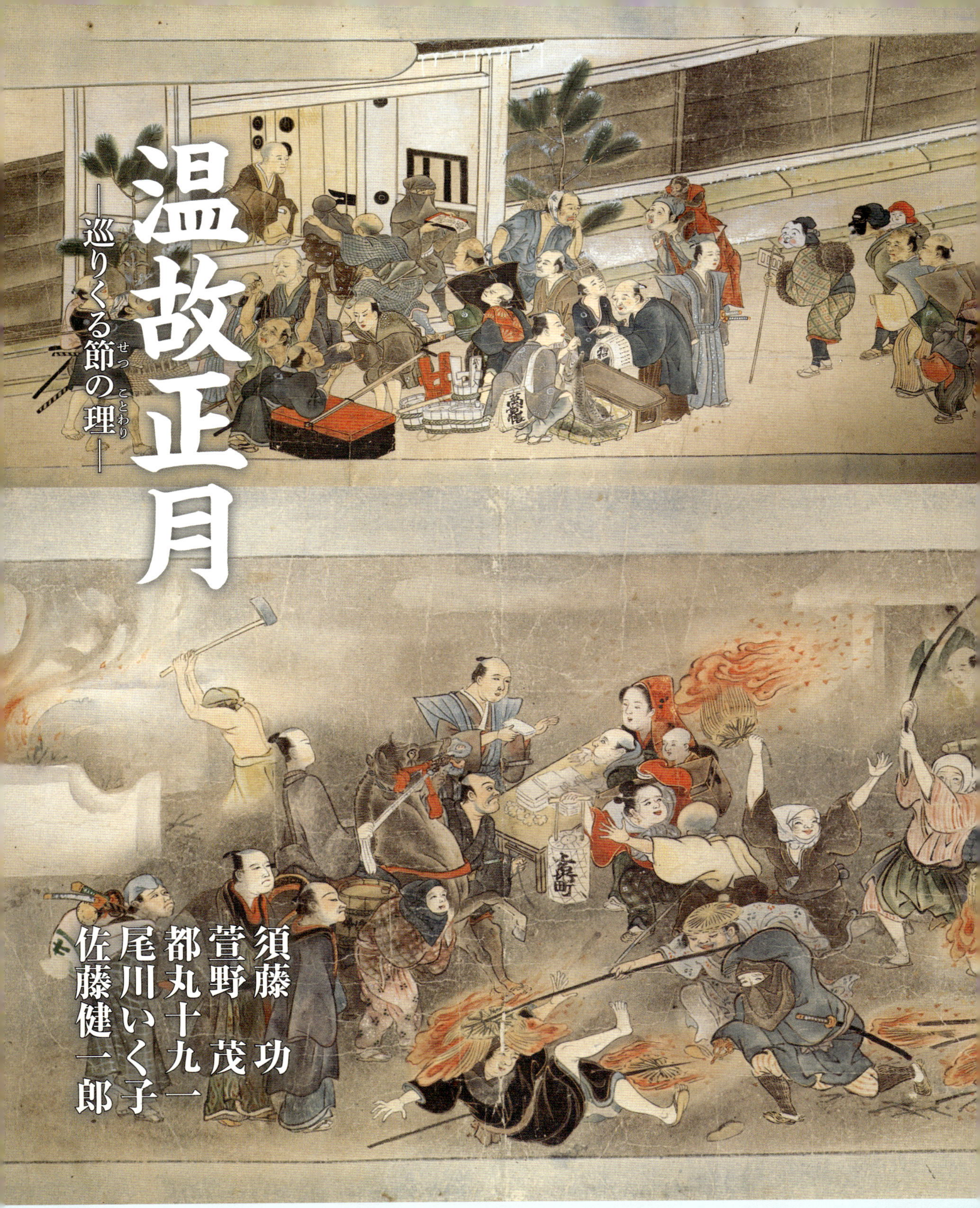

餅搗き。群馬県新治村東峰須川。昭和46年（1971）

また馬齢を重ねなければならないと嘆きながら、正月はめでたいとだれもが心を一つにして祝う。

一年・三百六十五日、その年の始めのめでたさは、めでたければめでたいほど楽しければ楽しいほど、その年が素晴らしいように思える。そして、より強く一年の幸せを願わずにはいられない。

そんな日本人の正月に対する心根は、昔といまとどれほど違っているだろうか。いや、おそらくは少しも変ってはいないだろう。その気持の表現方法だけは時代によって土地によって変っていたとしても。

わたくしたちの祖先は折目というものを大切にしてきた。月ごとに季節ごとに、めぐりくるその日を待ちわびて、きちんとまつりごとをなし、また、その日を心から楽しんだ。折目はまた節ともいう。それは竹の節《ふし》のようなもので、生活の中の一つの区切り、言葉を変えるとけじめである。

あらためていうまでもなく、正月はその中で最も大きな節であった。正月は家ごとに、部落ごとに、また、氏神を中心にしてその節をめでてきた。古くからのしきたりや行事を残しながら。

温故正月、それはさしずめ〝古き正月をたずねる〟とでもいったらいいのだろうか。それは現在のわたくしたちにも通ずる、祖先の人々のものの考えを知ることでもある。

満つる日に祈りをこめて
――年始・狩・呪力――

文・写真　須藤　功

浜でまわす三番叟。
三重県阿児町安乗

農作は一年の生活暦

うちよせる波がサラサラと引いていくたびに砂丘が広まって、足元から波までの距離が遠退いていった。満月の夜、原郷に近いという八重山のとある島でのことである。

「こんな夜はリーフ（珊瑚礁）まで歩いて行けますよ」

それは事実であった。ただ、月明りに白く光る波をじっと見ていると、何か引込まれていきそうで、私にはその波を追ってリーフまでいくことはできなかった。ありえないことながら、波が一度に戻ってきたらどうしよう、そんな不安もあった。

引いた潮はやがてまた満つる。自然の理といってしまえばそれまでのことながら、昔の人々にとってそれは絶対にそうなってくれなければならないものだったろう。満つること、それは豊漁・豊作につながっていたからである。

志摩の崎、熊野灘につきでた安乗《あのり》で「おきな祭り」を見たのはもう八年も前（昭和四十二年）の正月二日、そのときには見物人はただの二人だけだった。時刻は八分満つ、キラキラと輝く初春の海に向って扇を返す人形の姿は神々しかった。いかにも神があとの二分の潮を引寄せているようだった。同時に、満つるとわかっていながらそうしなければならないということは、そこに満つることへの願いがあって、その願いのかたちが〝まつり〟なのだなとも思ったのである。

〝まつり〟の意味するところは、どれも〝豊作〟ということにつながっているといっていい。ただ、その表現方法だけはどのまつりも異っている。祭日、場所、構成人員、飾り、芸能など、どのまつりも異って特色がある。たとえば、沖縄のまつりはいまでも陰暦である。しかし、それが正月を含めたまつりの意味を考えるよい例を示している。

八重山は沖縄本島からさらに南に下ったところにあって、どちらかというと台湾に近い。その八重山の豊年祭は陰暦の六月で、ギラギラと南の太陽が照りつける暑い盛りである。その時期は一期米の収穫のすぐあとになる。まつりは大きく二つにわけられ、それを二日にわたって行なうところもあれば、一日の一連の行事の中で二つに区切って行なうところもある。その初めをオン

幸せをたずさえて海のかなたから訪れる神を迎える、祖内の節《しつ》祭のハーリーと呼ぶ競漕。勝った船の船頭をまず胴あげして、それから神の座す御嶽《うたき》に最初に神を迎えたことを奉告する。沖縄県竹富町祖内（西表島）

プールといい、豊作を神のいます御嶽《うたき》に報告し、司《つかさ》と共に村人がこぞって感謝の気持を述べる。次は村プールで、そこでは次の世の果報、普通にはユークイなどといわれている豊作を願う行事になる。いろいろな八重山の芸能はその日に出される。そこに神と人が共に遊ぶ姿が残されている。

その遊びについて、『慶来慶田城《けらいけだぐすく》由来記』という記録の中に、昔は神田《かんだ》遊《あす》びは二、三ヶ月もしたとある。村人がうちそろって各家ごとに祝いをして歩いたからで、その間に刈取った切株から新芽がふいてたんぼは荒れる。それを踏んでならして、稲をまくと、次の作は豊かに実ったとある。そのことから豊年祭の神遊びが豊作につながっていたことがうかがえる。慶来慶田城は西表《いりおもて》島の外離《ばなり》島にあったものらしい。

豊年祭につづく節《しつ》祭は八重山の正月にあたっていた。琉球王尚敬が一七一三年に編集させた『琉球国由来記』の〈八重山地方年中祭記〉の中に、七月の己亥《つちのとい》は節祭、年が帰ってくる日で、家や蔵、辻などの掃除をし、いろいろな道具類を洗い清め、年縄を張って三日間は遊ぶ、とある。

現在、八重山の節祭は陰暦の八月か九月の干支を選んで行なわれている。西表島・祖内《そない》の節祭は同月の己亥の日で、一日目には競漕が一つのクライマックスになる。それは、稲魂《いなだま》・粟魂《あわだま》などを持ってやってくる神を早く迎えるためのものであろう。潮の満ちてくる時刻、祖内の前泊浜から滑りでた二隻のサバニは、はじめは静かに、次には沖に浮かぶ丸山《まるま》盆山《ぼんざ》という美しい小島のまわりを

古戸《ふっと》の「初午の種取り」のシシウチ。向かって右が雄鹿。左の雌鹿の腹部にごくが納められている（写真右上）。愛知県東栄町古戸

月のシシウチ。神主でもある花祭の花太夫が射る。愛知県東栄町月

まわってくる。力いっぱい漕ぐ男達、浜で声援を送る司《つかさ》を中心にした女達、澄んだ緑青の海にしぶきがあがり、はなやかな声がとぶ。はれやかな光景である。

　かつての節祭から始まる八重山の一年は、そのまま稲、粟など作物の成育に即したものだった。いまでもそれが読めるのは、陰暦が生きているからである。しかし、それは八重山にかぎったことではない。「内地」、八重山の人々がそう呼ぶ九州以北の村や町でも、かつては作物の成育に即したものであった。中でも稲作にともなったまつりが一番多く、その成育や農作業のくぎりくぎりが生活の折目であり、まつりの日であった。そのはじまりは花の咲きはじめるころ、いまの四月ごろだったのではないかといわれる。そのころは、稲をはじめとする作物の種をおろす農作始めの時期である。八重山の節祭の七月も二期米の種おろしをする時期であった。

　内地の盆と正月は同じ性格のものだといわれる。盆に帰ってくるのが祖霊なら、正月の神さまも祖霊の仮の姿であるということ、盆の迎え火・送り火と正月のドンド焼きの火が同じものだということ、それらのことがその大きな理由である。ここでいう正月とは小正月のことで

的作りをする新生児の親

籾《もみ》と木鍬《きぐわ》

ごくを食べる。

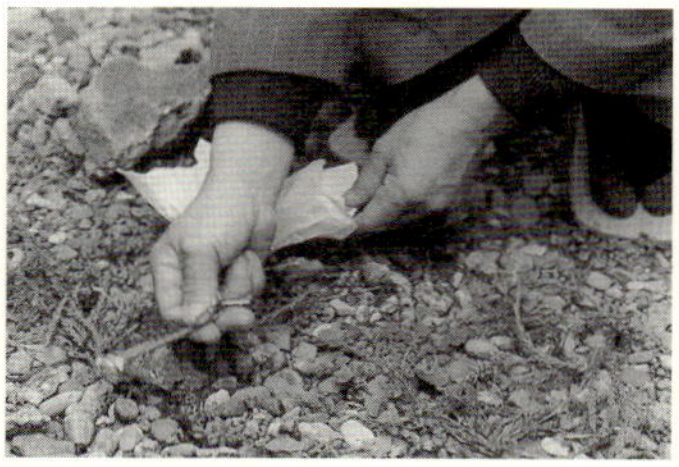
木鍬で土を取る。

古戸の「初午の種取り」は、旧暦二月の初午に行なわれる。氏神の諏訪社の土を小さな木鍬で取り、白米と混ぜて五穀とするので「種取り」というが、杉葉で作った雄雌の鹿を弓矢で射ることからシシウチともいう。この古戸のシシウチには、生まれた子が無事に大きくなりますように、という願いも重なっている。その願いは、鹿とは別に新生児の親が作る角的と丸的で示される。行事のあとの直会もこの新生児の家で行なわれる。

十二月十日の白山祭りの翌日、少年少女が奉納する「願果しの舞」は、無事に十五歳を迎えることができたことを氏神に奉告し、感謝するものである。

15歳になると、願成就の「願《がん》果《は》たしの舞」を舞う。

ある。その日は望《もち》の日、盆も七月の同じ日で、陰暦では月が満つる日である。

盆と正月が同じということは、半年が一つの生活単位になっていたことを物語る。それはどこからきているのだろうか。あるいは、米が二度できるということと関係があったのかもしれないのである。

矢を放って俵百俵

「ほら食べてみろ」

そういわれてつきだされた〝しし〟の臓腑は、まさに血のしたたるようなやつだった。ところが、目をつむって口の中にいれてもらうと、それは、えもいえぬ味があってとってもうまかった。九州は奥日向の銀鏡《しろみ》という山里で、猪の解体を写真にしていたときのことである。

〝しし〟、その言葉はところによって〈鹿〉だったり〈猪〉だったり〈熊〉だったりする。

「花祭」でよく知られた奥三河には、その他にも古い形のまつりがいろいろと数多く残されている。「しし祭り」もその一つで、そこでいう〝しし〟とは〈鹿〉のことである。ただ、まつりにはつくりものの鹿を用いる。

奥三河のほぼ真中にある東栄町古戸《ふっと》では、しし祭りを「初午の種取り」ともいい、陰暦二月の初午の日に行なわれる。氏神の境内にある稲荷社と諏訪社の前に杉の葉で雄雌二頭の鹿を形づくり、それを三人の別当が弓で射る。

その雌鹿の腹のところには杉の葉に包んだ〝ごく〟というものがあって、中身は小豆《あずき》飯の団子だが、それは鹿のさご（胎児）を模したものだという。別当が弓を射おわると、ひとりが鹿をたおして腹をさき、その〝ごく〟をとりだして団子を村人にくばる。いまはその団子をもらう人は少ないが、昔は混雑することを「初午の団子をもらうようだ」といったというから、大変な人出であったらしい。

〝ごく〟には、また、一緒に白米がそえてある。その白米を、村人は花の木で作った小さな鍬ですくって白紙にいれる。そこに、さらに諏訪社境内の土をいれてまぜ、五つの包みにわける。それは五穀の種の意味で、鹿の杉の葉と一緒に小さな鍬に結んでえべす棚に供える。「種取り」というのはそこからでているのだろう。

古戸から南に、山を二つ三つ越した東栄町月《つき》では「鹿射ち（シシウチ）」といい、陰暦の正月元旦に行なわれる。そこでは古戸の〝ごく〟のようなものはないが、宮司が矢を放つ前に唱えごとをする。

「このところ、当所にありたる米、麦、粟《あわ》、稗《ひえ》、大豆、小豆、えんどう、ぶんどう、根張りくき立ち、穂に穂が咲いて俵百俵」

これは雄の鹿を射るときのもので、雌の鹿を射るときには次のように唱える。

「糸とり女房十六人、綿くり女房十六人、のとがま七口、俵百俵」

この方は意味がよくわからないが、どちらにしても豊作を願っての唱え言葉なのだろう。

〝しし〟を射る。沖縄ではそれが猪になる。それも人間が即興的に猪を演ずるもので、内地のしし祭りが儀式的なのにくらべるとずっとくだけたものになる。

沖縄県国頭村安田のウンジャミと呼ぶ祭りの猪狩神事。頭から籠をかぶった猪役を司《つかさ》が弓矢で射る。

沖縄県国頭村比地のウンジャミでは、右のパパイヤにこめた鼠を一年に獲った猪の霊として、海に送って供養する。

パパイヤにこめた鼠

「おまえやれ」

「おれはこのまえやった」

「そんなら、まさみ、おまえやれ」

国頭村《くにがみそん》安田《あだ》では、〝しし〟の役をだれがやるかでもめた。猪の役は籠をかぶって少年がやるのだが、目先が見えなくなってウロウロするためにみんなに笑われる。そのことが少年たちの気を進まなくしているらしかった。

嘯《うそぶ》く口の三番叟の面。静岡県水窪《みさくぼ》町西浦（現浜松市）

山伏神楽とも呼ばれる大償《おおつぐない》神楽の面。口が面相を語っているようだ。岩手県大迫町大償（現花巻市）

安田の「猪取《しし》り」は毎年ではなく、一年おきのウンジャミというまつりのときに行なわれる。祭日は、陰暦七月盆の前の亥の日で、「猪取り」の行事そのものはいたって簡単である。籠をかぶった少年が神アシアゲの前にでてくると、同時に他の少年たちが神アシアゲのまわりを駆け足でまわりはじめる。そして、そこを三周する間に神人《かみんちゅ》が少年の猪を弓で射っておわりになる。

狩りの様を演じる「ししとぎり」の向かって右が嘯く面を着けた翁。宮崎県西都市銀鏡

安田《あだ》にくらべると、同じ国頭村の比地《ひじ》の猪を射る行事はもうちょっと次第が長い。あるいは、ウンジャミのすべてがそれだといっていい。それに、海の神人が猪を射るというのも興味があった。そのとき、山の神人は勢子のような役をするだけである。

　比地のウンジャミは安田の盆前に対して盆後の亥の日に行なわれる。猪は同じ籠で、海の神人が数本の矢を放ったあと、ひとりの男がその籠をかぶってはねまわる。それを数人の男で取り押えるのだが、それは犬が獲ったことを真似たものだという。

　そこでは供物に豚肉が用いられているが、それは猪肉の代りだという。また、パパイヤの青い実をくりぬいて、そこにネズミをいれたものをまつりの最後に海に送る。そのネズミも猪の代りだといい、海の神人によってウムイ（古謡）と共に送られるその様は、猪の霊を海のかなたの原郷、ニライカナイに送ってやることのように見えた。

節祭のミロクの行列を見守るオホホ。
沖縄県竹富町星立（西表島）

　弓矢による行事ではほかに歩射神事といわれるものもある。的への当り具合でその年の豊凶を占ったりするもので、その行事も初春に多い。弓矢ということでは、正月のお宮で買う〝破魔矢〟〝破魔弓〟を思いだす。古戸の種取りで使われる弓矢も〝はまゆみ〟〝はまや〟といった。柳田國男によると、その〝ハマ〟とは的のことで、円いハマを地上に転してそれを弓矢で射った。それは正

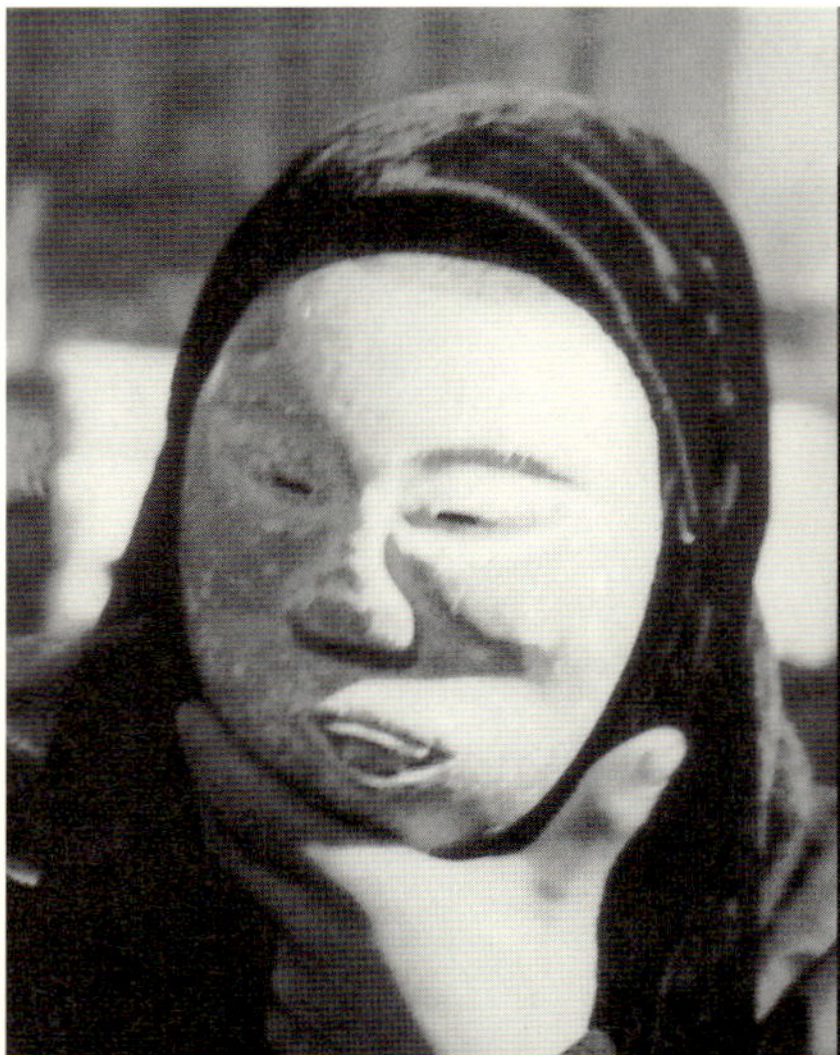
遠山祭の面。長野県上村下栗《しもぐり》（現飯田市）

壬生《みぶ》狂言「節分」の面。京都市中京区

月の男児の遊びだったのだが、遊びの方は忘れられ、弓矢だけが男児への贈物として残ったものだろうという。

忘れられたということから、奥三河や沖縄の〝しし〟を射るまつりは、一体なにが忘れられ、なにが残っているのだろうか。

古戸《ふっと》の種取りでは、かつて動物の臓腑と作物の種子が呪術的に結びついていたことを想像させてくれる。それは、最初に述べたように、臓腑のうまさとも関係があったのかもしれない。沖縄、特に比地《ひじ》のものでは、弓矢を持った海の民族のことを考えさせてくれる。また、沖縄のものは、狩猟の様を演ずることがそのまま豊猟にということにつながっている。満つることへの表現は動物でもなされたということである。

猪に聞えぬ笛の音

「ピッピー、ピッピー」

文字にするとするどいが、山間に響く実際の音はやわらかい。猪狩りのとき狩人が互の位置を知らせあう笛の音で、その音は音に敏感な猪に聞えないという。一本の細い竹で作った簡単なもので、その笛を〈たかうそ〉という。奥日向の銀鏡《しろみ》でのことである。

〝うそ〟、それは人をだますことであるがほらを吹くというときなどに使う〝うそぶく〟という言葉の方は、ただそれだけではない深い意味があった。辞書にも「口をすぼめて音をだすこと」とあるように、それは普段とは違う音を発することであった。たとえば、夜口笛を吹いてはいけないというのも、その裏には口をすぼめて音を出すことへのいましめがあったのである。

銀鏡の大祭の神楽の中に、〝ししとぎり〟という一番がある。ししとぎりというのは猪の足跡から猪が近くにいるかどうかを見極めて狩をはじめることで、ししとぎりは実際の猪狩りのはじめにする。神楽の〝ししとぎり〟では、その様から狩までを狂言風に演じていく。

じいさん、ばあさんの面をそれぞれつけた二人が、弓矢をかついででてきて、山に見立てられた柴の前でまず問答をする。次に〝まぶし割り〟をする。〝まぶし〟というのは猪のいる地域のことで、いくつかあるそのまぶしに銀鏡の実在の狩人の名をあげて割当てていくのである。そうして名を呼ばれることで、その狩人は猪がいっぱいとれることになるといわれ、昔は名を落とされることをきらったという。

その名を呼ぶのはじいさんの面の方で、その面の口はすぼまっている。

口のすぼまった面は、銀鏡だけではない、北から南まで各地に伝わる民俗芸能の中に数多く見られる。そして、その面は問答をするとかめでたい舞いをまうときにつけられる。

八重山の西表島・星立の節祭では、ミロクの行列のときにオホホという面の役がでる。やはり口のすぼまった面で、ミロクのとりすました面に対して多少こっけいである。オホホは、ミロクの行列に盛んに声をかけ、また去って行くときにはもう一度帰ってこいというように手招きをする。だが、ミロクはそのまま去ってしまう。それを土地の人々はミロクに相手にされないといっているが、オホホは少なくともミロクに声をかけられるだけの力を持っていることがうかがえるのである。

　折口信夫は、口のすぼまった面を説いて〈もどく〉ということにふれている。もどくというのは、主役のやったものを真似ておもしろおかしく見せるということで、それは、例のヒョットコにつながっている。が、民俗芸能では、その主役が多分に神格化されたものであるから、もどくは、神と人の間に立って神の言葉を解くものともいえる。オホホはその後者の方であろう。

　ものはじめに〝めでたい〟といわれてよくまわれる三番叟、その面も多く口がすぼまっている。それは三番叟それ自体がめでたいのではなく、呪力を持っていると思われる三番叟にまってもらうことで、〝めでたく〟なるのである。

　正月をはじめに節ごとにするいろいろなまつりは、神さまにだけ通ずる笛を吹くようなもので、それによって神さまにうそぶいてもらいたい、いうならば豊作と幸を約束してもらいたいからである。あらためていうまでもなく、それは、その呪力によって一年を〝めでたく〟過したいと思ってすることなのである。

正月はイナウのかおり

文・萱野　茂

アイヌの正月について、それも私自身が知っているもの、あるいは見たことのあるもので、いまはもう忘れられかけているような話があったら聞かせてほしいということでした。それで、昭和十年ごろのコタン（集落）二風谷《にぶたに》の正月風景について話してみたいと思います。

　十二月二十日が過ぎると、父は近くを流れる沙流《さる》川に柳の若木を伐りにでかけました。年によっては少し雪のつもっている岸辺におりたって、太さ三センチ、長さ一メートルほどの節のない部分を選びます。数は二、三十本、それはほかの家から頼まれたりするのを見込んだもので父はそれを背負って家に運んできました。

　アイヌの家の中の生活はイロリが中心になります。父は、そのイロリのそばで運んできた柳の若木の皮を削り、それからイロリの上の火棚にのせました。そして、一日に一度ぐらいずつ動かして木の外側が万遍なく乾くようにしました。それで正月のイナウをつくるのです。

　イナウは柳の木、あるいはミズキでつくられ、これをささげると神は大変喜んでアイヌを守ってくれると信じられています。よくイナウを御神体と説明されることがありますが、それは誤りで、イナウは神にささげる、あるいは神を造る材料のことです。

　一方、母は餅をつくる準備をしました。餅は全部が餅米ではありません。二斗つくとすると、一斗は餅米のもの、あとの一斗はイナキビか粟の餅です。餅をつくるのは大抵三十日の夜でした。餅米を蒸かす道具はいまとはまったく違うものでした。

　金持の家では普通のセイロも少しは使っていましたが、多くの家では石油缶を利用したものです。石油缶にバケツのようなつるをつけ、缶の中に高さ二十センチほどの木製の台をいれ、その上にすだれのようなものを敷きます。それが、そのころのアイヌ家族の一般の自家製のセイロだったのです。

餅のつくり方は、木製の台の七分目ぐらいまで水をいれ、うるかしておいた餅米や粟をやや荒い目の白い布袋に詰めてすだれの上へ置きます。そうして、その自家製のセイロを炉掛けにかけるのです。

ほどよく蒸けたところで餅つきがはじまります。臼や杵は日本本土で用いられているものと同じものです。

私たち子供は白い餅から先に食べ、黄色い粟餅などは一番しまいまで残っていたことを記憶しています。

餅米が豊富になったいまごろは白い餅ばかりです。たまにイナキビなどが手にはいると、ニューム製のセイロでガスコンロで蒸かし、電気餅つき器で餅をつき、その黄色い色と味に昔をなつかしがっています。

アイヌ特有の正月行事となるとあまり多くはありませんでした。それでも、正月二日から十日ほどの間に、シンヌラッパという先祖供養の式だけはほとんど家で行いました。

先祖供養のときのイナウ、チェホロカケプ
撮影・須藤　功

シンヌラッパは、正月につくったおいしい食物を亡き先祖の霊にささげるものです。何枚かの大きな膳に餅や菓子などいろいろな食物を山盛りにのせ、まずイロリばたにだします。そして火の神におねがいします。

〝大勢いるあなたの召使いのうちで、最も足も速く口も達者な者にこれらの供物を持たせて、私の先祖の誰れそれのところに届けてやって下さい〟

それから、膳にのせた食物と一緒にチェホロカケプというイナウや火の神の分身であるおきを持って外にでます。そして、家の東側にある祭壇の前にゴザを敷いて家の者がすわり、口ぐちに先祖の名を呼びながら膳の食物を指でつまんで祭壇の前に散らします。

このシンヌラッパには互いの家で招待したりされたりしました。そんなわけで、毎日どこかの家で同じようなことが繰り返し繰り返し行われていたのです。また、懐妊した女性は先祖供養に加わることを禁じられていました。そのため、その式のときに祭壇にでない若妻がいたりすると、老人たちは〝ああ、おめでただな〟といって喜んであげたものでした。

そんなアイヌコタンの正月風景もいまはほとんど見られなくなりました。百五十戸ほどある二風谷でも、その先祖供養を行うのは私の家をふくめてほんの数軒に減ってしまい、人目にほとんど触れることがなくなってしまいました。

はじめに話した柳の若木は、そのときに用いるイナウをつくるためのものでした。

幼い日には先祖供養の式が何のためなのかはっきりしませんでした。が、新しい年を迎え、削られたばかりのイナウのかおりと、雪にもおとらない清らかな白さは、いまになっても私の脳裏に深く焼きついてはなれない思い出の一つになっています。

〝ツクリモノ〟の語らく
—群馬県の小正月飾考—

文・都丸十九一
写真・須藤　功

ツルが飛んでいる。地図で見るとそんな形をしている群馬県は、赤城《あかぎ》山、榛名《はるな》山のすそのの交わるところを利根川が流れ、県を大きく二つに分けている。東と西、あるいは北と南とでもいえるのかもしれないのだが、気候、生業、交通などによって、それぞれそこに住む人々の生活に違いを見る。それは正月行事についてもいえるのだが、それについて順を追って述べていっても書ききれるものではない。そこで、小正月の行事にしぼり、私が関心を持っている三点に焦点をあてて述べてみたいと思う。

正月の火、盆の火
—道祖神祭—

〝ドウロクジン焼き〟、あるいは〝ドンド焼き〟といわれる小正月の行事は、かつて群馬の全域に行われていたと思われる。ところが、昭和二十四〜二十五年に私がその分布を調べたところでは、県の西半分の地帯に多く残っていた。地図の上で見ると、赤城山と伊勢崎市を結んだ線が境界をなしていた。その中で西方および北方の山間地帯に興味深いものが多く、山麓地帯から平坦地では子供だけの管理にゆだねられ、単に焼くだけのものになってしまっていた。

ドウロクジンは、道祖神と書いてもドウロクジン（道陸神）といっていたようだ。道祖神は道が二つに分れたりするところによく見られた双体の石像をさす。それは道標であると同時に、部落なり村なりに悪霊のはいってくるのを防いでくれる神さまであった。ドウロクジン焼きはその神さまをまつる行事だと一般にはいわれている。行事のやり方はそれぞれの土地で少しずつ違っているが、大抵は門飾りの松や竹を一ヶ所に集め、高く積み重ねて火をつける。いきおいよく燃えあがる炎は凍てつきそうな星空をこがし、しばし人々の頬を赤く染めて寒さを忘れさせる。その火でマユ玉を焼いて食べるとカゼをひかないなどともいう。

最近の各地からの情報では、そんな行事も急速に消えていっているという。

そうした中で、吾妻《あがつま》郡の多くの町村に見られる道祖神祭は興味をひかれる。

そのあたりでは正月十四日にその神を迎え、ごちそうを供える。神はヌルデの木で作られ、径十センチぐらいのものを長さ十数センチほどに輪切りにし、その円筒形の上部の皮を顔形にはぎ、そこに顔を描く。男女一対、男神はきつく、ひげもつける。女神は優しく描かれる。それを床の間に迎え、その晩の正式な食事

道祖二神と供えた蕎麦《そば》。吾妻町。
絵・富田清子

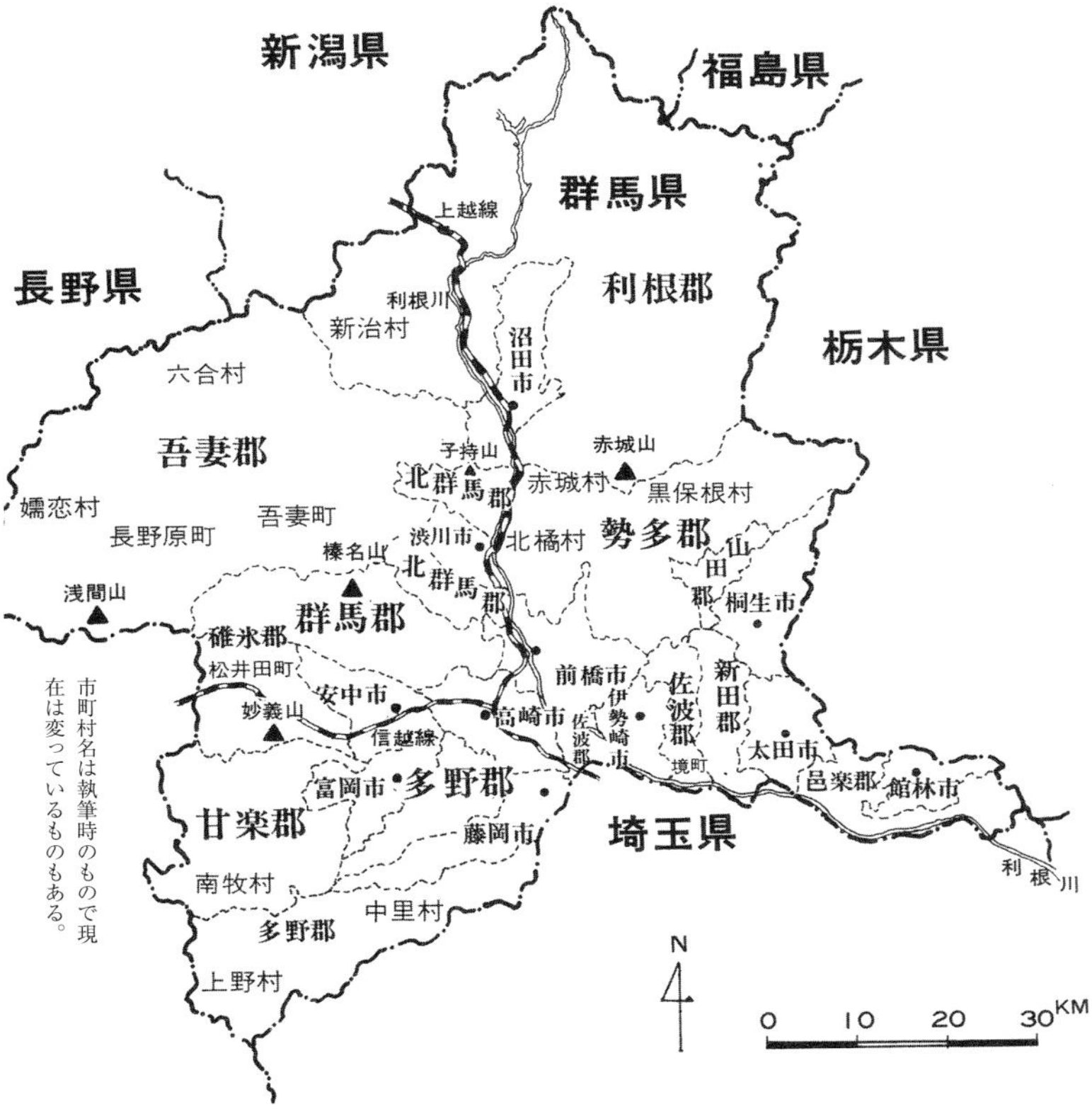

市町村名は執筆時のもので現在は変っているものもある。

であるソバを供えるのである。

それを見ていると、神は形のない目に見えないものではなく、具象の存在だったように思える。神を迎え、人と共に食することと、いわゆる共食がまつりの一つの意味だとすれば、その地域の道祖神祭は、神祭のもっとも素朴で原始的な形を残しているといえるのである。

それでは、その男女の神は本当に「道祖神」なのだろうか。ていねいに描かれた男神・女神の姿には、道祖の神というようなよそよそしいものではなくて、盆の門火に唱えられるオジイサン、オバアサン、つまり、家々の血につながる御先祖さまを思わせるのである。次項に述べるように、正月の中心の神がオミタマサマとすれば、オミタマサマはそんな姿だったのではなかったかと思えるのである。

それはともかく、その男女の神像は十四日の夜のドウロクジン焼きの火中に投じられて送られる。ところによっては、路傍の道祖神に供えるところもある。

ドウロクジン焼きはかつて盛大なものであった。子供の行事のように見られているが、むしろ大人の真剣な神祭であった。老若男女を問わず、その火の前に村人一同が集るようになっていたところが多い。よその村に嫁いだ者も、その夜には必ず帰ってくるようになっている村もあったのである。


豊年だ、万作だ。

三百六十五日の豊年だ。

（吾妻郡六合《くに》村）


村人たちはそうした火祭りの興奮の中でそんな歌を繰返した。また、獅子を舞ったり山車《だし》を出したり、そのあとに鳥追い行事がつづいたりしてはなやかな祭礼に発展したところもあったのである。

この行事の興奮は、特に子どもたちには忘れられないものであった。だから、多くの土地では子供たちが主役をつとめ、あるいは子供だけにゆだねられて伝えられてきたところもある。各家の門飾りを集める松寄せから、小屋つくり、奉加—勧進《かんじん》集め—など、子供たちにとって

カキバナをそえた双体道祖神。吾妻町

焼けて上のダルマが残ったドウロクジン焼き小屋。吾妻町

組み終えたドウロクジン焼き小屋。吾妻町

子供たちの手で作られるドウロクジン焼き小屋。吾妻町

ドウロクジン焼き小屋の上に連ねたダルマ。吾妻町

ワタシも手伝い。吾妻町

ドウロクジンの火でマユ玉を焼く。このマユ玉を食べると風邪を引かないという。吾妻町

は一つ一つが楽しいものであった。

カンジンボウ、カンジンボウ
道陸神やの　カンジンボウ

これは吾妻郡嬬恋《つまごい》村の子供たちの童唄である。ヌルデで造った木刀を持って、これでカタカタと音をたてながら勧進をもらい集めるのである。隣りの長野原町では次のように唱えたという。

道祖神のカンジ
ののうまたもカジ
へやのすみから　わーくわく
こがねのたから　どっぷり
ごわい　ごわい
（浅間風土記）

何か古そうな、中世歌謡の系列にでもはいりそうな唄だ。

いったい、このドウロクジン焼きの火の意味は何なのだろう。端的に結論をいえば、盆の迎え火、送り火に相当するものではなかったか。県内の年中行事を丹念に調べてみて、そんなことがいえそうに思えた。

吾妻町の各部落では、この十四日の火祭りを大正月のものと考えて、小正月の方のを二十日にも行い、〝二十日焼き〟と称しているところもある。そのことから、小正月中心に考えるならば、十四日の方を迎え火、二十日の方を送り火とと

出入口の上に魔除けにおいたドウロクジン焼きの木刀。上野村

屋根裏にさしたドウロクジン焼きの木刀。水上町（現みなかみ町）
撮影・都丸十九一

ることもできそうである。

　多野《たの》郡上野村、甘楽《かんら》郡南牧《なんもく》村、碓氷《うすい》郡松井田町などでは、この火をオッカド（ヌルデの木）で作った木刀に移してきて正月棚の御神灯にともすという。そうでなくとも、この木刀をこがして家に持ち帰り、便所、トボウ口、屋根裏などに置くところは広い。これは正月棚の御神灯にともすということは忘れてしまっても、ドウロクジン焼きの火を家にもたらして初めて小正月を迎えたことになるという、その感覚だけが強く残ったもののように思える。

　このことは、盆の精霊を墓から迎えて門火をたき、その火を移して盆提灯にともすことと同じ意味のように思える。同じようなことで、多野郡、甘楽郡に伝わる火アゲ、火トボシの行事も切り離しては考えられない。その行事では山上で燃した火を家に移して盆棚にともすのである。

　これらのことから、ドウロクジン焼きは、ただ道祖の神のまつりではなくて、正月の神の迎え火あるいは送り火としての火祭りと考えてよかろう。

門口で焚く盆の送り火。北橘村（現渋川市）

　松井田町恩賀のドウロクジン焼きは十四日であるが、翌十五日には〝カゴ祝い〟という行事があった。

　主役になる若者を「道陸神」と呼び、その扮装は、子供のオムツを袴に、女の襦袢を着てひげをつけ、かますを胴乱、ひしゃくをキセルにといった具合にまことに珍妙でおどけた格好である。それにオキンマラとカゴを持って新嫁衆の家をまわる。道陸神は新嫁を追い廻してカゴをかぶせ、その後、正座にすわってもてなしをうける。

　この道陸神は何だろうか。これもやはり小正月に訪れる神の姿であり、さらに想像をめぐらすならば、吾妻郡の道祖神像のように祖先の零落の姿だったのではないだろうか。そして、その神は、子孫

の家々に生産の予祝してまわる、という
ことではなかろうか。

正月さまへの供えもの
――ミタマメシ――

正月はまわりくる新しい年の、単なる祝いではない。

お正月は　くーるくる
○○○の　腰まで

多くの土地にそういった童唄が残されている。○○○が弾正山になったり、番上山になったり、阪本橋になったり、その土地に即して変るが、いずれにしても「お正月様」という神の去来を信じていたのである。同じような唄にこんなのもある。

お正月さま　何に乗ってござる
ユズリハに乗って
ゆずりゆずりでござる

この来臨される神の依代《よりしろ》となり、祭場の標示となるものが門松である。奥利根地方では、真直な十数年生の杉か松を伐って門に立てる。屋根の棟を抜きんでて、高く立てられたそれはまことにみごとである。

門松というが、長い杉を使った門飾り。水上町　撮影・都丸十九一

一方、屋内にはお正月様の神座が設けられる。それが〝オタナ〟、正月棚である。私はかつて県内各地のオタナを観察して歩いたことがある。その結果おおよそ次のようになった。

A、年々新しい松枝を買うところ。

B、楢の短いマキ程度のものを割って並べて編んで棚にするところ。

C、既製品の棚を持っているところ。

以上の三つだが、Bのところでは松板に変ってしまったところの方が多かった。Cは私の住んでいる勢多《せた》郡北橘《きたたちばな》村に多い。

ところで、この長いAのオタナを観察すると、多くは棚が二つに仕切られている。Bのオタナでは一つというところもあるが、多くは二つあって対をなしている。さらに、これをよく示すものは、Cのオタナで、かならず二つあって組になっている。

そのことからこのオタナに来臨されるお正月様は二神であることがわかる。一方には「歳徳皇太神」などという、神職家から配られたれっきとした神札がのせられているから、これは歳徳神、すなわ

笹竹に吊るした正月飾り。北橋村

小正月に竈《かまど》神に供えたマユ玉とカキバナ。北橋村

新調した手桶と正月様用品入れ。北橋村

小正月のマユ玉飾りとミタマメシ。北橋村

正月棚の小正月飾り。北橘村

居間のさまざまな小正月飾り。北橘村

マユ玉と一緒のキヌガササマ（養蚕神）北橘村

「十六」と呼ぶ長いカキバナ。北橘村

仏壇に供えたミタマメシ。北橘村

釜神に供えた初穂との注連。北橘村

ち年神様であることがわかる。その神は、その年の豊作と幸福をもたらしてくれる。古くは、具体的に〝トシ〟、米の豊作を約する神だったのかもしれない。

それはそれでうなずけるのであるが、もう一方の棚には単に御幣がのっているだけで、何の神なのかすぐにはわからない。すでに伝承も淡くなってしまっている。が、次第にわかってきたところでは、それは〝オミタマサマ〟、つまり御先祖様、祖霊ではないかということである。そのことは、農家年中行事などを書き留めた江戸期の記録にも記されている。

年神様とオミタマサマ、二神のうちどちらを主としたろうか。Bのオタナで、一つしか作らない奥吾妻や奥多野あたりのことを考えると、かつては一神であったのではないかとも考えられる。その一神は何の神か、結論を急ぐと危険ではあるが、一応、オミタマサマではないかと思う。そして、それが『徒然草』の有名な一節、

「亡き人のくる夜とて霊《たま》まつるわざは、このごろ都にはなきを、東《あずま》のかたには、なほする事にてありしこそ、あはれなりしか」

（第一九段）

の残存であると考えるのである。さらに、前項で述べたように、道陸神などはこの祖霊の姿だったのではなかったかと考えるのである。

　ところで、正月のオタナにはオタキアゲということをする。この名称には、〝ミタマメシ〟、〝マルミ〟などさまざまである。オタキアゲは、正月十四日の夕食後に年男が米を別に煮てオタナに供える。それも家によってまちまちであるが、佐波《さわ》郡境町の中沢家では、節分、大晦日、十四日の三回、飯を三釜煮て、一釜を歳徳神、一釜を御み玉様、一釜を宇賀神に供えた。明治十九年（一八八六）になってこれを改め、米五合を一釜に煮て、茶わん三つにとって前記の三神に供え、残りを十四個に丸めてその一つ一つに豆木を一本ずつさしてオタナにあげた。

　例は一つだけにする。宇賀神に供える例はほかにはしらない。が、ほかでは釜ごとか、鉢に盛って供える。そして、箸をその上に月の数、あるいは、六とか、家族数だけ立てるところが多い。オタキアゲの日も節分というのは例外であるが、大晦日、十四日のほかに卯の日の卯の刻に供えるというところもある。その時刻にお正月様がお帰りになると信じられてきたからである。

　このオタキアゲをさらにくわしく調べると、年神には供えないで、オミタマサマだけの例もある。また、仏壇の位牌を正月だけはオミタマサマと呼んで、その位牌に供える例が非常に多い。そのために、〝ホトケサマノゴゼン〟というところもある。

　こうしたミタマメシ、そしてその行事などから見て、オタキアゲは元来、正月に訪れる祖霊、すなわちオミタマサマにたいしてなされたものではないだろうか。正月の特別な食事の供えをオミタマに供えていることは、前項でお正月様の中心を祖霊だと考える重要な論拠である。

　なお、飯を丸めて玉（おむすび）にするのは、ミタマ、すなわち魂に関係があるのだろう。

豊かな実りを願って
——粟穂《あわぼ》稗穂《ひえぼ》——

　小正月の神々を迎えるにあたって、各家では屋内をにぎにぎしく飾りたてる。十三日あるいは十四日を〝カザリカエ〟、〝モノツクリ〟、〝マルメドシ〟などと呼んでいる。

　カザリカエは大正月の飾りを替えることで、モノツクリはその飾りものを作ることである。作られるものはいろいろあって、拾いあげてゆくと非常に多いところもある。

　多野郡上野村では、ワキザシ・カユカキボウ・ハラミバシ・オニノハ・フクダ

馬頭観音に供えたカキバナとマユ玉。吾妻町

小正月の朝、家族そろってハラミバシで小豆粥を食べる。吾妻町

田植えのあと、カユカキボウを水口に差し立てる。吾妻町

カユカキボウで小豆粥をなでて、ついた粥の多い少ないでこの年の豊凶を占う。吾妻町

小正月に門松の芯木にマユ玉とカキバナを飾る。吾妻町

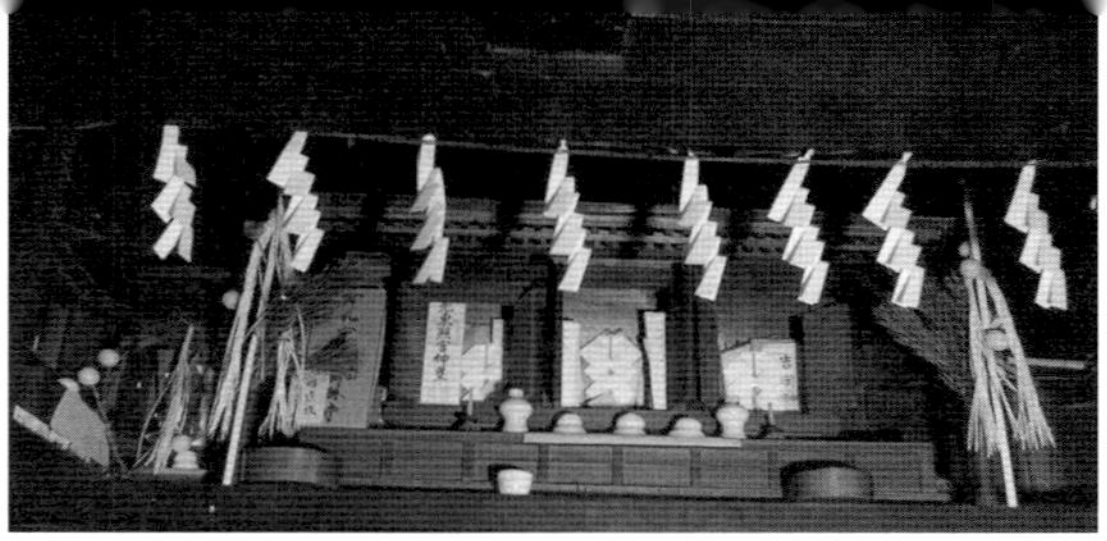

小正月の神棚。北橋村

フクダワラもある小正月の神棚。北橋村

道祖神に供えたオキンマラ。中里村（現神流町）

釜神に供えた農具のツクリモノ。吾妻町

ワラ・オキンマラ・アワボヒエボのほか、臼・杵・鍬などの小さな農具を作る。これらはいずれもオッカドで作る。男たちがそれらのものを作っている間に、女たちはマユ玉という団子を作る。ほかの土地でマルメドシというのは、この団子を丸めるからである。

　この上野村のように沢山のモノを作るところは珍しい。その一つ一つについて簡単に説明してみる。

　ワキザシは、前項のドウロクジン焼きのときに持参するもので二本作る。

　カユカキボウは、十五日の朝の小豆粥をかきまわすもので二本。

　ハラミバシは、その小豆粥を食べる箸。

　オニノハは一年の月だけ作り、母屋の四隅に立てておく。悪魔除けだという。

　フクダワラは、三ないし五、それを縄で結えて、その小口に、金、銀、銅とか、米、麦、粟などと書いて神棚にあげておく。

　オキンマラは木の上部の皮をはぎ、そこに「奉納道祖神〇〇氏」などと書いたもので、石像の道陸神に供える。

　アワボヒエボは後述する。小さな農具は釜神に供える。

　これらツクリモノの皮をむいたオッカドの白さは、冬のくすんだ屋内にさわや

かな光を放ち、新たなる正月の実感をより強くしたに違いない。さらに、部屋いっぱいに飾られたマユ玉から、豊かな実りを頭に描いたことだろう。

養蚕の盛んな群馬では、この小正月の団子は一段と強調されて飾られてきたようである。とくに、蚕場であった榛名山東南麓などでは、平素から見たてておいた大ぶりの〝マイダマの木〟を伐ってきて、それにマユ玉をさした。だから、飾ると茶の間いっぱいになった。マユ玉は繭玉といわれるだけあって、団子の中央をくびらかして、繭形にしてある。が、多くの土地ではただ単に丸形にしたものが多かった。昔は、ヒエ、ソバ、キビ、トウモロコシの粉を使ったから色とりどりだった。繭が強調されるようになって、次第に白い米の粉に統一されたのであろう。

こうした団子に交えて。餅で作った〝十二〟とか〝十六〟とか呼ばれるものをそれぞれの数だけ作ってさした。餅は

部屋を明るくしたマユ玉飾り。中里村

切れ餅だったりお供え餅の形だったりする。〝十二〟は山の神である「十二様」への供物ではないかと思う。〝十六〟は蚕神のオシラ様と思われる。両者の神とも屋内にもまつられている。そして、前者は山の幸、後者は養蚕がうまくいくようにという予祝の意味なのだろう。吾妻町では、この団子飾りを〝ホダレ〟と呼んでいる。〝ホ〟は稲の穂であろう。

このようににぎやかなマユ玉飾りの陰にかくれて、すっかり姿を消してしまいそうなものに粟穂稗穂がある。

かつて私は、勢多郡赤城村で子供をあやしながら口ずさんでいる老婆の唄に耳をそばだてたことがある。

アーボヒーボ　この通り
このよのかますに　十かます

この唄は今井善一郎氏の『習俗歳時記』の中にも採録されている。それによると、北群馬郡子持山麓にはこんな予祝のまじないがあった。

家の夫婦が粟穂稗穂の前に立ち、おやじさんが「粟穂も、ひいぼもこの通り」と尻まくりをして股間のものをぶらつかせると、おかみさんが「この様なカマスに十叺《かます》」といって同様にカマスを出して歩いて一めぐりする、というのである。

また、根岸謙之助氏の『東歌の世界』

には、吾妻郡六合《くに》村ではイロリの端をめぐって同じようなことをすると書かれている。いまにして、そんなこともあったかと思われるような所作であり歌詞であるが、それらはあきらかに予祝のまじないである。

　さて、群馬で粟穂稗穂といわれているものを注目してみるとおおよそ三通りになる。

これも粟穂稗穂。吾妻町

　その一は、竹の枝に粟穂と稗穂をさすものである。いずれもオッカドを十数センチに切り、表皮を全部むいて白くしたものが粟、むかない黒いままのものが稗である。粟と稗を別々に立てる場合と、一本の竹に両穂をさしてしまうものとある。一本の竹の上半を細かく割って、たわめてその先に両穂をさすものもある。いずれにしても、これらは屋外の堆肥の上に立てておく。重いオッカドの粟穂稗穂は、顔を垂れて豊作の予祝にふさわしい。しかし、堆肥の上に立てるなぞは人智が加わりすぎているように思える。あるいは、前述のマユ玉飾りの普及につれて屋外に追いだされてしまったのかもしれない。分布は、利根、吾妻、北群馬、勢多の各郡に見られる。

山の畑に差し立てた粟穂稗穂。中里村

堆肥に差し立てた粟穂稗穂。北橘村

　その二は、一の原形を思わせるものである。〝タワラ〟、または〝アーボヒーボ、タワラ〟と呼ばれている。オッカドをもっと長く、実際の俵ぐらいに切って、同じように皮をむいたものとむかないものを二俵つくる。俵は三ヶ所か五ヶ所縄で結え、釜神、家の出入口、下大黒の前などに置く。吾妻町、長野原町、嬬恋村などの町村に見られる。それらの町村から遠く隔てた勢多郡黒保根村でも全く同じものを〝オカマノタワラ〟と呼んで釜神に供えた。とすると、この俵はもとは釜神に供えられたのではないかと思える。釜神の予祝行事に果す役目は大きかったようで、吾妻郡六合村などでは、やはりオッカドで農具・木工具一式の模型を作り、これを釜神に供えた。中には「奉納釜神様　農具一式　工具一式」などと紙に書いて張っておく家もあった。

　その三は、前の二つとは異なっている。

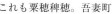

オッカドまたはウツギの細いのを二本、同じように皮をむいたのとむかないのとを組ませて結える。上部を花かきナタで花に削る。これを沢山作り、お松を立てたところは全部と、神社、仏堂、墓石、供養塔などにいたるまで捧げる。これを行うのは、多野郡や甘楽郡の奥地である。ほかの多くの土地では削り花を同じところに供えていて、供える意味は両者とも同じなのだが、前者は削り花の原形をなすように思われる。とすれば、ほかの諸地域の削り花も、かつてはこの三の類型の粟穂稗穂だったのではないかと想像される。この類型の諸地域では、別にフクダワラを作り神棚に供えることは前述の通りである。

以上、一、二、三の類型それぞれの形を濃厚に残していることは、民俗の上で重要なことである。それは、比較的近年までこれらの粟や稗などの雑穀がつくられ、主食の役目を担っていたことを意味する。特に、群馬県は畑作中心の地域であり、これらが優位にたっていたのである。そして、そこに稲作以前の姿を浮き彫りにしていたのである。

正月に行われる予祝の中心がマユ玉飾りにあるように思われている。そのマユ玉飾りのもとは稲の予祝なのであろうがかつては釜神に供えられた粟穂稗穂が中心だったのではないかと思うのである。

湯郷は祖母の初春

文・尾川いく子

いまはもうやめていますが、私の祖母は二十歳ぐらいのときから旅館業にたずさわっていました。正確には十六歳で仲居になり、十八歳のときに望まれて湯郷《ゆのごう》のその家に嫁いだのです。

湯郷は、湯原《ゆばら》、奥津《おくつ》と並んで美作《みまさか》三湯といわれています。岡山から北へ五十六キロ、鳥取と兵庫の県境に近い山中の温泉ですが、兵庫からの交通が便利だったために、昔から阪神地方からの客が多かったようです。また、近郷のお百姓や山で働く人達が傷や皮膚病の治療のために湯治にきました。長い人だと三ヶ月、半年という人もいました。一見《いちげん》の客はほとんどなく、正月もそんな人達でにぎわったようです。

旅館の数は現在二十軒、戦前までは約十五軒、大きな旅館でも三十名もはいれば満員という小さな旅館ばかりだったといいます。

そんな湯郷の、昭和三十年代ぐらいまでの旅館の正月風景を、祖母と、長く仲居をしていた田辺さちこさんという人に聞いてみました。祖母は七十一歳、田辺さんは五十六歳です。

現在は新暦での正月になっていますが、昭和三十年代までは旧暦で正月をしていました。そのしたくは旧十二月二十六日のモチつきから始まります。どういうわけか二十五日はだめ、また、つくのも午前中に終らないと縁起が悪いといっていました。そのため、モチつきは午前二時ころから始まり、朝の八時ごろまでには終らせました。そのときには若い衆が二十名ほど手伝いにきてくれました。つくモチはだいたい四斗から六斗ほどで、芸者さんたちも三、四人で組んでやってきて、三味線や歌に合せてにぎやかに杵を振りました。

そのとき、手伝いの若い衆や芸者さんにだす食事はいつもきまっていました。すのもの、ねぎといわしのぬた、とうふのみそ汁、煮つけ、煮豆、酒、飯などです。

　モチつきが終るとおせち料理と三十日の門松つくり、門松は植木屋さんがきて作っていってくれました。

　大晦日の夕食には麦めしといわしを食べ、そのいわしの頭をひいらぎの枝にさして軒下に置き、魔除けにしました。百八つの鐘が鳴ると今度は手打ちそばを食べました。

　元旦からお飾りをおろす十五日まで、朝は雑煮でした。ホーレン草のゆでたもの、するめの細切り、ユリ根、ささがきごぼう、けずりカツオ、ブリの水煮のはいった雑煮です。夜は普通の食事ですが、塩ブリの焼いたものは必ずつけました。ブリは暮れのうちに大きなものを三、四本買って塩づけにしておいたのです。朝晩のそれらの食事はお客さんも同じでした。

　芸者さんの挨拶まわりは除夜の鐘と一緒に始まりました。島田髷《まげ》に紋付、三、四人が組になってまわってきました。受ける女中さんは丸髷に訪問着でした。

　二日から十五日ごろまでには、おえびすさんや神楽、また、福笑いなどがまわってきました。〝めでた、めでた〟と家の前に立って歌っていきました。おえびすさんというのは、祖母の話では万才のようです。その人達は大阪や和歌山の方からやってきたもので、商人宿に泊っていました。そこでは自炊もできる小さな旅館でした。

　小正月は〈ひとり正月〉というくらいで静かでした。モチをついて雑煮を食べるくらいでした。サトイモを煮て食べるところもあったようです。

　正月の話からそれますが、若くして経営にあたった祖母の旅館には女中さんが七、八名いました。きまった部屋の受持もなく、給料もなく、住込み三食つきという条件でした。女中さんたちはお客さんのくれるチップが収入でした。一名、洗い物をする人がいましたが、その人には給料をだしていました。

　戦争中は傷病兵なども泊めました。そのころには白米のごはんをだしてはいけないといわれました。正月も、米なし、魚なし、モチなしというさびしいものでした。

　戦争が終ってからは少しずつにぎやかさがもどってきましたが、いまは何もかもすっかり変ってしまいました。瓦や杉皮の屋根だった建物も鉄筋になりました。長居の湯治客もいなくなりました。それで、お客さんとの交流もなくなりました。正月もにぎやかさがなくなってしまいました。ただ、正月三ヶ日の食卓だけは昔のままだそうです。

湯だけは今も変わらぬ湯郷

アルバムの一枚。左から三人目が祖母

ここへの春
—宮中における正月行事—

文・佐藤健一郎

（平安時代初頭の宮中における正月行事に中心をおいて略述するもので、参考資料は文中に記したものの他に、『貞観儀式』、『北山抄』、『建武年中行事』、『年中行事抄』を参照）

よろずよの　はるをかさぬるここのへに
わきていろそふ　にはのくれたけ
（新葉和歌集）

年が暮れ、春が来る。
正月を迎えることは　春を重ねることだった。
なにもかもが、春に始まった。
宮中でも、里でも、春は人々が待ちにまったハレの日だった。

大祓《おおはらい》

大祓は六月と十二月の晦日《みそか》に行われ、半年間の罪や穢《けが》れをぬぐい去るための行事であった。朱《す》雀門《ざくもん》の前の路上に西に面して祝師《しゅくし》の座が設けられ、また、祓物がならべられた。祓物には、五色の薄絹《うすぎぬ》、緋帛《ひのきぬ》、木綿《ゆう》、麻《お》、臬《からむし》、金装横刀《こがねづくりたち》、烏装横刀《くろづくりたち》、弓、金銀塗の人像《ひとがた》、鍬、鹿角《かのつの》、鹿皮、酒、散米《さんまい》、稲束、槲《かしわ》、鰒《あわび》、塩、水、解縄《ときなわ》、馬六疋、その他があった。未《ひつじ》の刻（のちには酉《とり》の刻）に親王以下百官があつまり、儀式は始められる。内侍《ないし》が御贖物《みあがもの》を持ってくる。鉄の人像の他、祓物と同じような品々である。そして、神祇官《じんぎかん》が切麻《きりぬさ》を五位以上に分ける。次に、祝師が座に着き、祝詞《のりと》を読む。祝師は中臣《なかとみ》氏がつとめる。ここで、天《あま》つ罪《つみ》、国つ罪の数々を祓い清め、大海原へ持っていってほしいと祈るのである。祝詞が終ると、大麻《おおぬさ》を神祇官以下で分け、儀式は終った。人像は、穢れを祓いすてる時に用いる撫物《なでもの》、すなわち形代《かたしろ》であった。現在、各地の神社で用いている紙製の人形《ひとがた》と同じである。大祓というと、それをくぐると災厄をのがれるといわれる大きな茅輪《ちのわ》が思い出される。『釈日本紀《しゃくにほんぎ》』所引の『備後国《びんごのくに》風土記《ふどき》』の逸文に、蘇民将来《そみんしょうらい》の話に関連して、茅輪を腰につけた人は疫気《えやみ》をのがれ得るとある。この記述をそのまま信ずるとすれば、古くからのものということができるが、茅輪については平安朝の文献には見あたらない。『公事根源《くじこんげん》』には「家々に輪をこゆる事有」とあり、少くとも中世においては、行われていたことは確かである。十二月の大祓は、正月を迎えるための最後の清めをするという意味を持っていたと考えられる。

御魂祭《みたままつり》

御魂祭は追儺《ついな》に先だって行われた。『日本霊異記《にほんりょういき》』に、奈良山の溪《さわ》にあって人畜にふまれていた髑髏《ひとかしら》を木の上に置いた萬呂《まろ》という者のところへ、十二月の晦日の夕方、その霊が尋ねてきて、今日でなければ恩に報いることができないといって、魂祭の饌《け》のうちの自分の分を用意し、共に食したとある。この話は大化《たいか》二年のこととしてあるから、少なくとも七世紀の中頃には行われていたにちがいない。藤原実資《さねすけ》の日記『小右記《しょうゆうき》』に、晦日の日の宮中の行事について記して「諸神に奉幣し、次いで御魂を拝す。皆これ例の事なり」とある。魂祭は祖先の御霊《みたま》を祀《まつ》るもので、宮中でも各家々でも行われていたが、奈良・平安期の具体的な姿を知ることのできる資料はない。行事としては、私的な性格を強く持っていたのかもしれない。各氏《うじ》、あるいは各家ごとに、自らの祖先を迎え、饌を供じていたのであろう。和泉式《いずみしき》部《ぶ》の歌に、

亡き人の来る夜と聞けど君もなし
我が住む宿は魂無きの里

とあるが、このような私的な発想の生れ得る土壌を魂祭は持っていたのである。晦日以前に、吉日をえらんで行われていた行事に荷前《のさき》がある。これは、勅使を十陵八墓につかわして奉幣するものである。荷前を含めて、十二月は祖先に対する関心の強い月であったといえよう。ところで、現在、東北地方などで多く行われている行事に、ミタマノメシと呼ばれているものがある。晦日の夜、白米の飯を山盛りにして、それに箸を立て、祖霊に供えるのである。ちょうど、死者に供える枕飯《まくらめし》のようなものである。飯の盛り方、箸の立て方、また、供える場所などはさまざまであるが、箸は来るべき新しい年の月の数を立てるというところが多いようである。死の穢れを忌む新年にあたって、枕飯と類似のものを作るのは、それが霊《たま》を迎える方法であったからであろう。そして、新しい年の数だけ箸を立てるというのは、これからの一年の生活を守ってくれる神として祖霊を考えていたからではないだろうか。晦日の夜、あるいは元日に墓参りをする行事が九州にあることはよく知られているが、年頭墓参は京都などでもかなり行われているのである。正月と祖霊とは、現在においても心の底で深く結びついているのではないだろうか。

追儺《ついな》

おにやらい、なやらいなどともいわれる追儺は、悪鬼を追い払う儀式で、中国から伝えられたものと考えられている。中国では、すでに孔子の時代に、儺が行われていた。それは、『論語』の〝郷党篇〟に「郷人《きょうじん》の儺には、朝服して阼階《そかい》に立つ」とあるのによって知ることができる。この一節について、貝塚茂樹氏は、孔子は祖先の霊を招き下ろして追儺の列に応対したと解しておられる。これは、わが国において、御魂祭につづいて追儺が行われたことと対応する。宮中においては、この日戌の刻（のちには亥の刻）天皇は紫宸殿《ししんでん》に出御なされ、陰陽寮《おんようりょう》の官人が桃の弓と葦の矢とを親王以下の参加者にくばる。斎郎《さいのう》が庭上に五色の薄絁《うすぎぬ》、飯、酒、堅魚《かつお》、塩、海藻《め》その他の供物をならべると、陰陽師が祭文を読む。その祭文に、「穢《きたな》く悪《あし》き疫鬼《えやみのおに》の所所村村に蔵《かく》り隠《かくら》ふるをば、千里の外、四方の堺《ほとり》、東方陸奥《みちのく》、西方遠つ値嘉《ちか》、南方土佐、北方佐渡よりをちの所を、なむたち疫鬼の住《すみ》かと定め賜ひ行《ま》け賜ひて、五色の宝物、海山の種《くさ》種《ぐさ》の味物《ためつもの》を給ひて、罷《ま》け賜ひ移り賜ふ所所方方に、急《すみやか》に罷《しりぞ》き往《い》ねと追ひ給ふ」とある。たしかに悪鬼を追い払う意図を持った祭文で、ここに追儺という儀式の性格が明確に示されているといえる。しかし、五色の宝物などを供えているところ、また言葉の使い方などからみて、そのようにきめてしまうことにも問題はあるように思える。『常陸国風土記《ひたちのくにふどき》』の行《なめ》方郡《かたのこおり》の項に、麻多智《またち》という者が開墾して田をつくり、標《しめ》の梲《つえ》を立てて「ここより上は神の地となすことを聴《ゆる》さむ。ここより下は人の田と作《な》すべし。今より後、吾《あ》は神の祝《はふり》となりて、永代《とこしへ》に敬ひ祭らむ。冀《ねが》はくは祟《たた》ることなく、恨むことな

かれ」と述べ、社を設けて祭りを行ったという話が載っている。この記述と先の祭文とは、人間と異次元の存在とを明確に区別してゆこうとする点で類似の発想を持っている。『古事記』に鬼は登場しない。それは、我々の祖先が悪鬼そのものは発想しなかったということを示しているのではないだろうか。追儺で追われる鬼も、もともとは神と呼ぶにふさわしいものであったかもしれない。祖霊を呼び、そのなかの荒ぶる神には供物を捧げた上で帰っていただくといった考えに中国の儀式が重なってきたとみることもできるのではないだろうか。ところで、陰陽師の祭文がすむと、黄金の四つ目の仮面をつけた方相氏《ほうそうし》が楯と戈《ほこ》を持って目に見えない鬼を追い、つづいて群臣も矢を放って鬼を追い払い、追儺は終るのである。ここでは鬼は姿を現わさないのである。平安末期になると、四つ目の方相氏が、異形であるがために鬼と考えられ、群臣は方相氏に向かって矢を射るようになるのである。この追儺は、いうまでもなく、現在我々の家庭で節分に行っている豆まきの行事である。豆まきの行事で興味深いことは、「福は内、鬼は外」といいながら、福神のイメージを我々が持っていないことである。そこには、先に述べたような歴史的経過があるにはちがいないのであるが、一方で、我々の祖先がそもそも対立する二者を考えてはいなかったということも考慮せざるを得ないであろう。桃太郎、一寸法師、大工と鬼六、まめなじいさまとせやみじいさまといった昔話に登場する鬼は、結果的にはむしろ主人公に福を授けている。「鬼は外」といいながらも、その鬼に福を与えてくれる神をもみていたのではないだろうか。秋田のなまはげの鬼は恐ろしい鬼であるにはちがいないが、しかし神格を失ってはいない。また、この時の豆を福豆あるいは年取豆といい、年の数だけ豆を食べたり、豆を焼いて年占《としうら》を行う所が多い。それは、この行事が、新しい年と深くかかわっていたことを示しているといえよう。『延喜式』によると、追儺に参加しなかったものは元日の節禄をもらうことができないという。追儺は、元旦を迎えるための必要欠くべからざる行事であったと考えられる。

四方拝《しほうはい》

元日の宮中の行事は四方拝に始まる。天皇は早朝寅の刻に清涼殿《せいりょうでん》の東庭に出御される。そこには屏風が立てまわしてあり、半帖の座が三所設けられている。天皇は、皇太子・大臣・侍従等が列席するなかで座に着き、その年の星である属星《ぞくしょう》と天地四方と父母の山陵とをそれぞれ座を替えて拝するのである。父母の山陵を拝するということは、正月の神が祖先神であったことを暗示してはいないであろうか。

つづいて辰の刻に朝賀が始まるが、それまでの間に、天皇は歯固《はがため》と供御薬《みくすりをぐうず》とを行う。天皇は、清涼殿の昼の御座《おまし》に、その年の吉方《えほう》に当る色である生気《しょうげ》の色の御《おん》衣《ぞ》を着て出御され、健康の増進と長寿を願って、譲葉《ゆずりは》を敷いた膳に大根・味醤漬《あまひしおづけ》瓜・糟漬《かすづけ》瓜・鹿肉・猪肉・押鮎・煮塩鮎など七杯《つき》の食物を並べ、食するのである。それを歯固という。食物の内容は資料によって一定していないが、大根は重要で必ず用意されている。なお、餅が歯固のなかに含まれるようになるのは室町時代以降のようである。現在、各地に歯固の行事があり、餅の外に大根・蕪・串柿・押鮎などが食されている。また、正月の餅を氷餅・干餅などにしておいて、六月一日か夏至の日に食べるのを歯固といっている地方もある。

供御薬は、いわゆる屠蘇散《とそさん》を典薬寮《てんやくりょう》より供する行事である。十二月の晦日の夕方、緋色の絹の袋に人参・甘草・桂心・白求《おけら》・大黄・附子・蜀椒《はじかみ》・桔梗・芍薬な

朝賀の昇殿『難波鑑』。模写・富田清子

どの薬を入れて井戸につけ、元日早朝とり出し、酒にひたして献上するのである。まず薬子《くすりこ》といわれる少女が飲み、つづいて天皇が立って飲まれた。一献《こん》が屠蘇散、二献が白散《びゃくさん》、三献が度岬散《どしょうさん》であったという。『公事根源』に「一人是をのみぬれば一家に病なし。一家に是をのみぬれば一里に病なし」とある。現在でも、健康を祈願して、屠蘇散は多くの家庭で飲まれている。

朝賀《ちょうが》

朝賀は、天皇・皇后が百官の新年の賀を受けられるもので、宮中における正月行事のなかで最も重要な儀式である。辰の刻、天皇・皇后は大極殿《だいごくでん》に出御され、高御座《たかみくら》に着かれる。威儀命婦《いぎのみょうぶ》が帳《とばり》をあげ、主殿寮《とのもりょう》と図書《ずしょ》寮《りょう》の官人が香を焚く。百官は礼服を着して庭上に参列している。儀式をつかさどる典儀《てんぎ》が再拝を唱え、百官は再拝する。次に皇太子が賀のことばを奏し、侍従が宣命を読む。再び百官の再拝があって、奏賀《そうが》の者が賀を奏し、奏瑞《そうずい》の者が白狐や白雉などの国々から送られためでたい品々について奏上する。つづいて、奏賀の者が宣命を読む。百官は拝舞《はいむ》をし、武官は旗を振り、萬歳を称える。再び一同再拝し、高御座の帳はおろされ、儀式は終る。この儀式は、延喜頃より次第に行われなくなり、それに代わって小朝拝《こちょうはい》が盛んに行われるようになる。小朝拝は、六位以上の殿上人《てんじょうびと》が清涼殿の東庭に列立し、殿上の天皇に対して拝舞を行うもので、朝賀が公儀であるのに対して、私儀というべきものである。

元日節会《がんじつのせちえ》

朝賀が終ってしばらくすると、豊楽院《ぶらくいん》（のちには紫宸殿）で節会《せちえ》が行われた。元日節会は、天皇とともに百官が食事をし、酒を飲み、天皇からそれぞれ節禄を賜わるところに中心をおいた行事である。この行事によって、天皇と臣下の関係がたしかめられたということができるであろう。祭における直会《なおらい》で、人々が神とともに飲食することによって、その神に守られると同時にその神に奉仕する共同体の成員であることを確認しているように、天皇と百官との共食は重要な意味を持っていたのである。

まず諸司奏《しょしのそう》が行われた。陰陽寮より七旺を注記してある具注暦《ぐちゅうれき》が献じられ、つづいて宮内省《くないしょう》から氷の厚さが奏上された。それを氷様《ひのためし》といい、氷の厚いことは豊年のしるしと考えられていた。次は腹《はら》赤奏《かのそう》で、太宰府から魚が献上される。『江家次第』によると、腹赤は鱒のことであるというが、たしかではない。諸司奏が終ると、一同は内弁の指図で昇殿し、再拝する。元日節会の指揮をとるのは左大臣で、内弁《ないべん》といった。そして、一

腹赤の贄「出典不詳」。模写・富田清子

同に酒饌《しゅせん》が出されたのである。まず御膳が出され、つづいて三献の儀が行われた。一献では、吉野の国栖《くず》が歌笛を奏し、贄《にえ》を献上する。二献では御酒勅使《みきのちょくし》が酒を勧め、三献では雅楽寮の楽人が庭で立ちながら楽を奏する。これで宴を終り、一同が降殿すると、宣命使が宣命を読む。百官は拝舞し、禄を賜わり、退出するのである。これで元日節会は終った。

朝勤行幸《ちょうきんぎょうこう》

正月二日、天皇が上皇・皇太后のもとへ行幸され、挨拶される儀式を朝勤行幸という。二日には、後宮《こうきゅう》と東宮《とうぐう》の二宮に群臣が拝賀に参る二宮大饗《にぐうのだいきょう》もある。群臣は二宮でそれぞれ宴を賜わるのである。また、二日には、大臣の私邸でも宴が設けられ、親王などが招かれた。それを母屋《もや》大饗《だいきょう》といった。この宴の第一の客を尊者《そんじゃ》といい、非常に尊び、『江次第抄』によると、藤原氏の氏《うじ》の長者では、冬嗣《ふゆつぐ》より伝わる朱器台盤を用いて接待したということである。氏の長者では、一族を統合しての正月の祭が行われていたにちがいない。そこには、その氏を守る神がやって来たのであろう。この宴は、折口信夫氏が述べておられるように、その正月の神を迎える儀式の変質したものと考えることができるであろう。

子日《ねのひ》の遊《あそび》

正月の初めの子《ね》の日に、野に出て若菜をつみ、小松を根びきにして遊び、宴を行った。そして、若菜の羹《あつもの》を食したのである。これは、現在、三月三日の節供を中心に行われている山遊《やまあそび》・磯遊《いそあそび》に通ずる行事といえるであろう。村中の人々が、山へ登り、あるいは浜に集まって宴を開くのである。沖縄県で行われている三月遊《さんがつあそび》は、女性だけが浜辺で宴を開くものであるが、神に仕えるものとしての女性の特性を考えると、これらの宴について、人間が神の世界に近いところまで行って神と共食するためのものであったということができるであろう。若菜を食すというのは、神の世界の菜を食すことによって、神と同じような力を得ようとするものであり、小松をひくのも、神聖な植物である松に親しく接するところに意味があったのではないだろうか。

子日の遊と同様の行事に供若菜《わかなをぐうす》があった。正月七日に、七草の羹を食す行事である。七草の種類は資料によって一定していないが、『公事根源』には、薺《なずな》・はこべら・芹《せり》・菁《かぶらな》・御形《ごぎょう》・すずしろ・仏の座の七種をあげている。なお、この日に食するものが、現在多くの家庭で用いられている、いわゆる七草粥となったのは中世になってからのようである。七草は『師光《もろみつ》年中行事』に「正月七日、七種の菜を以て羹を作り之を食せば、人をして万病なからしむ」とあるように、年中無病を願って食されたのである。

白馬節会《あおうまのせちえ》

前項の七草は、宮中でも行われたが、内々の儀であり、公の記述は中世になるまでみられない。しかし、同じ七日に行われた白馬節会は、宮中の公の儀式であった。七日には、古くから宮中で宴が行われていた。『日本書紀』の景行天皇五十一年の条以降、七日の宴についての記述は多い。そして、天平頃より、その宴に馬が登場していることが記されてくるようになり、次第にその馬そのものを見ることが儀式の中心となってくるのである。この変化について、正月七日に青馬を見れば年中の邪気を除くことができるという中国の考えの影響で馬に中心がおかれるようになったといわれている。馬を見る儀式となったのは中国の影響かもしれないが、馬はもともとこの宴には登場していたのではないだろうか。現在、多くの神社に神馬《しんめ》堂などがあり、現実に馬を飼っていたり、馬の像を安置していたりする。これは、神が馬にのってくるという考えがあるからである。馬がひき出されるのは、それにのっている神を迎えて宴をしようとしていたからではないだろうか。六日年越・七日正月と呼ばれる行事があることも、この日が神を迎える日であったことを示しているといえよう。

白馬節会は豊楽院（のちには紫宸殿）で行われた。当日、巳《み》の刻頃、天皇が出御されると、まず御弓奏《みたらしのそう》があって、兵庫《ひょうごの》寮《りょう》より弓と矢が献上される。次いで、百官が参入して座に着く。一同再拝し、宣命使が宣命を読み、再び再拝があって後、式部卿《しきぶきょう》が位記《いき》をとり、叙位《じょい》を受ける人々の名を呼ぶ。位階を叙せられたものとその親族は拝舞を行う。ここで馬が左右の馬寮《めりょう》の官人によって、七疋ずつ三回にわたって二十一疋ひき出される。それを御覧になり、つづいて御膳が供せられる。一献に国栖奏《くにずそう》があり、次いで内教坊《ないきょうぼう》の女楽《じょがく》が行われた。女楽が終ると、一同拝舞をし、節禄を賜わって退出し、節会は終った。

あおうまを白馬と記すことについて、もとは青馬であったが、後に白馬を用いるようになったからであるという説もあるが、不分明である。

白馬貢進『貞治年中行事絵巻』。模写・富田清子

卯杖《うづえ》

正月の初めの卯の日に、大舎《おおとね》人寮《りりょう》や近衛府《こんえふ》・兵衛府《ひょうえふ》などから、紫宸殿に出御された天皇に、五尺三寸に切った杖を献ずる儀式を卯杖《うづえ》とか御《み》杖《つえ》とかいう。杖は、曾波木《そばのき》・比比良木《ひいらぎ》・棗《なつめ》・梅・桃・椿・木瓜《ぼけ》などで作り、頭を紙でつつんであった。これで邪気をはらうといわれている。この杖は一種の依代であり、十五日に行われた御薪《みかまぎ》の儀と通ずるものであろうと思われる。

御薪は、百官が薪を天皇に献上する儀式で、一般に年木《としぎ》と呼ばれているものと同じものと考えられる。この薪は、宮中の一年間の燃料として用いられたが、この儀式の心は、薪を用意することによって神を迎える準備が整ったことを神に示すと同時に、十五日の祭事に用いる諸種の木を用意するところにあったにちがいない。年木は、現在、各地で、新年の火だねを作る木としたり、望《もち》の正月の粥を煮たり、餅花《もちばな》の木としたり、門松の根もとに立てたりするのに用いられている。御薪は、望の正月が宮中においても重要であった時代の名残であろうと思われる。

望粥節供《もちがゆのせっく》

御薪で、まず望粥《もちがゆ》がたかれ、天皇に供された。この粥を七草粥《ななくさがゆ》ともいい、米・粟・黍《きび》・稗《ひえ》・葟子《みの》・胡麻・小豆の七種をたいたものであった。現在、十五日に小豆粥を食べるところが多いが、『土佐日記』にも十五日の小豆粥についての記述があり、古くから米と小豆に中心があったことを知ることができる。先の七種は、我々の祖先にとっては重要な食物であったにちがいない。

この望粥を煮たあとの薪を粥杖といい、それで女の尻を打つと子供が生れるといわれていた。宮中の女房たちは、『狭衣物語』などによると、粥杖をかくし持って互にうかがいあい、大さわぎをして遊んだということである。この薪は神の木であり、それ故に、生産についての呪力を持っていたのである。現在嫁叩きなどの行事でこの粥杖が生きている地方もある。

踏歌節会《とうかのせちえ》

正月の十六日に、元日節会に準ずる規模で行われた行事に踏歌節会がある。初めは男女ともに十六日に行われていたが、のちに、十四日に男踏歌、十六日に女踏歌が行われるようになり、更に永観年間に男踏歌が中止され、それ以降は踏歌節会というと女踏歌を指すようになる。

十六日、天皇が豊楽殿（のちには紫宸殿）に出御されると、親王以下百官が参入し、座に着く。そして、御膳と御酒が供されるところは元日節会と同じである。一献に国栖奏があり、大歌《おおうた》があって、踏歌となった。踏歌が終ると、百官は拝舞をし、宣命使が宣命を読み、再び拝舞があって、一同禄を賜って退出し、節会は終った。しかし、退出後も所々で踏歌を行い、明け方まで京の街でさわいだという。

踏歌は、文字にあるごとく、庭上を歌をうたいつつ踏んでまわるものであり、踏むことによって大地を鎮め、豊かなみのりを祈願したのである。のちの式三番《しきさんば》や盆おどりに通ずるもので、豊禄を祈願する儀式であり、まさに新春にふさわしいものであった。

神楽師は日々これめでたく

話し手・山本源太夫
まとめ・須藤　功

あけて初めての笛の音は朝の五時半ごろでしょうか。一息大きく吸って、〝ピー〟と吹き鳴らす最初の一笛は気持のいいものです。初詣帰りらしい島田がひょいと振り返ったりします。

大晦日の午後、私共は桑名市太夫《だゆう》町の自家を発って滋賀県の愛知川《えちがわ》町にはいります。宿はいつも味吉《みよし》旅館、私共が着くころには掃除もすっかりすんでいて、部屋に納まると私共はもう正月になってしまいます。一足早く祝いの膳をひらくのです。除夜の鐘が鳴って、最初の笛の音が響くと、あとはもうびっしりと仕事ですからね。元日は愛知川町の一軒一軒、およそ三百軒近くをまわります。おわるのは夜の七時ごろでしょうな。それが一年の仕事初めで、それから十二月二十日まで私共は旅の身空になります。ただ、雨が降る日は休み、そのほかに一年に七十五日は休むようにしています。

『伊勢大神楽』、それが私共の正式な呼称です。天照大神の御使いである天木綿《あめのゆう》筒《づつ》。その幻像をかたどった獅子頭を祝神とし、その獅子の力によって悪霊を祓い家々に幸せをもたらす。私共の仕事はまあそういってもいいでしょう。その組は現在十ほどあって、各組とも七、八名、これは仕方のないことですが高年齢の人が多くなっています。
「伊勢の獅子だな」
大阪の人はよくそんなことをいうようです。よい方に解釈すれば手堅いということです。留守の家でも頼まれればちゃんと祓いをしておくからです。一軒ずつ、ひとりが獅子頭をかぶり、笛、太鼓の音に合せてその門口でまいます。会社などからボイラー室や配電室などの火の気のあるところの祓いを頼まれたりします。おばあさんが〃かまど〃というから行ってみたら電気釜をだされて驚いたこともあります。

小さな傘の上で皿をまわす。

私共の先輩、そう明治までは伊勢神宮のお札や暦を持ってまわっていました。現在、毎年十二月二十四日には自家のところにある増田神社で大神楽を演じています。ただ、その日のは昔からのものではありません。古くは、その前日、二十三日に内宮の御師が伊勢神宮のお札を持ってきました。先輩はそのお札を配って歩いたのです。一緒に丸薬《がんやく》も持って歩いたといいます。

享保十二年（一七二七）の記録に、「津島天王の配札は不可能だから伊勢御師の手代となって…」とでています。太夫町がまだ村だったころ、そこには師職と神楽職がいました。その師職は尾張の津島牛頭天王社に属していたのです。そして、その師職は、甲信越、関東、奥羽の方をまわっていたので下行《しもゆき》、神楽職は関西、北陸、中国をまわっていたので上行といっていました。

大神楽の組はまわる地域がそれぞれきまっています。私の組は大ざっぱにいって琵琶湖の東から北陸にでて、さらに大阪周辺をまわるコースで一年を過します。途中の町や村ではいろいろなことがあります。

近江八幡市の中之荘町では伊勢講を持って私共を待っていてくれます。近江沖島からは、青年団にはいったばかりの十八歳の青年が船で迎えにきてくれます。厄年の人がいる家では宴を張って私共の行くのを心待ちにしていてくれます。〃あとさき三年〃、そんな厄年の家では御祝儀も沢山です。私共の舞いも数を重ねます。

私共の持っている演目は十六ほどあります。演目は〈舞〉と〈曲〉とになり〈舞〉は獅子頭をつけてまうもの、〈曲〉は曲芸のような演目です。みなさんが喜んで

さぁ、獅子の出番

くれるのはどちらかという後者の方です。長いサオの先に茶わんをのせて歩くものや皿まわし、また、細く長いサオの先から水がでたりするものもあります。

「今年もまた見れた」

そういって喜んでくれる老人がいます。ところどころで全演目を演じます。それをカイキリとかソウマワシとかいいます。最後は大抵「魁曲《らんぎょく》」でしめくくりになります。肩車された獅子が傘を広げてまうもので、はなやかな幕切れに沢山の拍手をいただきます。うれしい拍手です。

うれしい日、逆につらい日もあります。獅子頭をかぶらなければならない暑い夏の日。冬は、笛の一方の穴に小さなツララがぶらさがることもあります。朝、一番の場所はどこでも大抵きまっているのですが、そこに立って〝ピー〟とやったら、二階から「うるさい」という学生さんの声が飛んできたこともありました。車もじゃまだなと思うことがあります。私共は道が商売の場所ですからね。といっても私共も移動は車です。羽織・袴でハンドルを握っていると、大阪ではいわれませんが、福井のおまわりさんはいいます。

「お前ら神楽か、しょうないな。きをつけていきーや」

北陸は真宗地帯ですから、家の中にまではいって祓いをするのは少なくなります。私共のは神道ですから相容れないものがあるわけです。といってもそんななんこなものではありません。祓いをしている間中、「ナマダナマダ」と唱えているおばあさん、土間にべったりと腰をおろして頭をたれてくれる人、北陸ではそんな人達に出会います。宗教は違っても一途につとめる人、そんな心ある人の姿にふれると、私共も一生懸命やらなきゃならないと思います。そしてはげみになります。

私は三十代後半。早稲田の商科をでました。代々の家を継いだのですが、この道が楽しくて仕方ありません。仲間もみんな同じ気持です。根っからこの大神楽が好きな人ばかりなんですよ。

日記に「1000円寄付したので夕飯をごちそうになる」とある。丼飯、アルマイトの皿に盛られた菜は何だろう。薬罐は酒のようである。左の宮本常一も神酒といわれて少しは口にしたかもしれない。このころは花祭の食事はすべて男手だけで用意した。

宮本常一が撮った
写真は語る
愛知県東栄町御園

宮本常一は昭和三十六年（一九六一）一月二日、奥三河と呼ばれる愛知県北東部の東栄町御園《みその》の花祭を訪れた。日記に「二〇年目に見る花祭で、これから毎年来て見たいものだと思う」と書いている。「二〇年目」ということは、前は昭和十六年ということになるが、写真記録からすると昭和十八年一月のようである。そのときは東栄町東園目と豊根村下黒川の花祭を訪れている。

宮本常一が所属した、澁澤敬三主宰の日本常民文化研究所（前身アチック・ミューゼアム）は、花祭とは深いつながりがあった。それは早川孝太郎の大著『花祭』によるもので、宮本常一が花祭へ行くのもそのつながりと無関係ではなかったはずである。

そのころ花祭は奥三河の二〇集落にあった。東栄町本郷は、それらの集落へ行く中継地だが、宮本常一はそこで民俗学者の大島健彦と写真家の芳賀日出男に会った。芳賀日出男は前年から花祭を撮り始めていて、このときは東栄町下粟代に行った。

宮本常一が泊った宿は表屋（屋号）で、そのすぐ隣が祭場だったから、日記に「太鼓の音が耳についてねられないから——」などとも書いている。

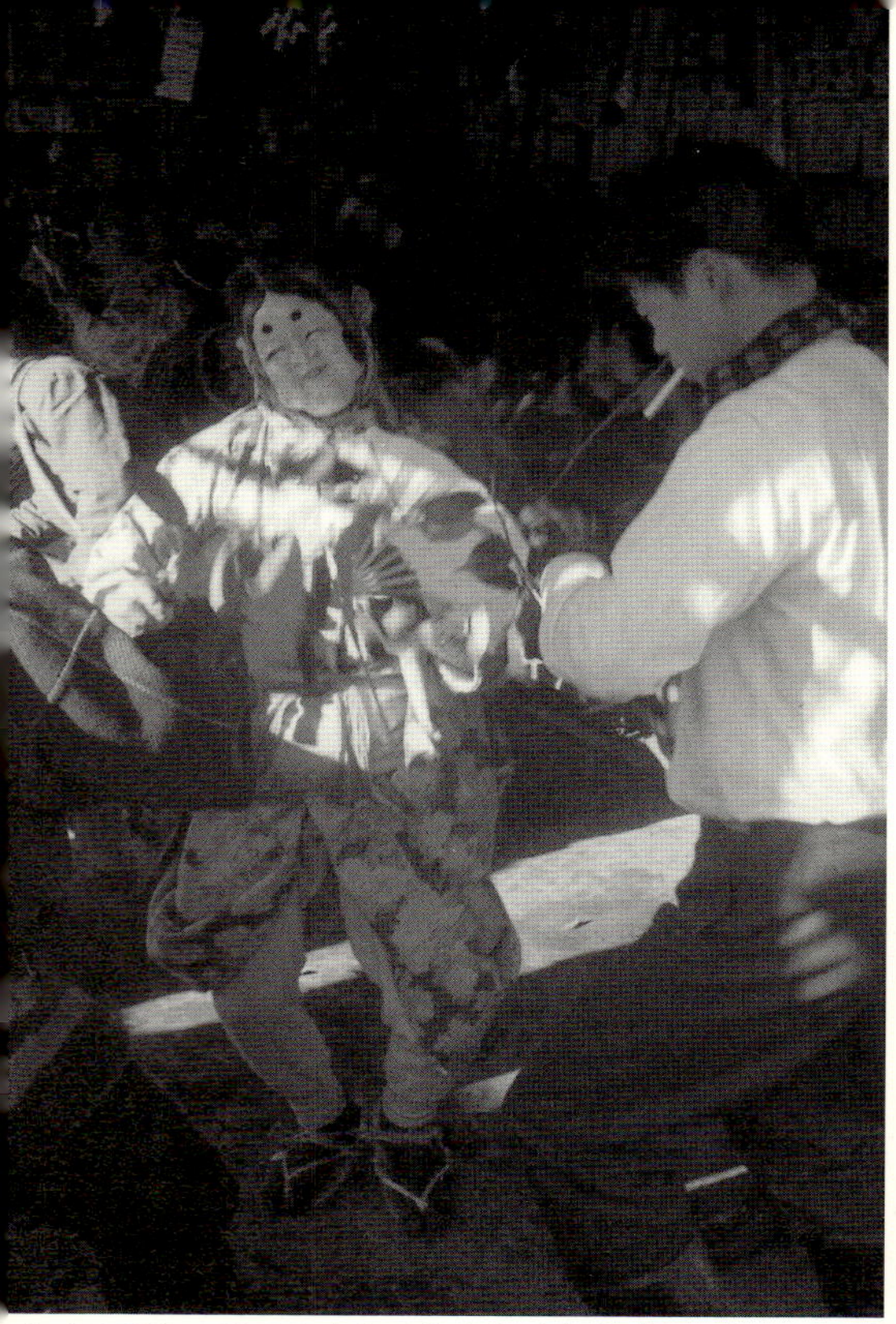

カメの面をつけておもしろおかしく舞う「おつりひゃら」

上の横長の建物は、平成2年（1990）に廃校になった御園小学校。現在、御園の花祭はこの小学校の建物を利用している。

宮本常一が行ったときの祭場は小学校の下だった。「たばこ」の看板のあるのが店と宿もしていた表屋。

青年団売店。出店もあって子どもたちでにぎわった。

準備を入れるともっと長くなるが、花祭は本祭だけでも一夜二日かかり、その間、神事舞が途切れることなくつづけられる。大勢の人がいないとできない祭りで、その人が集落からいなくなって廃止にしたり、日程を大幅に変更した花祭もある。その心配は今もなお祭りをつづけている一五集落の花祭にある。

御園の花祭も同じような心配が一時あった。その心配を克服したのは、「オレたちの代でなくしたくない」というみんなの決意だった。その決意のために、さまざまな工夫をした。それが功を奏して、御園の花祭の後退の心配は薄らいでいる。

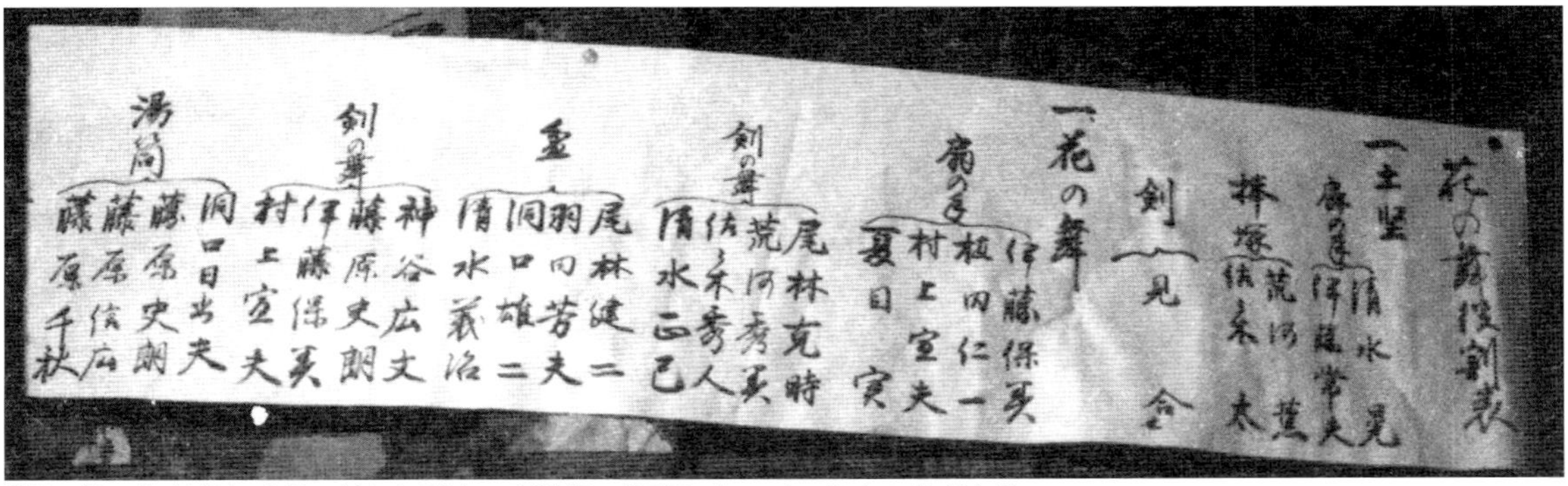

「花の舞の役割表」。「剣の舞」に現在、東栄町の町長になっている人の名がある。

「榊鬼」。御園の榊鬼は、他にみない根つきの榊を持って舞う。

宮本常一は日記に書いている。「こうしたまつりがいつまでつづくものであろうか。まえに来たときのような昂奮はおぼえないが来て見てよかったと思う」

澁澤敬三らのように、「花狂い」といわれるほどにはならなかったが、宮本常一も花祭の愛好者だったことに違いはない。昭和四八年（一九七三）には、観文研の企画で東栄町月の花祭に私も一緒したが、舞庭で真似ながら舞う宮本常一は実に楽しそうだった。

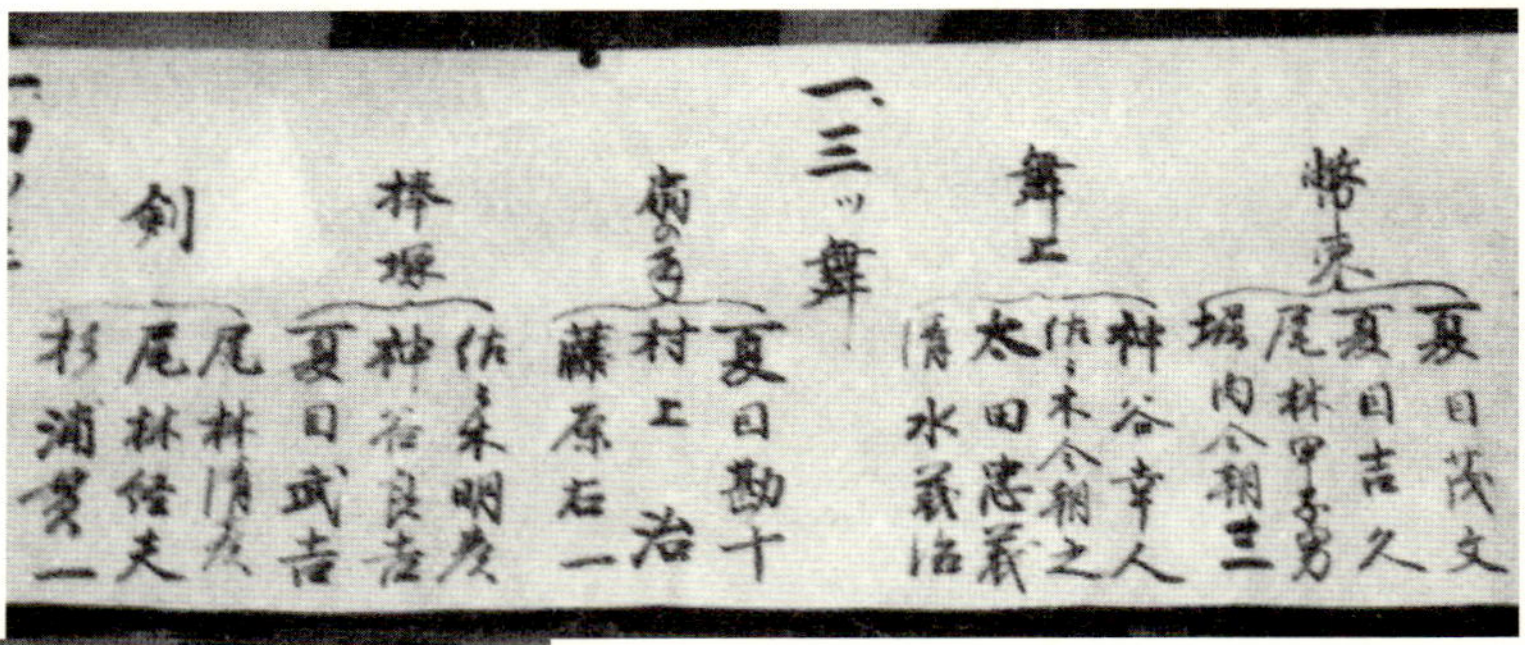

さて、この役割の何人が今も健在だろうか。

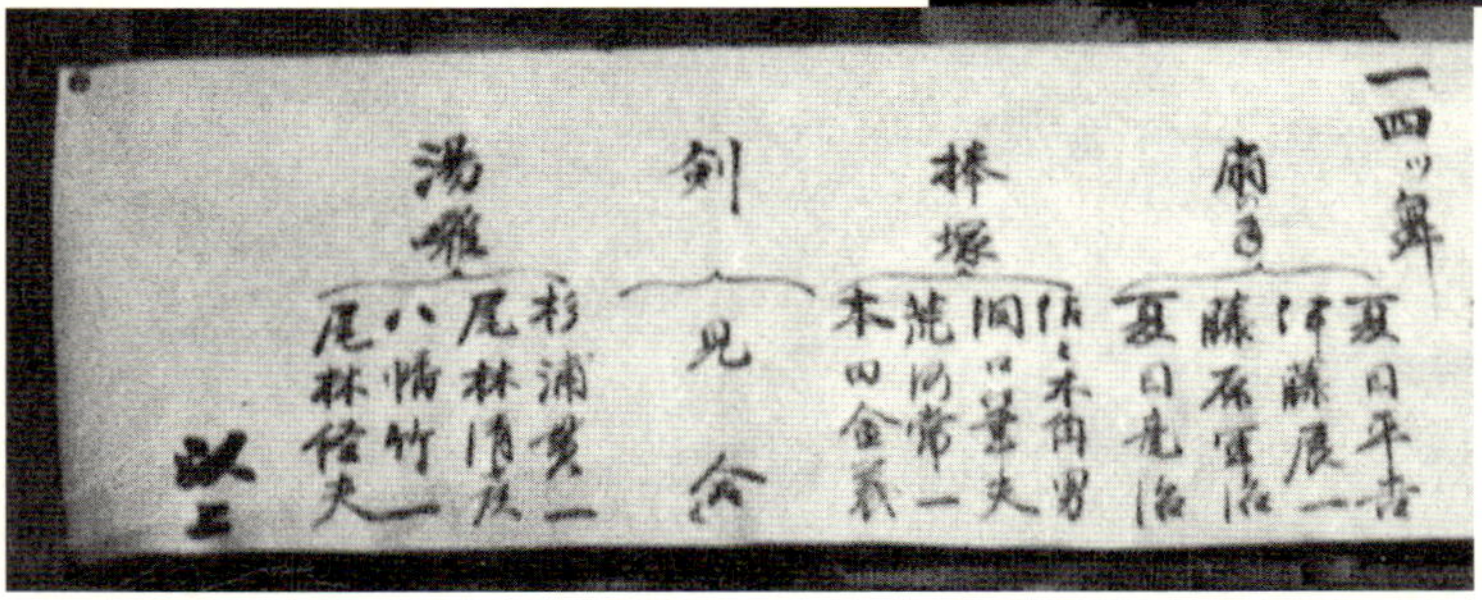

開き扇を手に舞う「三つ舞」。右の麦藁帽に竹を手にする人は、三つ舞を真似ているようである。

盆とその踊り

文・写真　須藤　功

佐八《そうち》のかんこ踊り。三重県伊勢市佐八

野辺送り。棺《ひつぎ》をリヤカーに乗せて押し引く二人は、頭に三角紙をつけている。岩手県前沢町生母（現奥州市）　昭和42年（1967）

盆は古い天竺《てんじく》の祭りでした

このごろは私の家のまわりにもすっかり住宅が建てこんで、いかにも東京近郊という風景になってしまいましたが、埼玉県川口市の私の住んでいるあたりは、二昔前までは広々と稲田がつづき、よく晴れた日には遠くに富士も見えていました。そうした農村地帯だったからでしょう。生活の中にも古くからの習俗が残されていました。足入婚《あしいれこん》とか結《ゆい》による田植とかいったことです。盆行事も土地なりにきちんとしています。

父母の死後墓を郷里の秋田から移すと、私もこの土地のしきたりにしたがって盆行事をやるようになりました。ここは月おくれ、つまり新暦八月に盆をやります。

八月十三日に笹竹とホオズキで座敷の一隅に盆棚を作り、普段は仏壇においてある位牌をそこに移します。それから墓参りにいって墓前でともした火を提灯に移して家まで持ち帰り、それを盆棚のローソクに灯します。そうした準備をととのえたころ、寺からお坊さんがまわってきて、盆棚の前で読経《どきょう》していきます。まわる順番は決まっているらしく、私の家は毎年十三日の午後になります。そのため午前中は大変な忙しさになるのですが、それでもそうして無事にお経をあげてもらうと、心も晴ればれとして仏も喜んでくれただろうと思ったりします。それから、例年私は地方の盆行事を見に出かけます。

頭に白布を着けた女の人たちは、リヤカーに乗せた輿《こし》から伸びる縁《えん》の綱に連なっている。宮城県七ヶ宿町湯原　昭和43年（1968）

その多くが忘れられてしまっている古くからの年中行事の中で、盆と正月だけはいまもそれなりにきちんとやられています。最初はなんとなく外来の仏教行事のように思っていたのですが、次第に盆も重要な日本の祭りであることに気づいてきました。ことしの盆はもう過ぎましたが、これからの秋の祭りや正月の行事を見ていくためにも、もう一度盆を見なおしてみようと思います。

〝盆〟という言葉は、普通倒懸《さかさがけ》を意味する梵語のウランバナの音訳「盂蘭盆《うらぼん》」からきたものだといわれます。もともとは古代インド（天竺）の農耕社会に古くからあった祖先信仰にもとづく祭りで、子孫の絶えて供養されない死者の霊（無縁仏）は悪所におちて倒懸の苦を受けるから、これに飲食を供えてその苦を救うというものでした。それを仏教が取り入れて七月十五日の行事にしたのだといわれます。「盂蘭盆経」という経典が残されており、中国でも唐代の初期から盛んに行なわれたということです。

その盂蘭盆が中国を経て日本に伝わり、七世紀のはじめないし半ばにまず宮中の公式行事として取り入れられ（『続日本紀』によると推古天皇十四年〈六〇六〉）、平安の貴族たちの祭りとなり、鎌倉幕府にうけつがれます。それが仏教が民衆の間に広まるにつれ、また寺院が葬式をつかさどるようになるにつれて、次第に庶民の間の祭りになっていくのですが、いまのような形で全国に定着するのはやっと江戸時代になってからだといいますから、ざっと千年ほどかかったわけです。

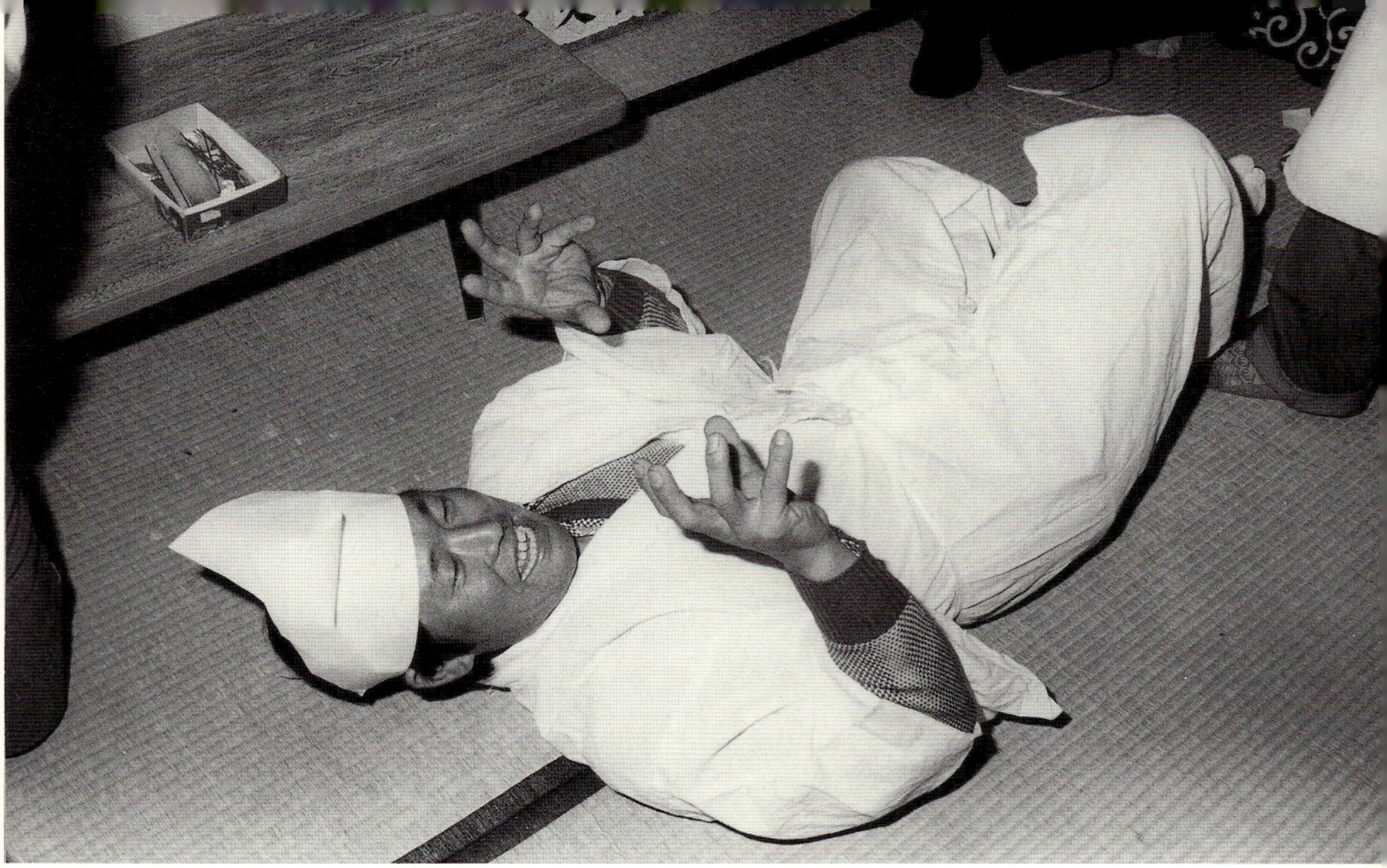

「ジャランボン」と呼ぶ葬式の祭りの死者役。埼玉県秩父市久那　昭和56年（1981）

そういう長い時間をかけて広がる間に、盆行事はそのもとの姿から変わったものになっていったのでしょう。形の上からだけ見ていても、土地によっていろいろな違いがあります。もちろん、〝祖先をまつる〟という意味では盆はどこでも同じですが、その行事の内容や作法は土地ごとに違いがあり、〝祖先〟の内容さえ必ずしも同じというわけではないようです。たとえば、盆踊りにしても自分の知っているようなものとは限らず、ない地方だってあるのです。

結局、盆を受け入れながらも、その地方地方によって、自分たちに納得できるような形にしたということでしょう。人というのは自分の心の中にまったくないものは、とうてい理解することはできないものです。それだから、表面は盆という経典にしたがう祭りであっても、その下にあるものがおもしろくなるのです。

私も、まず自分の心から確めていってみたいと思います。

人は本当に死ぬのでしょうか

まるでしめし合わせていたかのように、私の父母はわずか四十日の間にあいついでこの世を去っていきました。私が十九歳になって間もない、いまから十九年前の冬のことです。

父はその数か月前から病いで床に伏していて、直接の

喪服は男女とも元は白が習わしだった。この喪服の白は、形を変えて近年まで残っていた。秋田県平鹿町（現横手市）昭和30年代
撮影・佐藤久太郎

死因は心臓マヒでした。父につづいた母は脳卒中で、倒れてから六時間ばかり、こちらの呼びかけに答えることもないままに、ただ大きないびきを響かせていましたが、そのまま次第次第に脈が遠くなっていったのです。

それも運命《さだめ》だった、といまでこそ私は他人のことのように話すことができます。しかし当時の私の心はたとえようもないほどに悲しいものでした。ただ、心底からそうした気持になったのは、母の葬儀のあと何日かたってからのことで、亡くなって間もなくは〝ざまをみろ、これで誰に束縛されることもなく自分勝手なことができる〟と心の一隅でニンマリとさえしていたのです。それは、父母のいうこと一つ一つに反発しなければ気のすまなかった十九歳の私の心の延長でした。

そうした父母に対する冷やかな気持はやがて消えます。それは家を出て会社の寮で生活するようになってからです。寮では下着類は自分で洗わなければなりません。当時はまだ洗濯機もない時代ですから、みんな洗濯板の上でゴシゴシやっていたのです。私ははじめてそれをやってみて、それがいかに力のいる仕事であるかを知り、心臓の弱かった母にどれほど負担だったかと気づいたときに私の心は亡き父母に対して素直になったのです。と同時に、そうしたことに気づくのが遅かった自分の愚かさに腹が立ち、それからは自分のなす一つ一つのことに父母への思いが重なって、私の心はたとえようもなく悲しくなっていったのです。その悲しみから抜けだすために、私はやがて自分の好きな道に進むことになります。そうしなければいられなかったのです。

沖縄の新しい墓。古くからの墓は亀甲《かめこう》の形になっている。沖縄県石垣市。昭和48年（1973）

しかしそうした心とは裏腹に、はかりしれない世界のものとなってしまった死者への、わけの分からぬ恐れが人の心の中に根強く宿っていることも否めません。

父母が亡くなってからしばらくの間、私は暗いところで目を開けることができませんでした。目を開けると、目の前に父母が姿を変えて現われるのではないかという恐ろしさがあったからです。それは理屈を超えた恐ろしさでした。

ついこの間まで、私のもっとも身近にいた人が、愛しもした代りにさんざん反発もしていた人が、突然死者というわけの分からぬものになってしまったというのです。そんなことはとうてい納得することはできません。心の中にはちゃんと生きているのです。それでいてその父母はどうもがいてももう手の届かないあの世のものだというのです。

私は死という暴力に圧倒され、無意識のうちに死に対する恐れと反発と、とんでもないことをしてしまったという罪悪感の間で、混乱し、おびえていたのかもしれません。

おそらく葬いの儀式というものは、まず何よりも生き残ったもののそうした心に、死を受け入れさせるための儀式なのでしょう。たとえば通夜・葬式・埋葬・初七日・四十九日といったふうに、たてつづけに死んだものに死を宣告し、供養して、生きているものに死という事実をむりやり納得させるのです。そういうけじめをつけないかぎり、生きのこったものの心の中で、死者はいつまでも死者になりえず、生きているものの混乱も不安も

左は川倉地蔵堂の地蔵。右は地蔵盆の日のイタコの口寄せ。母は亡くなった子の声を聞く。青森県金木町川倉（現五所川原市）昭和42年（1967）

消しがたいのではないでしょうか。ほんとうに死者の冥福を祈るようになるのはその後のことです。

やがていつのまにか私の心からもそうした恐れは消えていきました。それでも何年かの間、私はよく父母の夢をみました。その夢は楽しい夢のこともあり、悲しい夢のこともありました。どちらかというと母の夢が多かったように思います。それが一晩だけのときにはすぐに忘れてしまうのですが、三晩、四晩と続くときには、ああ父母が呼んでいるなと心が苦しくなってきました。そうしたとき私は墓参りにいきました。私が家を出て遠い土地に行ってからは、叔母に手紙を出して墓参りを頼みました。そうすると不思議に心が安らぎ、それでしばらくは夢を見なくてすんだのです。

私の心の中の父母は、もう死の世界におちついて、かつてのような生々しさは消えていましたが、やはりどこかで生きつづけている何かだったのです。その父母は夢の中で私に呼びかけ、私は墓参りというささやかな供養を通じてその父母に会ったわけです。

いまから十年ほど前に会った一人の老婦人の姿を思い出します。青森県北津軽郡金木町川倉の地蔵盆の日のことでした。

地蔵盆というのは、六道世界に姿を現わして衆生《しゅじょう》の苦しみを救ってくださり、また子供の守護者だともされるお地蔵さまの祭りですが、毎年旧暦の六月二十四日に行なわれる川倉の地蔵盆は、母親たちが先立ったわが子に会いにくる日といった方がぴったりするでしょう。地蔵

恐山《おそれざん》大祭でも夜更けて踊りが始まった。青森県むつ市　昭和42年（1967）

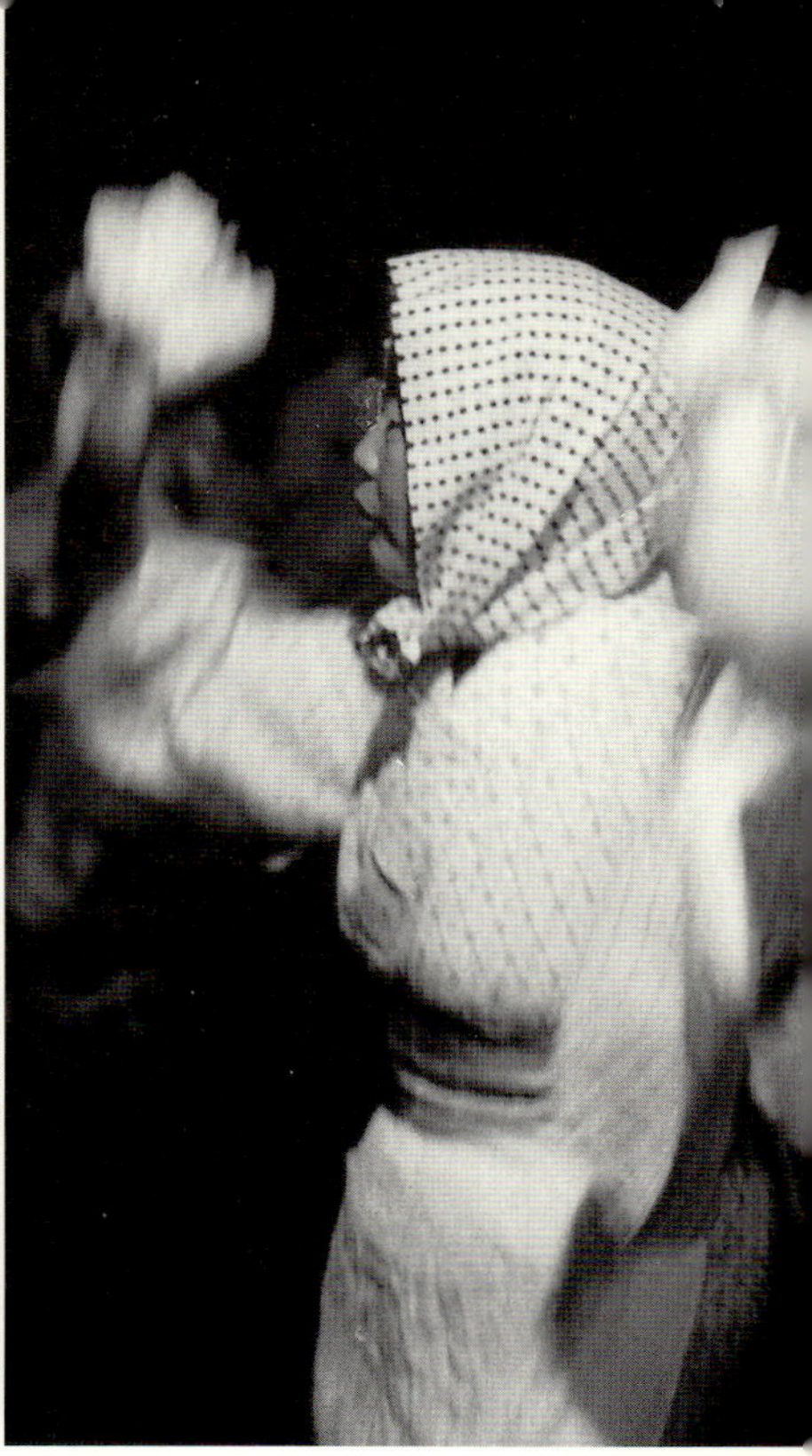

川倉地蔵盆の夜、亡き子とともに踊るひととき。青森県金木町川倉　昭和42年（1967）

堂の中にはわが子の名前を彫りこんだあどけない地蔵たちがびっしりと並んでいて、遠くから歩いてやってきた母たちが供える菓子やおもちゃで埋まっていました。つぎつぎとたかれる線香で煙の絶えまもありません。

地蔵堂のわきではイタコが口寄せをしていました。イタコというのは、死者の霊を呼びよせ、霊と人との対話の仲立ちをする盲目の巫女です。まずわが子の地蔵に会ってきた母親は、今度はそこで子供の霊を呼んでもらい、あの世での暮らしぶりを聞くのです。子の霊はあの世から見えるこれから先のこの世のことも教えてくれます。何月何日にはこんなことがあるから気をつけようとか、どこそこの誰とは仲良くしておいた方がいいとかいった言葉が、イタコの口から語られました。

そして夜、老いた母親たちの盆踊りがはじまりました。せまい地蔵堂の中で体をすり合わせるようにして踊りがつづきます。子に会い、その無事を聞いて安心したのでしょう。どの顔も明るく晴ればれとしていたのを覚えています。

夜がふけて、地蔵堂のまわりに静けさが戻ったのはほんのひとときだったでしょう。ほどなく東の空が赤く染まり、夜が明けはじめた時でした。

ふと気がつくとひとりの老女が風呂敷包みを背に負い、帰り支度をととのえていました。やがて老女は長い合掌のあとで地蔵の頭をなぜ、

「坊、またぐっからな」

そういって薄明りの松林の道を歩み去っていったのです。私はその一言をいまも忘れることができません。

雪国の冬の野辺送り。新潟県山古志村（現長岡市）昭和46年（1971　60頁まで同じ）

そうした自分自身の経験や見てきたことから、私は人が、生命というものは死によって無になってしまうのではなく、ある特別な存在―霊―になって生きているのだと感じるのはむしろ自然なことで、その霊を思い、なつかしみ、まつるといったことをするのも、誰もがいつかは分かるようになるものだと思うようになりました。盆がいまもきちんと行われているのは、とりもなおさず日本人のひとりの心の中にそうした思いや感じ方があるからだと思います。

しかし、私が次第に父母の夢を見なくなっていったように、初めは激しかったそうした思いも、歳月と共に薄くなるのが人の常です。盆はまたそうしたおろそかになる心に、亡き人のことを思い出させるために設けられた日といってもいいのでしょう。

さまざまな霊たちの国があります

こういうひとりひとりの感じ方が基盤となったのでしょうが、世界中のどの民族も、それぞれの死後の世界のイメージをつくりあげてきました。そうしてそれらはやがてより大きくより論理的な宗教思想へと発展します。死者はもはや生きているものの心の中の、わけの分からぬ何かではなく、たとえ目には見えなくとも、はっきりと存在するとされるものであり、それがどのような

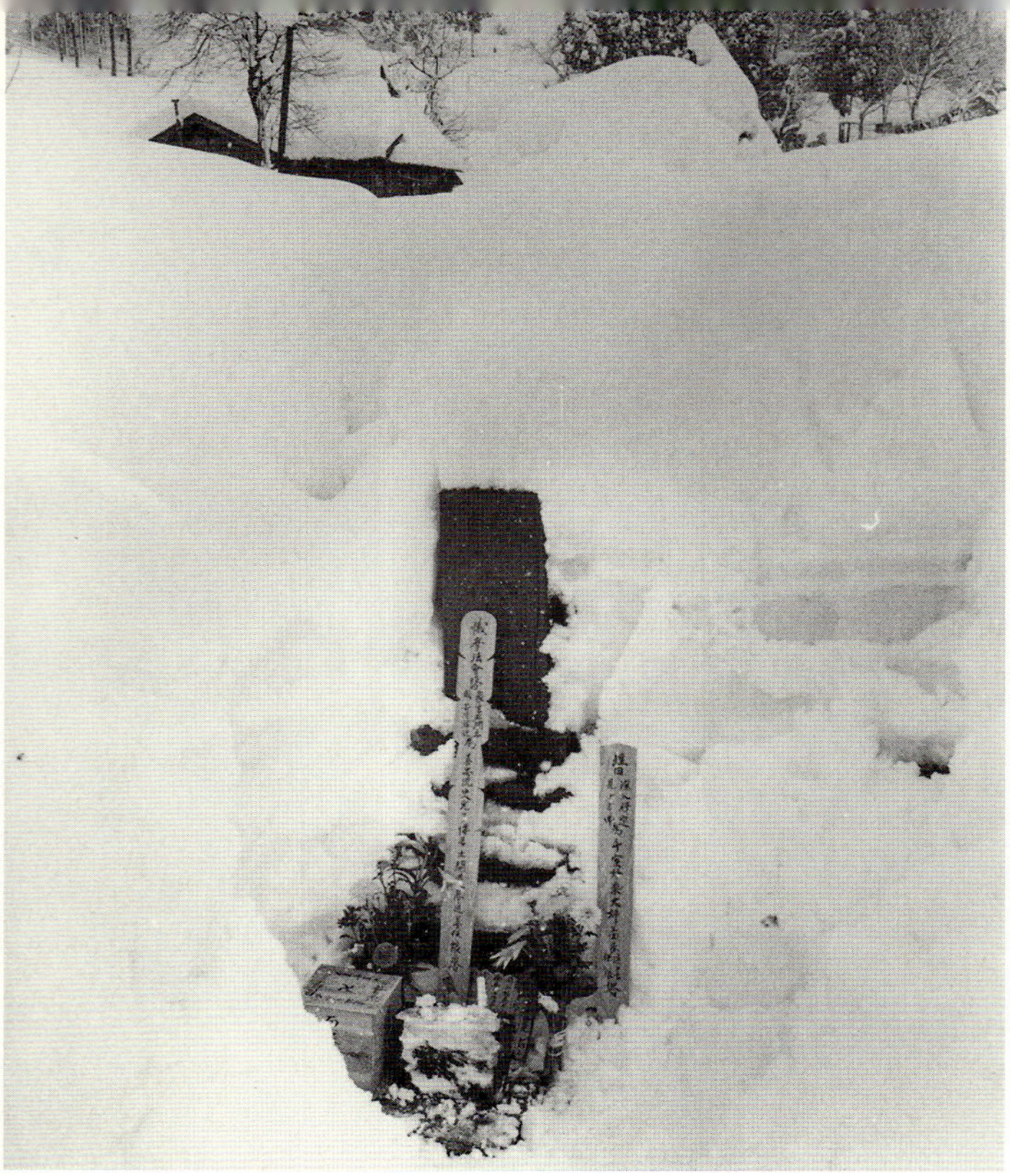
雪下の墓を掘り出して遺骨を納めた。新潟県山古志村

火葬の白い煙とともに死者は昇天する。新潟県山古志村

もので、どのように行動するものであるか、それなりに説明されたものになっています。

私たちはごくなにげなく、人が死ぬと仏になったといいますし、悪いことをすると地獄におち、いいことをしておくと死んでから極楽にいけるよ、などと子供に話します。

いうまでもなくこれはもともと仏教からきたいい方なのですが、そのもとになっているのは、古代インドでウパニシャド哲学として大成されたという輪廻の世界像です。つまり生きとし生けるもの（衆生）はほんとうに死ぬことはなく、その生命のもつ業《ごう》や煩悩《ぼんのう》のゆえに善をなし、悪を重ねて、一つの生を終わるごとにその罪の軽重に応じて天上・人間・修羅・畜生・餓鬼・地獄という六つの世界（六道）の間を生まれかわりつづけるのです。六道はいずれもこの世で、人間はその一相にしかすぎません。そしていずれも多かれ少なかれ生きることの苦しみから逃れられない世界です。

成仏する、つまり仏になるというのは、悟りによって生命の煩悩や業から解脱《げだつ》し、輪廻の鎖から解放された絶対の存在になることです。だから、実は死んだからといっておいそれと仏になって、絶対的な自由と平安と喜びに満たされた浄土にいたれるわけではないのです。いわんやその中でも最も完全な阿弥陀さまの極楽浄土となると、十万億の浄土をへだてた西の彼方にあるというのですから大変です。仏教というのは、いわばこの仏への憧れであり、どうしたら仏になれるかということの教えだといえましょう。

盆は祖先を供養するものだが、そのために集まった親族とひとときを過ごすことを「生盆《いきぼん》」という。神奈川県秦野市　昭和62年（1987）

一方日本にはすでに独自の神や霊魂や死後の世界がありました。（といっても、いくつかの違う考え方が混在していたようです。）ですから民衆が仏教を受け入れるということは、仏や浄土を信じるだけでなく、その世界像をも受け入れ、同時に日本の死後の世界を新しい論理で組みたてなおすことになります。しかし、もとよりそれは大変なことです。仏教が古い日本の死後の世界に新しい法と領土をきずくには千年近い年月がかかり、それでもなお征服しきれないで、自分自身をさまざまに変えてゆきます。お盆にちなむものたちを見ても、仏や餓鬼や地獄極楽にまじって、生御霊《いきみたま》があり、海の彼方の国からくる祖先の神やたたりする怨霊《おんりょう》があり、風があり、虫があり、死にけがれた黄泉の国の無気味な臭いもまだ残っています。ともかく、現在のお盆の主人公たちから見てみましょう。

〝霊〟とか〝霊魂〟とかいわれるものは、別に人間だけでなく動物にも草木にも、あるいは山や川や風などの自然、さらには人の作った家や道具にまで宿っているとされるもので、その力によっては神と呼ばれることもあります。それらは普通の人間には分からない力を持っていますが、人間と同じように欲望し、愛し、怒り、悲しみます。そしてその結果がさまざまに人に及びます。

　人間の場合も生御霊というように、生きている肉体に宿っているものですが、死んで肉体がなくなっても霊はいつまでも生きつづけるものだと思われています。そして充分に供養してもらい、この世に悔いの残らぬ死に方

盆を迎えるための墓掃除を7日に行なうところが多かった。旧暦では七夕の日である。福島県下郷町大内　昭和44年（1969）

をした人の死霊は、天空か遠海原にある楽園にいき、時とともに祖先の神となって、さまざまなめぐみを子孫たちにもたらしてくれるのです。

しかし悲惨な死に方をしたり、未練を残して死んだ人の場合は、霊もまたこの世に未練を残し、目には見えないがこの世のどこかにうろうろすることになります。

「うかばれない」

というのはそうした霊をさし、中でも恨みを残して死んだ人の霊は怨霊という恐しいものになって、さまざまな形で人の世にたたります。幽霊となったり、病気や虫となったり、雲や風となって荒れくるったり、火事や戦争を起こしたりします。

怨霊という考え方は大変説得力があったようで、特に御霊《ごりょう》信仰といいますが、中でも菅原道真の怨霊が雷となりあるいは流行病となって現われ、人びとを恐怖のどん底に落しいれたために、朝廷はそれを鎮めるために官位を上げ、京都に北野天満宮を建ててまつったという話はよく知られています。その後天神さまはいたるところでまつられることになりました。

怨霊ほどではありませんが、子孫が絶えたり、遠い土地で死んだりして供養してもらえない霊（無縁仏）も荒ぶる神（悪霊）になるとされますし、死んで間もない新霊もあの世への道に迷ってそうなりかねません。死後はじめての新盆が重視されるのも、村八分でも火事と葬式の二分をはずしてあるのも、供養をおろそかにして死霊が悪霊になって村にたたっては困るからです。

私はこういう恐ろしい死霊という考え方の背後には、

「辻《つじ》」。盆供養をしてもらえない無縁仏のために設ける。神奈川県秦野市　平成15年（2003）

新盆の家では、初めてあの世から帰る亡者のために高燈籠を掲げる。群馬県赤城村津久田（現渋川市）昭和47年（1972）

死に対する恐れや不浄観だけでなく、死者に対する罪の意識が大きくあるように思います。たたりというのは、生前の死者に対して、ひどいことをした、不孝であったという負い目からくる罪の意識の反映なのではないでしょうか。

日本にはこれら人間に由来するもの以外にも、もろもろの神にまじって、もっともっとたくさんの得体の知れぬ悪霊たちが住んでいました。仏教が民衆のものになっていくにつれて、死者だけでなくこうした古い血をひくものの多くも供養して成仏させることができるようになるわけですが、それ以前、死はもっと恐ろしく、またけがれにみちたものであったようです。ですから死者や悪霊たちに対しては、まず近づかぬようにするのが一番でした。それでもうっかり近寄ってしまったり恐らせてしまうことがあります。そうなるとさまざまな呪術や聖なるものの力をかりて、けがされたものを払い清め、悪霊どもを追い払い、ときには祭りをしてその気をしずめねばなりません。それでもかなわぬほどの相手であるときは、かつて天皇が死ぬたびに都が他の地へ移されたように、人間の方で逃げだす他はなかったようです。

宇宙はさまざまな不思議でみたされています。そしてまた人間もその不思議によって生き栄え、不思議によって苦しみ、死にます。私たちの祖先がそれを理解するためには、こうしたさまざまな神や精霊や悪霊がいなければならなかったのでしょう。人々はそれらを恐れるがゆえに、感謝するがゆえに、あるいは味方であれと願うがゆえに懸命にまつってきました。仏教もまたそのために

山の斜面に家がある田峯は、古くからの田楽《でんがく》、地芝居《じしばい》、盆念仏（田峯盆踊り）などを伝える。愛知県設楽町田峯　昭和48年（1973）

動員されたといえるのかもしれません。

盆は盆踊りだけではありません

〝カナカナカナ〟とヒグラシゼミが鳴きだすともう夕暮れ、といっても山の背の高い田峯《だみね》ではまだ遅くはありません。それでも陽が沈み、ヒグラシゼミが鳴き出すと吹く風もひんやりとしてきます。盆十四日の午後のことです。

「さあ、行ってくるまいか」

私が盆踊りを見せてもらった家のおばあさんは、家の者にそう呼びかけて腰をあげました。手にしているのはハナの木と米と松明《たいまつ》。おばあさんは前年つれあいを亡くしてその年が新盆でした。

墓所は草むした山路を少し登ったところにありました。どの墓のまわりもきれいに手入れがされていて、あちらこちら、墓参りのすんだらしい松明がくすぶりながら残っていました。おばあさんとその一家は供物の米を、並んだ自分の家の墓石の上に少しずつおき、ハナをさし、墓前で松明をともしてから、みんなそろって墓に手を合わせました。

田峯というのは愛知県北設楽《したら》郡設楽町の一部落で、近隣の人々には「観音さまの田峯」として知られているところです。戸数およそ百戸、家々は山の中腹にあって、飯田線の本長篠駅からのバスをおりて、そこまでくねく

田峯の新盆の家の仏壇。愛知県設楽町田峯　昭和41年（1966）

ねと曲った山路を歩いて登らなければなりません。

夏の日の朝早く、キジバトの鳴き声を聞きながら三十分ほど登っていくと、目の前に棚田の連なったすりばちのような斜面が開けます。いかにも山の里といった風景で、初秋には黄金色の稲穂と山腹の民家が一つになって、箱庭のようになります。稲刈りのころは山畑に白いソバの花が咲き、しばらくすると今度は稲束の向こうの軒下に、カーテンのように赤い干柿がぶらさがります。農業と山仕事、それが田峯の人々の生活です。

観音さまの田峯は、田楽祭《でんがくさい》とその翌日の地狂言、そして夏の盆踊りでも知られています。以前は旧暦一月十七日、いまは新暦の二月十一日が田楽の日で、その祭りは神さまの前で稲作の作業を模擬的に演じてその年の豊作を祈るものです。翌日の地狂言は村の人たちが役者になっての大歌舞伎です。それから、いまは新暦八月に変わった盆が大きな行事になります。いずれも田峯の人々の生活を語るうえでははずすことができません。

私がその家の盆踊りを見にいったのも、田楽のときに写してあげた一枚の写真が縁でした。その写真の少女から、私の家が新盆ですからという連絡をもらったのです。

その家は山腹にある大きな家で、ゆるやかな坂道を登りきった門口のところに、その家の年代を語るような太い大きなカヤの木がありました。新盆の家はどの家もそうなのですが、その家でも戸障子がはずされ、外から家の中がまる見えでした。仏壇の両脇には親類縁者から贈られた金銀和紙のきらびやかな提灯がいっぱい並んでいます。鴨居には「御霊前」と書かれた香典袋がびっしり

家の前でも迎え火をともす。愛知県設楽町田峯　昭和45年（1970）

墓前で迎え火をともす。愛知県設楽町田峯　昭和45年（1970）

と張られ、柱飾りのようでした。

私はこうして十四日の日に田峯の盆を訪ねたのですが、ほんとうは盆の行事は一月近くつづく行事なのです。もちろん核心はどこでも十三日から十六日にかけてで、その前後に準備の諸行事と、盆後の一、二の行事がつくのが普通です。

田峯の盆の行事もいまは新暦八月になり、少し簡略にされていますが、田峯の郷土史家・熊谷好恵氏の『田峯の年中行事』によって、旧暦のころの次第を見ておきましょう。ついでに他の土地のことも語っておきます。

田峯では七月一日から盆の準備に入りました。仏壇や墓所の掃除をし、盆踊りの練習がはじまりました。他の地方でも一日は盆入りとか地獄の釜の口明けとかいって、いよいよ盆月に入ったことをはっきりさせますが、具体的な準備は七日からが普通です。

二日は盆供《ぼんく》といって、親類や知人の間で贈答が行われました。新盆の家には提燈とローソク二本、それにソーメン十把ぐらいを贈ります。ソーメンは盆の大事な食物で、盆参りにきてくれた人にもごちそうします。

ちょうど正月前のお歳暮のような盆前のこういう贈答は、各地に広く見られます。お中元といっているものです。中元は一月十五日の上元に対して七月十五日のことをいいます。

六日から八日までは七夕にともなう行事が行なわれました。短冊をつけた笹をたてます。

新盆の家の者が、盆供養の「田峯盆踊り」の一行を出迎え、「お願いします」と挨拶する。愛知県設楽町田峯　昭和45年（1970）

七夕は本来水神さまの祭りだといわれ、川に棚をつくって初物《はつもの》を供えたり、虫送りをしたりしますが、たいていの土地ではこの日から盆の準備に入ります。墓の掃除をし、仏壇を清め、地方によってはワラや草で精霊《しょうりょう》さま（祖霊）を迎える馬をつくったりします。

九日には観音さまの盆踊りがありました。

十一日には盆三日間の馬の草を刈りました。他の地方でも朝早くから盆花を採りにいく日です。

十二日には土地によっては盆市が立ち、盆に入用なさまざまなものが売り出されますが、田峯ではそれはありません。ただどこでもこの日までに道普請をするのが普通です。村の人が総出で村に通ずる全ての道の手入れをするのです。もちろん祖霊を迎えるための準備です。

いよいよ十三日。どこでも遠い国から帰ってくる祖先の霊を迎える日です。

田峯でも十三日には精霊棚（盆棚）を家の中につくり、夕方には屋敷の入口に迎え松明をともして祖先の霊を精霊棚に迎えます。そしていろいろの供え物をします。

盆行事をきちんとやっているところでは、精霊さま（祖霊）にも三度三度家の者が食べているものを供えるようです。しかし棚は家の中だけと限らず、私の郷里の横手などでは、墓前にも棚をつくり、夕方に家中そろって墓参りにいきました。そして田峯では十四日からになっていますが、新盆（初盆）の家をまわる盆供養の念仏踊りのあるところでは普通この十三日からまわりはじめ、盆踊りもたいていこの日からです。

新盆の家の庭で、まず「はねこみ」踊る。愛知県設楽町田峯

新盆の家が道にともす百八燈のローソク。愛知県設楽町田峯
昭和41年（1966　76頁まで同じ）

さて、私の訪ねた十四日です。十四日には墓に参り、夜は新盆の家の前で盆踊りをしました。盆踊りといっても、普通にいう踊りだけでなく、その前に〈はねこみ〉という念仏をとなえながら踊る踊りや盆念仏が組みこまれ、田峯ではそのすべてをさしています。

この地方は幕末のころから念仏踊りが盛んに行なわれたところで、踊念仏系の採り物（太鼓・鐘など）を持った踊りがいまも田峯に伝えられているわけですが、同時に採り物を持たないで踊る素踊り、つまり各地に見られるような普通の単調な踊りもあるのです。

もともと盆踊りは田楽法師や念仏僧たちによって行なわれた田楽や踊念仏などを母体にして、一般の民衆がこれにならって素踊りを行なったことに始まるといわれています。しかしそれは古い話で、この田峯でそういう変化があったと見るのはムリなようです。田楽や踊念仏など、それぞれ別々に流れこんでまとめられたものなのでしょう。

翌十五日は午前中に菩提《ぼだい》所の日光寺で寺施餓鬼（餓鬼道におちた亡者に食物を与える仏教儀式）が行なわれ、日が暮れると若い衆は日光寺ではねこみ、盆念仏をして、それからまた新盆の家へ出かけて一連の盆踊りをしました。

一般に盆踊りは部落ごとの行事で、一定の場所で部落のみんなが一緒に踊るものですが、田峯のように特定の家々をまわるところもあります。念仏踊りのあるところでは新盆の家をまわることが多いようです。盆は正月と同じように家ごとの祭りなのですが、死者が祖霊となる

「はねこみ」の太鼓が、盆とは思えないにぎやかさをかもし出す。愛知県設楽町田峯

けじめともいうべき新盆はとくに大切な祭りですから、粗略にして災いを村に招かぬよう、部落として供養するのでしょう。

十六日です。この日は精霊さまの帰られる日といって、朝早く精霊棚の供物を川に流します。またこの日は餓鬼の首もゆるむといわれ、女衆ははじめて一日気楽に休みました。一方若い衆は日暮れから寺に集まって餓鬼送りの念仏をしました。部落のあちこちにあるさまざまな神さまと、五歳以下の子供の新仏に念仏をとなえます。念仏がすむと子供の新仏の数だけ盆提燈を川に流しました。それから盆中の慰労をかねて、徹夜で盆踊りを踊ったといいます。これは素踊りの方でした。

田峯ではそういうことはやりませんが、門口で麦ワラを燃やして、その煙で祖霊を送る土地もあり、また土地によっては朝流した供物を子供たちが拾い、それを川原で煮炊きして食べて遊ぶという行事があります。静岡県盤田郡佐久間町の川原飯もその一つで、これを食べると夏病みしないといわれています。これは十五夜のおだんごを子供が盗み食いしてもいいのと似ています。子供は祖先の神たちとは特別近しいものなのでしょうか。

普通はこれで盆の核心部はおわり、十七日には普段にもどりますが、田峯ではこの日もう一度観音さままで盆踊りがありました。これは素踊りだけで、はねこみや盆念仏はやりません。そしてこの日で田峯の盆行事はすべて終ります。

しかし地方によっては、その後も十八日ごろまで踊りがつづくところもあり、二十日盆とか二十四日の地蔵盆

太鼓が止んで盆念仏になる。静かに繰り返す「南無阿弥陀仏」が、亡き人をしんみりと思い起こさせる。愛知県設楽町田峯

とか、月末まで盆と名のつく行事があることがあり、二百十日のころに盆踊りをするところもあります。風をやわらげるためだといいます。

なお、盆はもちろん旧暦七月の行事でしたが、いまでは新暦七月にやるところ、旧暦七月を守っているところ、大ざっぱにもとの季節に合わせて新暦八月にやるところと三つに分かれてしまいました。そして最近では旧暦を守っていたところもほとんど新八月に変わっています。私が見た田峯の盆は、まだ旧暦でやっていたときのものです。

それでは田峯の十四日の晩にもどりましょう。墓参りのあと夕食をごちそうになり、私は盆踊りを待っていました。

新盆の夜、踊りは激しくまた静かに…

日はとっぷりと暮れていました。多分八時ころだったでしょう。家に登る坂道の片側に立てられた百八燈の松明に燈がともされ、その坂道の下の方から、笛や太鼓や

盆念仏が終わると「田峯盆踊り」の一行を接待。その合間に庭で盆踊りが始まる。愛知県設楽町田峯

鉦の音が上ってきました。たちこめる煙の途切れ途切れに提燈や燈籠の燈が見えます。

松明の燈に照らされてやがて見えはじめた一行は、村の男衆と少女たちからなる三十人ほどで、先頭には羽織をつけ会所と書いた提燈を持った二人の長老がいます。二人は盆踊りの代表者です。

「おねがいいたします」

これも羽織りをつけた新盆の家の主人が、門口で盆踊りの一行を迎えて代表者に頭をさげました。

「お受けいたします」

代表者が答えました。

その二人の後は切子燈籠で、一方には暮露《ぼろ》と書かれています。暮露というのは、尺八を吹きながら門付けして歩いた虚無僧《こむそう》のことだそうです。ただし尺八があるわけではありません。

つぎは手踊りの少女達です。十五、六人もいたでしょうか。思い思いの浴衣にそろいの菅笠、白足袋にぞうりという装いで、上半身を少しかがめ、肩を左右に振って踊りながら進んできます。数え唄をうたっています。熊谷さんの話によると、田峯の少女たちのその手踊りは田峯にもとからあったものではなく、隣町の大輪というところにあったものを真似たということです。ただ、数え歌をうたいながら練り込むという形式自体は中世の芸能に見られた古いものだということでした。

少女たちの後につづくのは、太鼓五、六人、笛四、五人、そして鉦四人の元気のいい若い衆、いや、もう中老といってもいい男衆です。

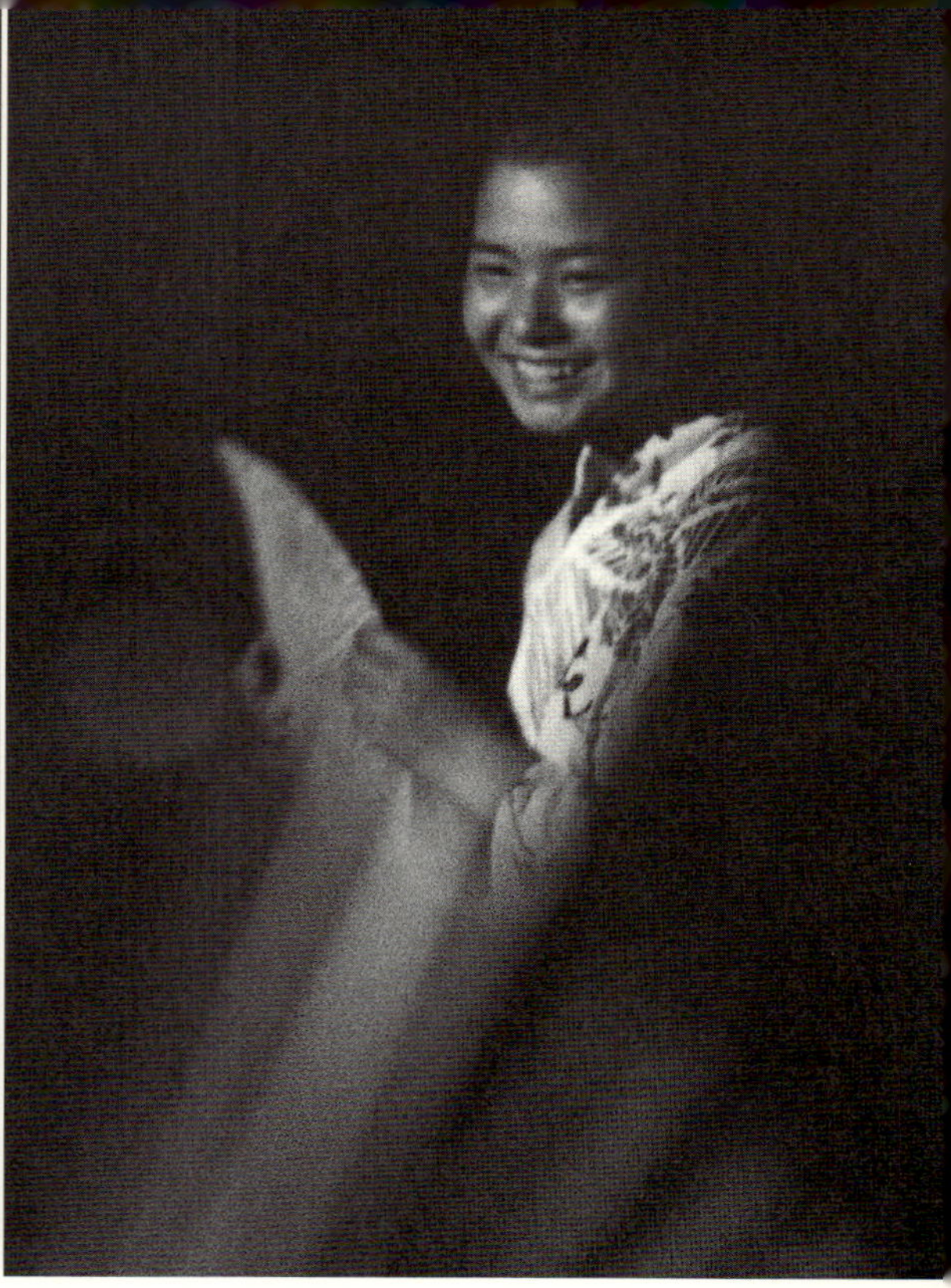

少女も楽しく踊る。愛知県設楽町田峯

一行は新盆の家に練りこんでくると、そのまま前庭を三回まわり、それから太鼓たちが円陣をつくりました。左手に太鼓、右手にバチをかまえて、「ピー」という笛の合図ではねこみの太鼓がはじまります。

〝パシッ　パシッ〟

実に激しい踊りです。重い太鼓を片手で振りあげ、へばりつくように地を踏んばり、はねあがるようにして打ちこんでいきます。胴太鼓と違って締太鼓の音はにぶいのですが、その音はまことに力強いものでした。

「本気ではねこみをやったらの、次の日にゃ便所でしゃがめやせんだに」

とにかくきつい動きなのです。それは村の若衆にとって、一人前かどうかの試練のときでもあったのです。

「一廻りもはねこみをすればの、太鼓を持つ手がしびれてしまうに。昔はの、両手の感覚がなくなるまでやっても、やめよとはいってくれなんだに、厳しい練習だったの」

いまでは中老になったかつての若者が後で話してくれました。

このはねこみには数え唄、新車、浜松、岡崎女郎衆、シャンギリなど全部で十七の曲があるそうです。

激しいはねこみが終わりました。一行は陣形を変え、二人の〝調子引き〟と呼ぶ故老を中心にして〝かは〟と呼ぶ十数人が、仏壇に相対して前庭に半円を作りました。盆念仏がはじまるのです。

〝チーン〟〝チーン〟

盆踊りの輪はいつ終わるとなくつづいた。愛知県設楽町田峯

はねこみの動に対して盆念仏はみごとなほどの対比をなして静といえましょう。調子引きの叩く鉦の音、それに合わせて六字名号、すなわち「南無阿弥陀仏」が、長くゆったりとはじまりました。調子引きとかはが交互に繰返し繰返し念仏を唱えてゆきます。そしてその間に延々と盆念仏和讃（仏をたたえる唄）がはいるのです。

〽十よりうちの幼な子が、さかりの花といわれしも、あしたの病にとりつかれ、百味千薬用ゆれど、夕べの嵐にさそわれて、ついにはかなくなりにけり、二人の親もあさましく、肌身をそえる者もなし、あわれうき世の世の習い、よくよく念仏申すべし

和讃はいろいろありましたが、これは「子供和讃」という、子供の新仏のための和讃の一つです。

長々とつづいた和讃が終わり、盆念仏はくどきに入りました。

〽おさな子が、賽の河原の石だたみ、あわれ仏の道に入るらん

〽わが妻は深く結びし妻なれば、先だつものは無情なりけり

家の人たちは仏壇の前に正座したままじっと盆念仏を受けています。念仏は一時間以上もつづいたでしょうか、闇に吸いこまれていく「南無阿弥陀仏」や和讃の声は私の心にも深々と吸いこまれていくようでした。

やがて調子引きが「願以此功徳」と唱え、それにかはが「平等施一切同発菩提心往生安楽国」と和し、〝チーン〟〝チーン〟という鉦の音で盆念仏は終わりました。

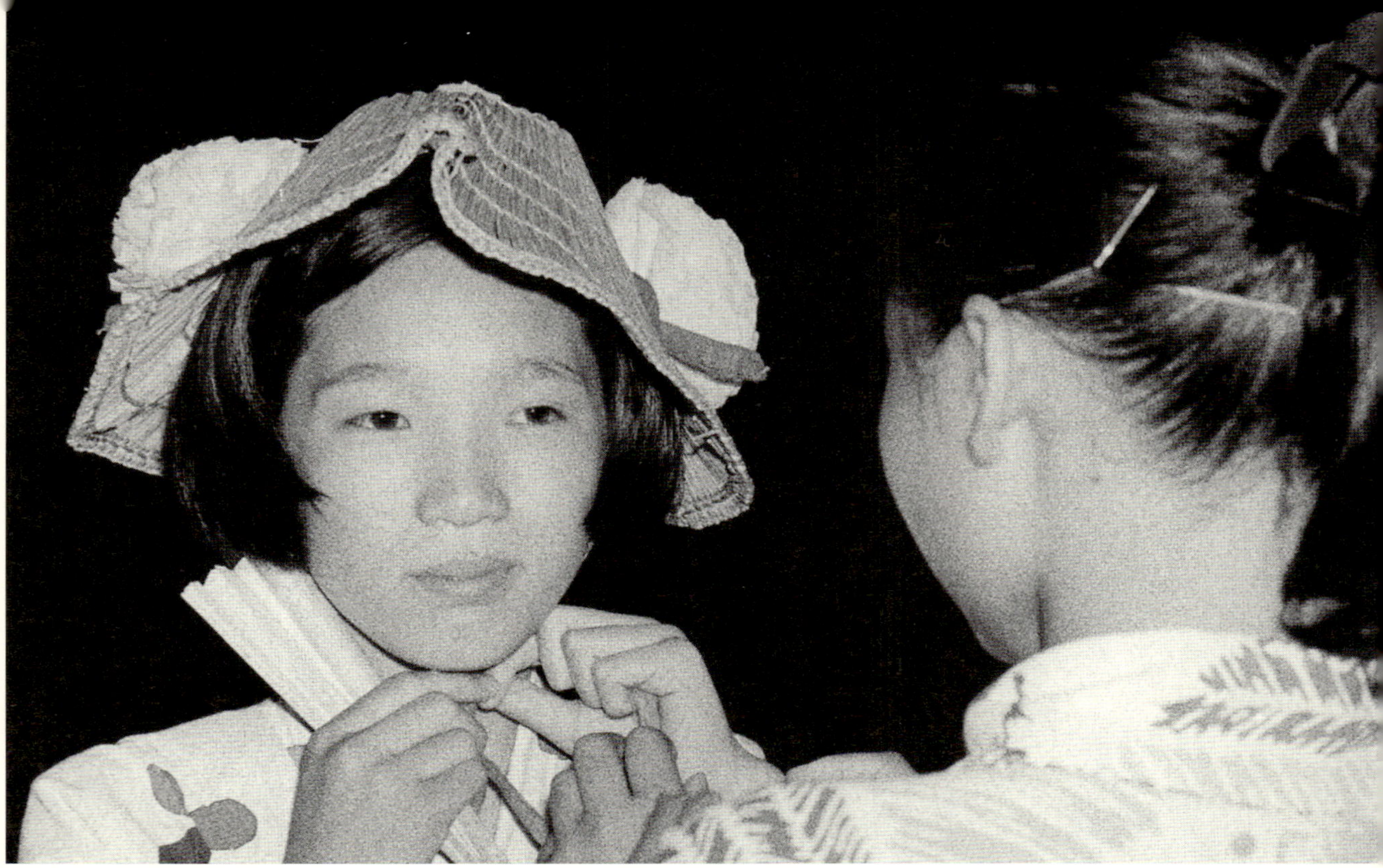

少女は「田峯盆踊り」の手踊りの大事なひとりでもある。愛知県設楽町田峯

その場にほっとしたざわめきが流れて、一行は座敷にあがりました。お茶や酒が出、ソーメンや赤飯のふるまいです。少女たちには菓子やジュースがふるまわれます。

そうして一同が一休みし、それを接待する女衆の手もすいてくる頃、ひとりの音頭出しで盆踊りになりました。先にも書いた、普通の盆踊りの形のものです。そして今度はみんなが踊ります。エプロンをつけたまま、シャツを着たまま、手踊りの少女たちは菅笠をとったまま踊りの輪に加わっていました。


〽ションガイナばばさはエンコの猿で、足が三尺、手が五尺、ションガイナ

「ションガイナ」という盆踊り元唄の一つで、音頭出しがそこまで唄うと、輪の男女が返しをいれます。

〽手が五尺、足が三尺、手が五尺、ションガイナ

元唄の後にはくだけた歌詞の盆踊唄がはいります。

これは扇子を持った踊りでしたが、何も持たない踊りもあり、どちらもいい表わしようがないほどに単調な踊りでした。単調なだけに唄がつづき踊りの輪が幾度まわっても疲れないで踊りに身をゆだねることができるのでしょう。その輪の中にはいると実に楽しいといいます。唄もまたおかしみや色気やスリルがあり、昔なら男女の心を開かせて夜明けまでもつづかせることになったのでしょう。その家の盆踊りの輪も、前庭に一つでき、二つでき、ときには二つの輪が一つになって、大人も子供も楽しそうでした。

はねこみ、盆念仏、そして盆踊りとつづく田峯の盆踊

ちょっと一眠りする手踊りの少女もいる。愛知県設楽町田峯

りの形式は、前者の二つで新仏の霊を供養し、つづいてその霊と共に現世の人々が踊り楽しむという形ですが、田峯ではそうした一連の盆踊りの後に引庭踊りというのがあって、引きあげるときに踊られます。

ふるまいも十分に受けたころ、時間を見計らって会所が目くばせしました。するとくつろいでいた盆踊りの一行はゆかたの帯をしめなおし、仏壇の前に正座して、まず礼念仏を申します。それから庭に出て再びはねこみをやり、ひと踊りした後、今度はとり唄という唄になり、ついで音頭出しの声で盆念仏のくどきが唄われます。そしてもうこれで終わりにしようというころに、終わりのとり唄が唄われました。

〽どうせお唄はこれまでよ。（ここで太鼓が〝ソーリャ〟と掛け声を掛け太鼓を打ちます）おいとま申していざさらば。（同）

そこで新盆の家の主人は、まだ帰らないで欲しいと唄を所望し、引きとめようとします。

それは一向に対する名残りをしめす作法であると同時に、一緒に楽しんでいる祖先の霊に対する心づかいでもあるのでしょう。答えて音頭出しがまた一つ二つ声をはりあげました。

〽かえせかえせが御所望なら（ソーリャと太鼓）、も一つ返していざかえる。（同）

しかし、このとり唄が出ると、もう本当に終わりでした。はねこみの輪の上で切子燈籠を大きく揺らし、輪が次第に一列になって行列がととのうと、主人の厚い礼を受けて盆踊りの一行は坂道をくだっていったのです。松

切子燈籠《きりことうろう》を大きく揺らして「田峯盆踊り」の一行が去って行く。愛知県設楽町田峯

明をともした道を、しずしずと近づいてくるときの音と違って、遠のいていく笛や太鼓や鉦の音には、いいしれぬ淋しさがありました。

ただひたすら念仏を唱えて踊れ

田峯の盆踊りの中の〈はねこみ〉のような踊りは、普通の盆踊りのようにその中に誰もが自由に入って踊るわけにはいきません。そこでは先にもふれたように、太鼓・笛・鉦などのいずれかが用いられ、唄われる唄の間に「南無阿弥陀仏」の念仏がはいります。踊りの振りはそれぞれに異って一様ではありませんが、普通の盆踊りにくらべるとずっと激しく動きます。跳びはねるように、大地を強く踏むように力強く踊ります。そして中には背に大きな団扇《うちわ》を背負って踊るものもあります。

　そうした、念仏を唱え、鉦や太鼓の鳴物（採り物）で踊る踊りを「念仏踊り」というのですが、「踊念仏」「踊《ゆ》躍《やく》念仏」といういい方もします。

　私が念仏踊りというものを初めて見たのは、愛知県新《しん》城《しろ》市大海《おおみ》に伝わる〈ほうか〉といわれるものでした。いまから十三年も前の旧暦七月十五日、やはりお盆の日の夜のことです。

　ほうかは「放下」とも書き、大海では大団扇を背負い、腹部に太鼓をかかえた三人と、もうひとり、ささら竹といわれるものを背負った四人の若者が囃子役の鉦や

背にした大団扇を揺らしながら踊る「ほうか」。愛知県新城市大海　昭和38年（1963）

笛に合わせて踊ります。団扇は高さ三メートル、巾一メートルほどの大きなもので、踊り手の前楽の団扇には桝の、大拍子の団扇には鷹の羽の、後楽の団扇にはかたばみの紋がそれぞれついています。

〝カーン　カーン〟と鋭く響く鉦の音、〝シャリッシャリッ〟とすり合わされるささらの音、太鼓はかかえられているために音が押さえられ、〝ボッ　ボッ〟と地中から湧きでてくるかのようです。団扇の三人は団扇を垂直に立てるために腰を九十度に折りまげ、カニのように足をひろげて踊っています。それは見るからに重労働で、踊り終えたときの三人の体からは汗が文字通り滝のように流れていました。

その年はまだ旧暦で行なわれていた年で、月の美しい晩でした。十五夜の月が大団扇のふちを照らし、右に左に低く高く大団扇が動くたびに青白い影を作り、涼風にのって流れてくる鉦の音と共に、その光景はまことにさわやかなものでした。

このほうかは放下僧とかかわりがあるだろうといわれています。放下僧は放下師ともいわれ、記録に現われるようになるのは室町時代の中ごろからですが、町の辻などに立って曲芸を見せ、道ゆく人の喜捨を受けた芸能者でした。江戸時代の記録には、背に短冊のついた笹竹を背負い、腰みのをつけ、烏帽子《えぼし》をつけた放下僧も見られます。

これはいったいどういう人たちだったのでしょう。

日本に仏教が公式にはいってきたのは宣化天皇三年

川原飯の小屋を作る。静岡県佐久間町下川合
昭和39年（1964）

上・盆の仏壇に供えた果物や茄子《なす》で作った馬など。
下・盆の供えものを川に流す。川原飯はこれらを拾って料理する。
静岡県佐久間町下川合（現浜松市）昭和45年（1970）

（五三八）といわれていますが、民衆のものになるにはずいぶん年月がかかりました。なぜならその教えは経典と呼ばれる書物に、よその国の言葉で書かれており、思想的にも大変深いものをもっていて、一般の人たちにはおいそれと理解することのできないものだったのです。そこで最初は身分の高い、文字も読める人たちの間に信じられ、むしろ政治に利用されて国家鎮護の名のもとに上から普及されていったのですが、それでも少しずつ民衆の間にも広がっていきました。それはやはり僧というものの役割が大きかったからです。

僧は出家と呼ばれ、出家は世俗のいろいろの拘束を受けることがありません。身分の高い者も低い者も僧になれますし、僧はまた相手がどのような人であっても接することができました。八世紀のころ名僧として人びとに知られていた行基は、一方で天皇の師として尊ばれていましたが、一方では病人や乞食の世話もしていたのです。そのような僧が少しずつ増えていきました。

もちろん僧の中には貴族に結びついて名利に走るような人もたくさんいました。しかし空海（弘法大師）、円仁（慈覚大師）などのように民衆の幸福を願って活動した人もあり、とくに円仁は日本に念仏宗（浄土教）をもたらし、その流れをくむ僧の中から良源（元三大師）、恵信、空也、良忍、法然などというりっぱな人たちが出てきます。この人たちは名利を願うよりも世の中の平和や民衆の幸福を願って活動しました。その上、幸いなことに良源の出た頃には仮名文字が発明されて、仏教のむずかしい教理を説話の形でわかりやすく説く一方、それ

数年後には親が手伝うようになるが、まだ少年たちだけでやっていた川原飯。静岡県佐久間町下川合　昭和39年（1964）

が仮名文字でも記されました。また仏教の教理を絵にかき、それを文字のわからない人たちに説明して聞かせることもはやってき、またお経に節をつけて読む声明《しょうみょう》が盛んになってきます。むずかしいお経も、意味は分からなくとも美しい声で音楽のように唱えているのを聞いていると、そのまま極楽へゆくような気もしたわけです。

こうして仏教は次第に民衆の間にゆきわたり、仏の功徳《くどく》を信ずるものが増えてきます。その中でも生きている間にいろいろの仕合わせをもたらしてくれると信じられた観音菩薩や、病気をなおしてくれる薬師如来などの信仰が盛んで、とくに十一世紀にはいると死んで極楽往生を得させてくれる阿弥陀如来の信仰が強くなっていきます。そしてこの南無阿弥陀仏と念仏を唱えさえすれば極楽へゆけるという浄土教の普及こそ仏教を広く民衆の間にゆきわたらせることになったといっていいでしょう。仏教の功徳を説く仮名文字の説話文学、節をつけて唄う和讃、今様などの流行が、仏教がどのように広がっていったかを教えてくれます。日本人の死後の世界や、霊たちの世界は、こうして大きく仏教の影響を受け、イメージを変えていくのです。

さて、そのような浄土教を広めた僧たちの中で、空也の名を忘れることはできません。空也の生地や両親のことなどはよく分かってはいませんが、天暦二年（九四八）に比叡山に登って大僧正光勝の名を与えられています。しかし空也は生涯空也を名のり、念仏を広めてまわりました。それもただ「南無阿弥陀仏」の念仏を口で唱

山寺の石段を登り、寺院などで念仏を唱える「夜行念仏」。山形市山寺　昭和55年（1980）

えるだけではなく、やがてそれに体をともなわせる、すなわち踊りながら念仏を唱えることを教えたのです。それが踊念仏のはじまりだといわれます。

その空也の念仏はそれを唱えることで自らの後世を阿弥陀さまに救ってもらおうとしたものですが、それからおよそ一五〇年ほど後に出た良忍によって、一人が唱えた念仏の功徳は他人にも及ぶという融通念仏の思想が生まれました。僧たちは勇を得て盛んに念仏を唱えて歩きます。

後に時宗の開祖となった一遍が信濃国佐久郡伴野の在家で踊念仏を踊るのは、それからさらに一五〇年ほどたった弘安二年（一二七九）の暮れのことです。一遍は伊予の国、いまの愛媛県道後市に生まれ、幼いときから他力念仏の道をたずねまわった人です。文永十一年（一二七四）の夏、それまでの自分の念仏勧進に疑念をいだきながら熊野本宮の証誠殿《しょうじょうでん》にこもっていると、目の前に山伏姿の権現が現われ、「衆生を救う道は〝南無阿弥陀仏〟と阿弥陀如来が正覚（悟ること）されたときに決まっていた」と告げました。それで一遍はかつ然と悟り、信念を持って念仏札を配るようになります。念仏を唱え、その功徳を授けたあかしとして念仏札を配ることを賦算《ふさん》といい、伴野での踊念仏もそうした賦算の途中のことでした。神がかりするものが常にそうであるように、念仏を唱え、ひたすら阿弥陀の慈悲にすがろうとするとき、体がともなうのは自然なことだったのでしょう。そして現代の若者たちがロックに踊り狂うことで陶酔するように、踊りながら念仏を唱えることで生きなが

『一遍聖絵』に描かれた、鎌倉の片瀬の地蔵堂での「踊念仏」

ら浄土を体験することができたことでしょう。

　ともあれそれ以後一遍とその弟子たちは、日本各地の民衆の間で、生まれながらの煩悩や業のゆえに生に苦しむ人々を来世では救い、極楽浄土へいけるようにするために、ひたすら鉦をたたき、念仏を唱え、踊躍することになりました。その様子は弟子によって描かれ、一遍が死んでから十年目の正安元年（一二九九）にできあがった『一遍聖《ひじり》絵《え》』に見ることができます。その中の弘安五年（一二八二）春の鎌倉片瀬の踊念仏を見ますと、一段高く設けられた踊屋の中で、胸に鉦鼓をつけて合掌した時衆（時宗の僧）たちが、床を踏みはずさんばかりに足を上げ、生き生きと踊っています。そのまわりに立ってその様子を眺めている人々の顔も生き生きとしているのは、やはりいながらにして救われる心地がしたからではないでしょうか。やがて僧たちのまわりで、民衆自身も踊りはじめます。それは、信仰とともに新たな喜びと楽しみをも人びとにもたらしたといえましょう。

それは一大芸能運動でもありました

　踊念仏をもって地方を流れ歩いた時宗の僧たちの数はおびただしいものでした。僧たちは念仏僧、遊行僧ともいわれ、また単に聖《ひじり》とも呼ばれます。

　この人たちは一方で捨聖《すてひじり》とか阿弥坊主とも呼ばれていたように、決して身分の高いものではなく、旅をするに

古形をよく残している「空也《くうや》念仏踊り」。福島県河東町冬木沢（現会津若松市）昭和55年（1980）

も普通の旅人のように食物を持たず、在家の人たちから食物をもらいながら歩いていました。いわば乞食同様だったわけです。しかし単なる乞食ではなく、信仰を持ち、芸能を持って、各地の無縁仏を供養し、悪霊を鎮めながら踊念仏を布教して歩いていたのです。

　また聖たちは在家の人びとを、講を組んで結束させる力を持っていました。この人たちの歩いたところには念仏講や地蔵講などが発達しました。そしてそれぞれの土地におちついて、小さな寺やお堂を建てて生涯を終わったものが多いのです。

　地方に念仏踊りが広がっていったのはこのような聖たちの役割が大きいのですが、念仏踊りといっても別に一定の型があったわけではありません。どんな踊りでもよい、誰が踊ってもよい、自分たちのそれまで踊っているやり方で、ただ念仏を唱えればよいというものだったようです。それならまた誰もが踊ることができたわけです。ですから今日残っている踊念仏系の踊りにはずいぶんいろいろな踊り方がありますし、その踊りの型やふりの起源をいうなら、踊念仏以前にさかのぼって見なければなりません。

　念仏踊りが広まる以前に日本に広く行なわれていたのは太鼓踊りでした。太鼓はシャーマニズムにはつきものの楽器で、神を迎え神がかりするために叩くものです。その神おろしの太鼓をもとにして踊りがともなってきたのが太鼓踊りでしょう。雨乞いのとき踊るものが多かったのです。そしてこういう太鼓踊りを利用して念仏を唱えれば、これもまた念仏踊りになったわけです。田峯の

浜で踊る新盆供養の念仏踊り。
三重県阿児町甲賀（現志摩市）昭和56年（1981）

念仏踊りを思わせる高山祭りの「闘鶏楽《とうけいがく》」。昭和47年（1972）

〈はねこみ〉や大海の〈ほうか〉などのように念仏踊りに太鼓踊りが多いのはこのためですが、ついでにいくつかを紹介しておきましょう。

はねこみのように大きな太鼓を持って叩きながら踊るものは方々にあって、京都地方に多い六斎念仏も同じ系統のものですし、大阪府和泉などに見られるこおどりとか南無手おどりとかよばれるものも太鼓を片手に持って叩きつつ踊るもので、やはり念仏踊り系のものでした。広島県福山市に見られるはね踊りも大きな太鼓を持って踊るものでしたが、今は太鼓が重いからと、地面に斜においで、一人が太鼓を動かし、一人が打ちこみつつ踊っています。

一方ほうかのように太鼓を胸に吊って踊るものは広島県三原市付近のチンコンカン、同じく千代田町の花笠踊、山口県長門地方の腰輪念仏踊、愛媛県喜多郡の念仏踊、佐賀県伊万里市の大念仏、長崎県平戸のジャンガラ念仏、五島列島のチャンココ念仏、熊本県球磨《くま》郡五木村の念仏踊などたくさんあり、いずれも太鼓踊りが念仏踊りとして踊られているものでしょう。

また平安時代から稲作の予祝芸能として発達してきた田楽《でんがく》や、遠くインドやペルシャに源を発し中国をへて奈良時代に日本に入った散楽から発展したという申楽《さるがく》（音楽とともに曲芸や道化を演じる）などまで念仏踊りとして利用されたようです。

時宗の僧たちは世阿弥とか音阿弥などというように名前の下に阿弥《あみ》号がつくのが普通でした。そこで田楽や申楽などを演じた人びとの名前を見ますと、鎌倉時代から

豊橋駅前で演ずる京都の六斎念仏。愛知県豊橋市。昭和38年（1963）

室町時代のはじめ頃の人たちの中には阿弥号のつくのが大変多いのです。踊念仏はいわば従来の諸芸能を再組織したともいえるでしょう。特に田楽は田舎の寺やお堂などで盛んに行なわれ、その普及につれて阿弥号を持たないもの、信仰は持っているが僧ではない在家一般の人びともこれに参加するようになっていきます。それは踊念仏に参加する人びとの名前に阿弥号や僧名の者が次第に減っていくことで分かります。しかし僧名のものが全く消えてしまうことは中世の終わりまではほとんどありませんから、僧が導師となり、民衆は僧を中心にして踊りや舞や演技を行なったものでしょう。

さてこういう田楽踊りや申楽を持ち歩いた一派はやがて武家と結びついて能をつくりあげます。能とは「わざおぎ」のことで、踊りだけでなく、踊りの中に物語や演技のともなったものです。歌舞伎芝居などもかぶく（踊り狂う）動作の中に演技が加わっていったものですが、その始祖とされる出雲の阿国《おくに》も、はじめは踊念仏を踊っていました。

このようにして踊念仏が古い諸芸を巻きこみ、その表現や呪術的な考え方を受けついで、熱心な信仰とともに普及され踊られるようになると、能や歌舞伎にまでいたらなくても、単なる祈りの表現以上のものになってきます。そしてちょうど仏教の教理を説話化して説いたり、絵で説いたりしたのと同じように、目に見えない死後の世界や、そこから仏にいたる道すじなどを踊りによって表わそうとする傾向が出てきます。

八月十五日と十八日の晩、三重県伊勢市佐八《そうち》の長泉寺

頭にしゃぐまをつけた、あやしげな扮装に引きつけられる「かんこ踊り」。三重県伊勢市佐八　昭和46年（1971）

の前庭で踊られる〈かんこ踊り〉もそうした念仏踊りの一つでしょう。花笠をいだいた少年としゃぐまをつけた少年によって舞われるのですが、しゃぐまの方はしゃぐまと腰みのとで全身がつつまれてしまいます。十五日の晩の精霊踊りで、初盆の人の戒名と念仏を唱える踊り手たちの腹部の羯鼓《かっこ》が

“ボツッ　ボツッ”

とにぶくひびいて、かがり火に見るその姿はまるで精霊を目のあたりにしているようでした。人びともまたそうして死後の世界や、超自然的なものたちの世界を思い描いてきたのでしょう。

踊りには魔力があります

自らの後生のために、あるいは人々の後生のために念仏を唱えながら踊るという本来の姿の踊念仏は、福島県河沼郡河東村広野八葉《こうや》寺の〈空也念仏踊〉、あるいは長野県佐久市跡部《あとべ》の〈躍念仏〉などが知られていますが、まだまだ多くの土地で念仏講などの中にひっそりと生きているようです。

　しかしよく知られているものの多くは盆と結びついて新霊を供養する踊りになったり、怨霊をはじめとするもろもろの悪霊をしずめ、風や干ばつや病虫害をふせぐための呪術的な踊りとして残っています。これから述べるものもそうしたものの一部で、あの世のさまざまな霊た

手振りの美しい、「亡者《もうじゃ》踊り」の名もある西馬音内《にしもない》盆踊り。秋田県羽後町西馬音内　昭和49年（1974）

ちの姿が、踊りの中に登場します。

秋田県平鹿郡羽後町西馬音内《にしもない》の盆踊りは、手振りのまことに優雅な踊りで、一度見た人は諸国の盆踊りの中で一番美しいと誰でもいいます。いまは八月十六～十八日の夜で、町の目抜き通りに松明をともし、民家の二階に組んだやぐらから打ち出される太鼓や笛や三味線、そして唄に合わせて踊りの輪は細長くゆったりとまわります。

この盆踊りは山形の最上氏との戦いに敗れた領主小野寺氏や戦死者たちの霊を慰めるために、遺族が地元の豊作祭りの踊りを宝泉寺という寺の境内で踊ったのがはじまりだといわれ、目だけを出した彦左頭巾《ひこざずきん》をかぶり、腰にぞうりをぶらさげた踊り手がいます。土葬の墓にはよく死者があの世にいくときに使う笠やぞうりがおかれていますが、ぞうりを下げ、仮装をするのは亡者を表わしているのです。

岩手県胆沢《いさわ》郡衣川《ころもがわ》村はみちのくに黄金文化の花を咲かせた平泉の近くにあって、その村の川西に伝わる〈けんばい〉は「高館物怪《たかだてもっけ》」ともいい、大念仏舞、魔王、三人いかもの、八人いかものなど全部で八曲の踊りがあります。中尊寺の施餓鬼や盆に各家から招かれたときに踊るものです。

それは高館に亡びた義経主従の亡霊が阿修羅となって踊るさまを形どったものだといい、主従の亡霊を現わすいかものという六人の阿吽《あうん》の鬼面をつけた踊り手と、共に滅びた女を現わすやさしい若面の踊手わかどが一人います。いかものは腰に脇差と二尺ほどの綾竹をさし、手

亡霊の供養に始まるという「川西念仏剣舞《けんばい》」。剣舞に猿面は珍しい。岩手県衣川村川西（現奥州市）昭和42年（1967）

には扇を持っています。もう一人やえんという踊り手がいて、これは上から下まで赤ずくめの衣裳に猿面をつけ、頭にはしゃぐまのようなものをつけています。それに笛が二人と太鼓が二人。一つの太鼓に向きあって叩きます。

この大念仏舞というのは夜ごとに現われる義経主従の亡霊に、中尊寺一山三百禅坊の僧達が七日七夜おこもりをして念仏を唱えていたところ、どこからともなく一匹の猿がやってきて、拍子も面白く踊り出しました。それにつられて亡霊も踊り出し、やがて一人一人消えていき、以後は現われなくなったという話を再現したものだと伝えられ、「ナームアミダー」のはいった念仏唄をうたいながら踊ります。そして最後はやえんにいかものが一人一人消されて済度される形で終わるわけです。

けんばいは剣舞と書き、川西だけでなく岩手県内に数多く残されています。ただ、川西のように面をつけているとは限りません。

こういう恨みをのんで死んだ人たちの中で、死後もっとも猛威をふるったのが先にのべた道真で、香川県綾歌郡綾南《りょうなん》町滝宮《たきのみや》の〈念仏踊り〉はもと雨乞い踊りであったものが、かつてそのあたりの国司であった道真の怨霊を慰めるために念仏踊りに変わったものだといいます。

天正三年（一五七五）五月、信玄亡きあとの甲斐の武田軍と徳川・織田の連合軍との戦いで知られる長篠の〈火おんどり〉も、無念の死をとげた将兵の霊をなぐさめる念仏踊りです。そして虫送りとも結びつきます。

主戦場となった弾正ヶ原は、長篠城跡から四キロほど

長篠合戦で倒れた将兵を供養する「火おんどり」。その火で浮かびあがる大松。愛知県新城市信玄　昭和38年（1963）

南に下った、飯田線の三河東郷駅のあたりで、武田軍の将兵の屍を埋めたといわれる信玄塚など合戦にまつわるいくつかの遺跡が残っています。以前は旧暦七月十五日、現在は新暦八月十五日に行なわれている〈火おんどり〉は、そこに埋められた将兵の霊を供養するためといわれていますが、その起りに害虫としてのハチの話が伝わっています。戦いが終わって間もないころ、そのあたりには大きなハチが何百匹と発生し、人に危害を与えて困らせました。誰いうとなくそれは無念の涙をのんで倒れた武田方の将兵の霊だということになり、火おんどりをしてその霊を慰めたところ、ハチはいなくなったというのです。

〽ヤーレモッセ　モーセモセ。ヤーレモッセ　ナンマイダー。チャンチャコ　チャンチャコ　マアッオ
トーボイテ

鉦に合わせてそう唄いながら、火のついた大きな松明を振りまわすその中で、信玄塚の二つの塚の間の広場はひととき火の海となるのです。

もう一つ同じような起源が伝えられるものとして遠州大念仏を紹介しておきましょう。静岡県浜松市、浜北市を中心に遠江《とおとうみ》一円に分布する行事の一つで、三方原《みかたがはら》の合戦を起源としています。その合戦は長篠合戦の二年前の十二月のことで、まだ信玄が健在だった武田軍と、浜松城を守る徳川軍のいくさで、家康はほうほうのていで城に逃げ帰るはめになります。その危機を救ったのは犀《さい》ヶ崖《がけ》に掛けた布橋の奇計でした。現在も浜松市内に残る犀ヶ崖は、合戦場となった三方原の台地と、城のあった

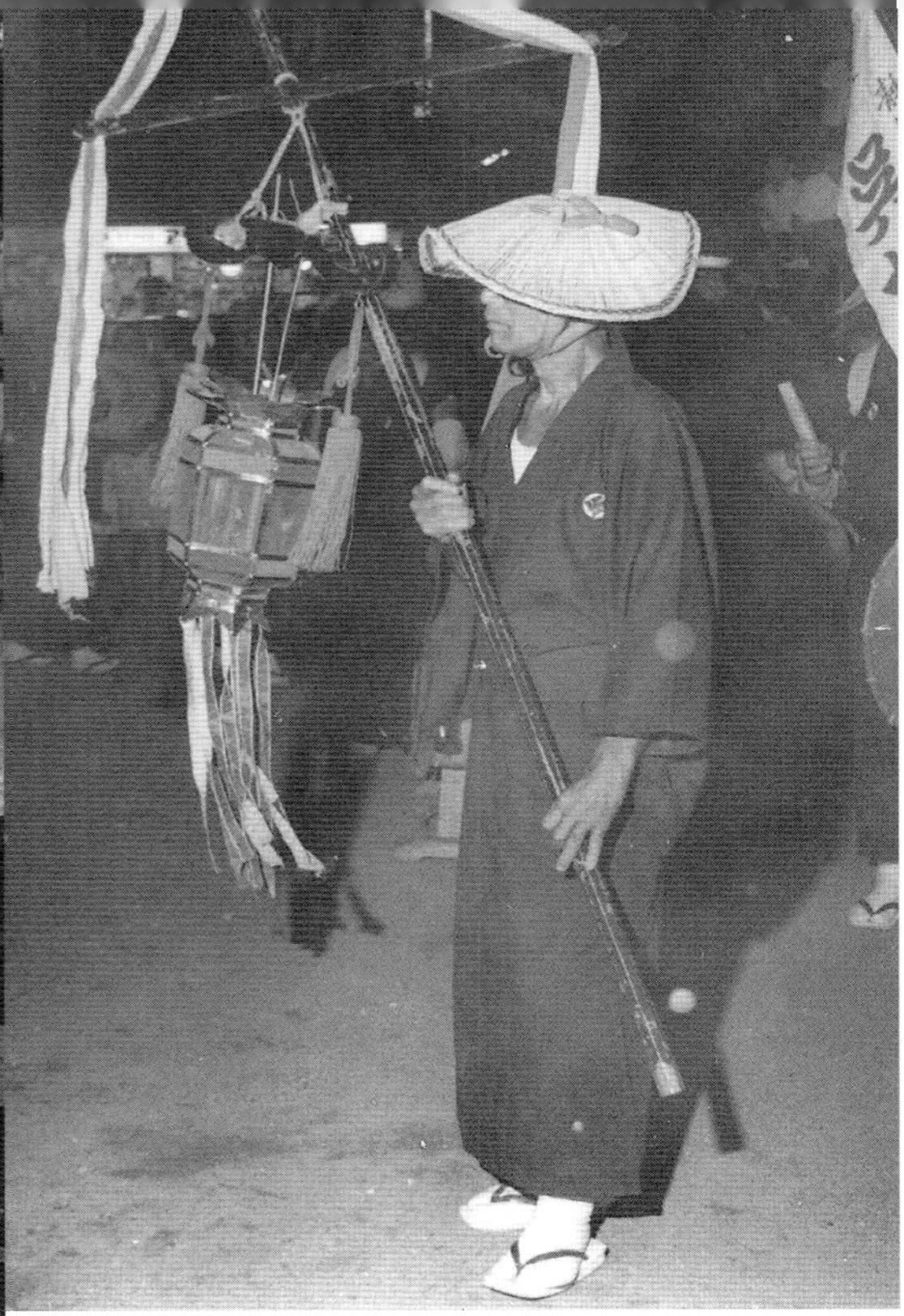

飾り燈籠を先頭に新盆の家をまわる遠州大念仏。静岡県浜北市呉松（現浜松市）昭和40年（1965）

犀ヶ崖の宗円堂で、三方原合戦の戦死者を供養する遠州大念仏。静岡県浜松市名残　昭和38年（1963）

台地を二分する谷で、その谷の間にあたかも橋があるかのように布を張り、追いかけてきた武田の軍勢を一瞬のうちに谷底に落しこんでしまったのです。

年が変わって夏近く、その谷底からは夜ごとに苦しそうなうめき声が聞こえたり、イナゴの大軍が発生してイネを荒しました。人々は犀ヶ崖のたたりと恐れおののきました。それを聞いた家康は生まれ故郷の三河から宗円という僧を招き、七日七夜の念仏供養をさせました。それでうめき声やイナゴが消えたのですが、そのときの念仏が遠州大念仏の起こりだというのです。犀ヶ崖のそばには宗円の名をとったお堂があり、いまでも七月十四日にはそこで三方原合戦戦没者供養の遠州大念仏が行なわれています。

〝ボヮーン〟〝ボヮーン〟

遠州大念仏の特徴は双盤です。直径約五十センチほどの鉦を二つ合わせにして共鳴させるもので、その響きはまろやかに陰にこもります。

〝トッタカ〟〝トッタカ〟

これは太鼓の音で、土地の人々が遠州大念仏を「トッタカ」というのはこの音から出ているようです。田峯のはねこみの場合とは違って、この太鼓は地面に一列において叩きます。しかし引上げるときには田峯と同じように片手に持って飛びはねるようにして叩きます。

静岡県にはこの他袋井市北部の〈笠ん

虫送りの実盛人形。この人形を掲げて集落の田をまわり、害虫を送り出す。愛知県祖父江町島本新田　昭和55年（1980）

ぶく〉といわれる子供の大念仏、そして北遠の山間部に伝わるいくつかの大念仏があります。その中で水窪《みさくぼ》町向市場のものは、土地では〈虫送り供養〉といい、それをやる目的は新仏が「カシャ」という悪いいたずら者にならないように、イシカ（猪鹿）に農作物を荒されないように、悪病が村に入ってこないようにするためだといい、同時に五穀豊穣を願うのですが、こうしたことは神仏にしかすがれないので、辻々の神に頼み、無縁仏と精霊様をまつって部落を幸せにしてもらうものだと聞かされました。民衆の中で古い日本とインドからきた仏の世界がみごとに融合されたようすを見るような気がします。

もともとそうした悪霊が害虫となって災いをもたらすのをしずめるという祭りは、三河や遠江《とおとうみ》に限ったことではなく、全国いたるところにあって、普通は田植のあとの季節か、春先の行事となっています。たとえば西日本でいう〈実盛《さねもり》送り〉も虫になった怨霊を送り出すための行事で、実盛人形というのを作って村境や川に送り出すのです。実盛というのは平家物語などに出てくる斎藤実盛のことで、老いて白くなった髪を黒く染めて戦場にのぞみ、首をはねられることになるのですが、討たれるとき稲につまずいて転んだため、遺恨によって稲を荒す虫になったとされています。

そういう起源についての伝承はともかく、こういった祭り自体はおそらく農耕とともに古いもので、大念仏や火おんどりといった行事も、念仏踊りの思想と表現力が応用されていったと見ていいのでしょう。

新盆の家をまわって供養をする鹿踊《ししおど》り。岩手県江刺市（現奥州市）昭和42年（1967）

また先にあげた綾南の念仏踊りや広島県三原市のチンコンカンなどのように、地方によっては雨乞いとも結びつきます。

そういう古い行事にともなう踊りと結びついたと思われる念仏踊りの中で、私にはまだよく分からないのが岩手県の〈しし踊り〉です。鹿踊りと書いてしし踊りと読みます。鹿の角をもつししたちが踊る踊りで、盆に寺や新盆の家をまわって盆供の踊りをするのですが、なぜ鹿が登場するのでしょうか。

鹿は猪とともにしし＝肉と呼ばれ、農民にとっては田畑を荒す強敵だったようですが、一方では共に古い時代の主要な狩りの獲物でした。遠い時代の別の何かを伝えているようにも思えます。

ともあれ、こうして見てくると、一遍の弟子たちによって全国に広められていった念仏踊りは、深く民衆のものとなるにつれて、現世に必要なものとして、本来の意味を残しながらも、仏教とはまた少し違う世界のものとなっていったことに気づくのです。

ご先祖でも帰ってもらわねばなりません

盆という行事にこのようにさまざまな悪霊鎮送や豊穣祈願の念仏踊りが結びついているというのは、盆自体がそういう性格をもつ祭りだからではないでしょうか。

盆の行事を農作の上から見ると、すぐ後に収穫の季節

新盆の家の盆燈籠を川原で焼いて、盆送りとする。静岡県水窪町向市場（現浜松市）昭和39年（1964）

をひかえた、稲の最も安定した時期でもあるのです。人出もほとんどいらなくなるわけで、そうした時期に祖先の霊を迎えて供養する日がおかれているのは、無関係なことではないのでしょう。しかしこの時期はまた害虫の最も発生しやすい時期ですし、すぐ後には二百十日をひかえた時期でもあるのです。

一方、祖霊ないし祖先神というのは人間の世界に繁栄とみのりをもたらす豊穣の神だとも考えられてきました。盆が仏教の流れをくむものだけにたしかに大変まっこうくさいのですが、そういう祖先の神を迎えて、まつり、送るという意味では実は正月と同じまつりなわけです。私の友人の中には外来の盆という仏教行事を正月のちょうど反対側の行事として受けいれたのは、先史時代には七月十五日がもう一つの正月であったからではないかと考えている人もいます。その当否はともかく、よく見ると盆が正月、それも一月十五日の小正月といわれるものと予想外に共通点が多いのは事実です。

祖先であり、豊穣をも司る神でもあってみれば、何日もの準備の時間をかけて迎え、できるだけのもてなしをするのも当然でしょうが、いったんごきげんを損じると、どれほど恐しい力をもっているかもわからない神です。盆が終わればやはり早々と帰ってもらわねばなりません。まして仏になったばかりの新霊や、ともすると暴れがちな悪霊も混っているのです。帰ってくれないと虫になり風になり日照りとなり大雨となって、自分の家だけではなく村中を苦しませることになるかもしれません。そのため送るというのは盆の精霊送りだけでなく日

風祭りの幣。盆あとに多い台風は、供養されない無縁仏が変じたものという。風祭りはその供養をかねて風を鎮める。愛知県鳳来町（現新城市）昭和44年（1969）

本の祭りの中で大変に重要なものになったのでしょう。

正月に迎えた年神＝祖先神をとんどなどの火で送るように、盆でも家の門口で麦ワラを燃して、その煙で祖霊を送るところがあります。河原で提燈を燃やしてしめくくるところもあります。川に燈籠を流してそれにたくすところや、そのために作った小舟に盆の供物をのせて海に流すところもあります。

それでもまだ不安が残るからでしょうか。それとももとからあったこの時期のいろいろな祭りが盆に組みこまれたということなのでしょうか、盆の後にも盆と関連して意識されている行事がつづくことがあります。田峯を含めた奥三河のそのあたりに見られる盆のすぐ後の〈風祭り〉もその一つです。高い木の上に幣を結んで、その下で祓いをし、強い風がこないように祈るのです。それは二百十日の風に対するものですが、そこにまだ帰らないでいるかもしれぬ悪霊への心配が見てとれます。

こういうさまざまな送り方やその送り先といったことも、日本の霊たちの世界や素性を知る大切な手がかりになるでしょう。しかしここでは少し変わった送り方を紹介するにとどめます。

長野県下伊那郡阿南町新野《にいの》は愛知県に近い山中にあって、正月には〝雪祭り〟で人を集め、盆には〝盆踊り〟で人を集めます。学生村をやっているのでその顔ぶれはいずれも若く、中には盆踊りのある三晩を完全に踊りあかす学生もいるようです。それだけ楽しいのでしょう。大通りといっても、端から端まで十分もかからないその

昼寝て、三夜を盆踊りで明かすともいう新野の盆踊り。でもボクにはちょっと無理かな。長野県阿南町新野
昭和44年（1969　96頁まで同じ）

中程にある市神様の前にやぐらを組んで、そこから打ち出される太鼓と音頭取りの盆踊唄に合わせて踊りの輪はまわります。その輪が東西に一キロ、南北に十メートルほどとおそろしく細長いのは、道路をそのまま使っているからです。

新野の盆踊りは月おくれで八月十四日にはじまりますがその古風は、最後の十六日の晩の明け方に行なわれる〈踊り神送り〉の行事に見られます。それは新仏の霊を鉄砲で追い払うという行事です。十六日の夕方、それまで新霊の家に飾られていた菱型の美しい燈籠はすべて盆踊りのやぐらのまわりに集められ、それに燈をともして最後の晩の盆踊りが踊られます。その燈籠を持って祖先の霊を送る式、いわゆる精霊送りは夜中に行なわれるのが本来なのですが、それがすむと盆踊りはもう踊れなくなるとされているので、若い人たちが、

「もう少し、もう少し」

といって精霊送りを引延します。それでその行事は結局明け方近くになってしまうのです。

踊り神送りの行事は山伏の姿をした人を中心にして、長老たちが市神様の前でまず和讃を唱えます。ついで燈籠の行列を組んで西方にある御太子様に行きます。そこには小さな祠があります。

〽東西しずまれ、おしずまれ
　しずめて小唄をお出しやれ

そこでの和讃はそうした出だしではじまって、最後は次のような文句でしめくくられます。

〽本年七月、はよおいで

盆踊りはもうすぐ終わりになるが、学生たちにはまだ余力がある。長野県阿南町新野

盆踊り最後の夜明け。細長い輪はまだしばらくつづいた。長野県阿南町新野

おいとま申していざかへる
ナンマイダンボ　ナンマイダンボ
南無阿弥陀仏、願日功徳
光明変成、十万世界、念仏功徳

その和讃が終わったとき、〝ズドーン〟と空砲が一発はなたれます。それから燈籠の行列は今度は東に進みます。そのときまで踊っていた人たちもみなその中に加わり、行列は大通りのはずれから北に進み、田んぼの中のかつての村境近くの小さな広場に行きます。その中央に燈籠を積み重ね、山伏が印を切ってから〝エイッ〟と燈籠に刀をおろすと、同時にまた空砲がひびきます。それから燈籠に火をつけるわけです。メラメラッと燃えあがる燈籠。紙だけにその形がたちまちのうちになくなってしまうと、まわりで見ていた人からホッとしたため息のようなものが流れてきます。そして、踊りの疲れをその時になって感じたのでしょう、ぐったりとしていきまきた道を今度は朝日を背に受けて帰っていくのです。

その夜娘たちは月にゆれます

最後にもっとも広く普及したいわゆる「盆踊り」についてもふれておきましょう。ただ、それについては一口で説明することはできませんが、一つの説として先にも述べたように盆踊りは踊念仏にならったものとされているのですが、これまで見てきた念仏踊りとはまた別の方

盆燈籠に火がつけられ、この年の新野の盆は終わる。
長野県阿南町新野

太子堂の前で和讃を唱えたあと、空砲を放ち盆踊りの終わりを告げる。長野県阿南町新野

向に発展したもののようです。肝心の念仏は消え、かわりに口説きなどの物語のある歌によって踊られます。そしてこの「盆踊り」を除くと、他はみな踊るのは限られた人で、その中に誰もが自由に出入りして踊る、というわけにいかない踊りです。それは念仏踊りだけでなくいま残されている日本の民俗芸能のほとんどにいうことができ、その踊り手は女だけの場合もありますが、多くは男です。ところが盆踊りだけは男も女も、老いも若きもありません。日本の神や霊の世界を考える上で、芸能を考える上で、あるいは男というもの、女というものを考える上で、それらは大変に重要なことのように思えますが、私にはすべて今後の課題です。

「盆踊りの場合はさ、男とか女とか、だれのかれのということはなくなるんじゃないかな」

そう説明してくれた人がいます。他にもわけがありそうですが、それも確かに一つの理由のように思えます。〝盆踊りは祖先の霊と共に踊るもの〟、そうした点から考えると、現世に生きる人もその輪の中にいるときにはただの人でなく霊に近い人になっているのでしょう。全国各地の盆踊りには、参加者が思い思いの仮装で踊るところもあります。中には踊りよりも仮装コンクールのようになってしまったところもあるようです。そうしたしっかりした仮装ではなくとも、たとえば浴衣を着て頬かむりをするとか手拭を首にまくとか、また、笠をかぶることもうちわを手に持つことも一つの仮装だといえるのかもしれません。そうしたいつもはしない姿になるということ、それは普段の日の人ではないことをよりはっきりとさせるためなのでしょう。

それを特別な日、ハレの日というのなら、その日はまた普段にはやれないことも許される日だったように思います。盆念仏のあとの盆踊りが踊る人にとって楽しくてならないものであったように、そしてかつては夜も徹して踊ったというような盆踊りは心を解放させてよいものであり、またそういう効果をもつものでした。そもそも夜自体が人間の時間ではないのです。普段は起きて外を動きまわったりしてはいけないその神霊たちの時間に、神霊たちと交わる夜であるがゆえに一晩中でも踊っていていいのです。

静かな山間の盆、田峯の盆踊りは楚々とつづいた。愛知県設楽町田峯
昭和41年（1966）

田峯の盆踊りが終って一行が坂道を下って行ったあとにこんなことがありました。一行を見送ってそれまでのできごとをもう一度かみしめてみようと家の中にはいりかけたときです。

「ああ終った」

そういいながら手踊りの少女達がさざめきながら引返してきたのです。行列は坂の下で解散だったのです。ねむい眼をこすりながら、あるいは友達のひざ上でウトウトしながら、終りを舞っていた手踊りの少女達にとって、解き放たれたことは本当にうれしいことだったに違いありません。時計の針はもう午前二時をまわっていました。それでも少女達は大人のいなくなった前庭でもうひと遊びしそうな気配でした。と、その矢先に雨が降りだしたのです。

「降りだしたよ」

少女達のあわてた声が聞こえてきました。私は縁側に出ていきました。中にひとり知っている少女がいたからです。月明りがあるならともかく、田畑の間をぬう雨の夜道です。

「送ろうか」

雨をさけて軒下にいた少女は、私の声に振り返って、

「大丈夫」

と明るく答え、それから両手を頭上にかざして小走りに闇に消えていきました。

あるいはそれは幻覚だったのかもしれませんが、私はいまでもその少女の姿をありありと覚えています。その消える瞬間、軒下の裸電球に照らされた少女はキツネが

一回転したかのようにあでやかで妖しい美しさを見せたのです。後に丸く納めた黒い髪、草模様のゆかたに胸高に締めた赤い帯、そのふくらみが急に少女のものでないように見えたのも、一歩踏みだした白足袋の足元がくっきりさわやかだったのも、単にその向うが暗闇だったからにすぎないのかもしれません。しかしその一瞬のできごとは私の心に強い印象として残りました。やはり盆踊りの夜はただの夜ではないのでしょう。

前庭での盆踊りのとき、私は輪の中の生き生きとした少女を見つめながら、話にだけは聞いたことのある昔の盆踊りを想像していました。

盆踊りは祖先の霊と共に踊るもの。それがまた供養につながることになるのですが、一方でまた若い人達の楽しみのひとときであったのです。それは月が満つる夜のハレごとです。ひとり歩く闇の夜はまさに百鬼夜行する世界のようですが、男女が大勢のときにはなぜかその光景は互いの心を開かせて、青白いその月の光に見る顔は、男も女もこの世のものならず美しいものにしてくれるのです。これも夜行する神々のいたずらかもしれません。盆踊りの輪のうしろで、娘たちを誘惑する相談をしている青年たちのひそひそ話は子供心にも胸のときめくものがありました。

八重山諸島は沖縄でも南の方にありますが、十五夜にとある島の浜辺で、男女のはなやいだ声がいつまでもつづくのを聞いたことがあります。三味線が鳴り歌がでて、ひと歌ごとに笑い声がはいるのです。

八重山で「ユーあしび」というのは夜遊びのことで、昔はめぐりくる十五夜ごとに男女が集ったといいます。そこでは歌だけではなく踊りも出たのですが、出たというよりも、とにかく踊れない者は仲間にはいることができなかったのです。とにかく、踊りの上手下手がその夜をどのくらい楽しいものにするか、ということにつながっていたので、誰もが熱心に踊りを練習したのです。

男女がそうして互いに相手を意識することで、自分の手の動き足の動きの一つ一つに気をつけるようになるのは、八重山だけではなく、盆踊りを持っていた全ての地方に見られたことです。そして、それを見せ合う夜、男女が互いに歌を掛け合いながら月に捧げものをするかのように手をなびかせ、静かに歩を進めていく、月の光に見る横顔の美しさ、そうしたことがどれほど若者の心をときめかせ、その夜の来るのを待遠しいものにさせていたことか、そんな昔の盆踊りの夜の光景を思い浮かべながら、私は自分自身でも何かしら心のときめいていくのを感じていたのです。これもまた祭りの重要な側面であったに違いありません。都会でもいま盆踊りと称する踊りが夏休みの夜行なわれていますが、その多くは民謡踊りのようなもので、祖先を供養する心も薄く、昔の盆のように月とも無縁です。月を失なって本当の夜を失ない、そこに住む妖しい霊たちをどんどんしめだしている私たちの盆は、なくならないまでもこれからどう変っていくのでしょうか。それもまた私の課題です。

北山の松上げ行事

京都＝花脊・広河原・雲ケ畑

京都大学
近衛ロンド

花脊の松上げ風景

松上げ場から中畑の集落を望む。

近衛ロンド

京都大学のメンバーを中心にした人類学研究会で、毎週水曜日に開かれる。例会は学生や大学院生などの研究発表会、書評会が中心である。そのうち毎月一回は民族学会近畿支部の談話会にあてられており、国内外を問わずフィールドから帰った研究者の報告を聞き、またたまたま外国から日本を訪れた学者にも、時間が許されるかぎり報告をお願いしている。

昭和三十九年（一九六四）に始まった研究会は、平成七年（一九九五）の一〇〇〇回をもって発展的に解消した。

前記

米山俊直

先生のところのグループで『あるくみるきく』の京都周辺のものをやってみませんか、という話のあったとき、私は研究室に顔を見せる近衛ロンド（京都大学人類学研究会）の学生たちに、それをそのまま伝え、黙って家から第一号以来の「あるくみるきく」をミカン箱につめて研究室にはこんだ。

学生たちはいろいろ考えたようだが、北白川とか一乗寺といった身辺の調査からはじめようといっていたのが、いつの間にか北山のなかに入ってゆくようになった。仲間も十数人になって、近衛ロンドとおなじように専門も所属する大学もいろいろのようだった。

私はときどき京大理学部学生の阿南透から簡単な報告をきくことと、日本観光文化研究所との仲介をすることのほかは、一切口出しをしなかった。その活動はすべて手弁当で、私はコピー用紙一枚使わせなかった。おもしろいことに彼等自身は組織というものには関心がないらしく、そのチームの名も、会則や会長のたぐいもまったくないらしかった。おもしろそうだ、というので集まった仲間が、わいわいやっている感じであった。

どうなることかと思っていたが、近衛ロンドの例会で報告してもらうと、なかなかいい。足でたんねんにしらべ、よく聞きとり、よく見ている。全国的な資料の渉猟もいちおうやっている。

そこで私はとりまとめを急がせ、もういちど、二十一世紀フォーラムの加藤秀俊部会で報告してもらった。これは学習院大学の加藤秀俊教授と、宮本常一先生と私がメンバーの研究会である。報告は評判がよく、写真もなかなかうまい、とほめられた。

この号の北山の祭の調査報告は、こうした経緯から生れた。お世話になった関係者、地元の皆さまに、なによりも謝意を表し、また、学生諸君の努力をねぎらいたい。

北山の化粧丸太

北山、久多の庄を望む。撮影・森本　孝

■この祭を調べてみたい

それは美しい光景だった。高い柱の先につけられた籠をめがけて、暗闇の中を何十本もの松明《たいまつ》が投げられている。正確に籠をめがけて飛んでいくもの、とんでもない方向に飛んでいくもの、さまざまな軌跡を描く放物線が、互いに交差しながらまばゆい光を放っている。その輝きが長時間露光のカラー写真で見事にとらえられていた。これが北山で行われている「松上《まつあ》げ」の行事のクライマックスシーンだった。私はこの写真を見たとき、

「これだ、この行事を調べてみたい」

と心に決めていた。

松上げは河原に立てられた高さ二〇メートルほどの柱の先に、直径一・五メートルほどの籠をとりつける。この柱を燈籠木《とろぎ》という。燈籠木の先端の籠をめがけて、上げ松とよばれる小松明に火をつけ、下から投げ上げて火をつける。この行事は火伏せの神である愛宕様に対する献火の行事である。

私はこれまで京都の祇園祭、大阪の天神祭、神戸祭などを、仲間とともに観察してきた。いずれも都市で行われている祭だった。大学入学以来、私にとって、夏はいつも祭の季節だった。祭をとおして都市を見る、この方法にひかれ、遠く地方都市の祭に出向くこともしばしばであった。

そんななかで人々が祭に対し、さまざまな関わり方をしていることを知った。祭を主催する者、参加する者、

花脊別所付近。撮影・森本　孝

おしかける見物人、見物人をあて込む周辺の商店や露店商、警備の警察官等々、いくつもの祭を見ているうちに、祭は神様のためだけの儀式ではないことを知った。むしろ、参加する人々にとって祭とは何だろう、という興味を抱くようになっていた。

人々にとっての祭、という見方であれば、農村、山村、漁村の祭にも、都市と共通したものがあるはずだ。それに社会的に複雑である都市では、祭もまた複雑だった。一度シンプルな形の祭を見ておきたかった。そんな思いを心に抱いていたころ、初めに書いた松上げの写真に出会ったのである。この祭は京都北山の山村で行われるもので、都合のよいことに私たちの下宿からそう遠くない。

北山は京都市の北部から福井県境にかけての山々をさす。この谷あいの村々は四条河原町の繁華街まで、車をとばせば一時間半余りという距離にもかかわらず、ひっそりした佇《たたず》まいのなかに、古き伝承や行事を今に伝えている。その一つが松上げであった。今年の夏はこの祭を調べてみよう。そう決めたのは、もう七月に入ってからのことだった。

上げ松（火をつけて放り上げる）

■手あたりしだいに仲間を集める

最初の仕事は、共に調査を行う仲間を集めることだった。祭をさまざまな角度からとらえるためには、いろいろな関心をもった人間がいたほうがよい。そこで所属、専攻、学年を問わず、とにかく手あたりしだいに声をかけていった。昔いっしょに調査をした仲間、山好きな連中、知人のまた知人であっても興味のありそうな人は、どんどん連れてきてもらった。また車が好きな友人には運転だけを頼んだりもした。このようにして八月上旬には十数人の学生が集まったのだが、メンバーの専攻は、人類学、国史学、農林経済学、社会学、現代史、美学、地理学、地球物理学、理論物理学、経済学、林産工学など多岐にわたっていた。しかも京都大学の学生ばかりでなく、京都教育大学や接骨専門学校の学生たちも顔をそろえた。いずれも好奇心旺盛で、行動力のある者ばかりで、これがのちのち、調査を進めていく上で大きな力になった。

こうしたメンバー集めと並行して、手近なところで情報を集めていった。書店でガイドブックを立ち読みし、図書館で調べ、区役所、市役所、京都市観光協会へも行った。しかし最終的には京都市文化観光資源保護財団で、詳しい情報と現地の代表者を知ることができた。こ

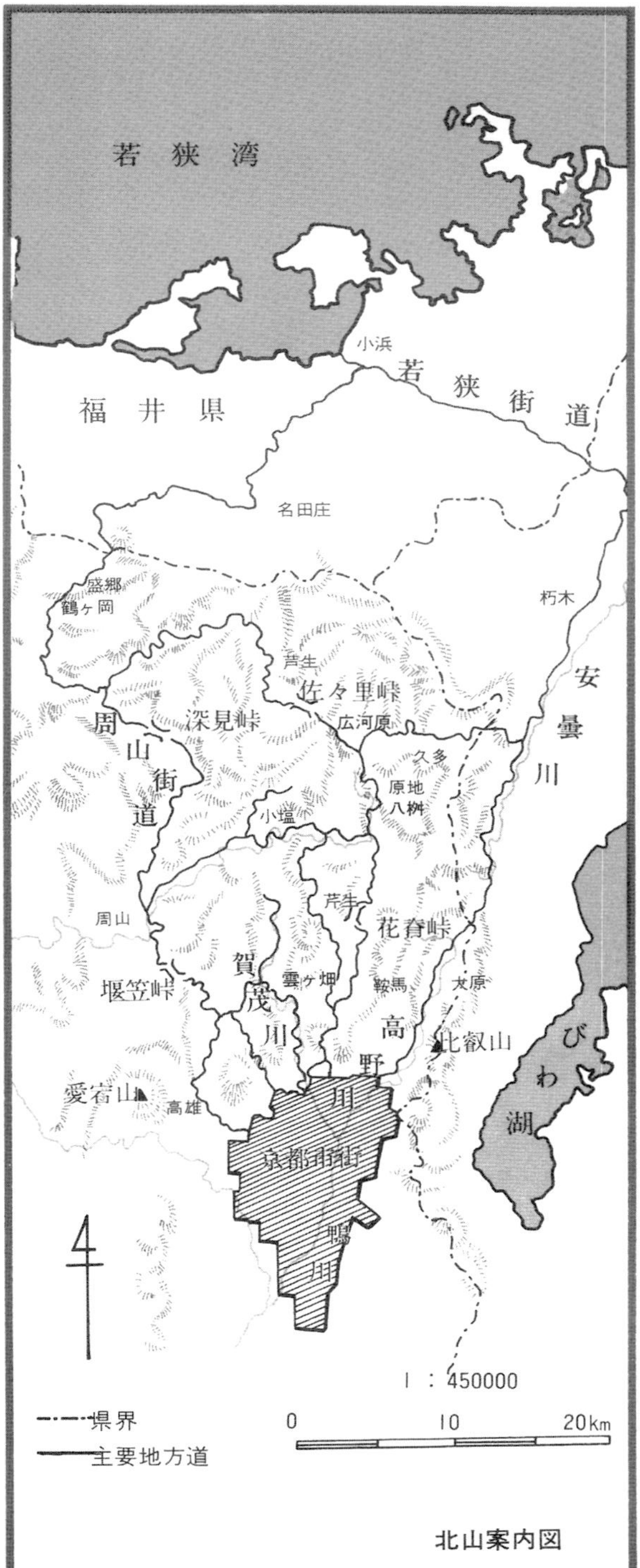

北山案内図

の作業のなかで印象的だったことは、市販のガイドブックでは松上げがいつ、どこで行われているかという基本的な情報がまちまちであったことだ。適当なことを書いておいても、見に行く人が少ないために実害がない、ということなのだろうか。

　ともかく八月に入るとあわただしい動きが始まった。仲間たちは現地の下見、そして予備調査へと散っていったのである。現地の下見で比較的祭の古い形を残していると思われる花脊《はなせ》、広河原《ひろがわら》、雲《くも》ヶ畑《はた》を調査地として選んだ。京都市左京区内にある花脊と広河原は川下りで知られる保津川の上流にあたる村である。保津川は亀岡で大《おお》堰《い》川と名を変え、丹波の地を通り、ちょうど京都市の真北にあたる花脊、広河原のあたりにその流れを発する。この大堰川に沿った地域が、松上げの行事を今日まで伝えていた。

　また別の仲間たちは雲ヶ畑（京都市北区雲ヶ畑）へも出かけて行った。雲ヶ畑は鴨川上流に位置する谷あいの村で、ここは大堰川に沿った村々が行っている松上げと、また異なった形を残していた。その違いは後で具体的に述べる。

　松上げの行事が行われている村々は京の都を間近にひかえ、木材の伐採、搬出と、薪炭の生産を生業とし、それに自給用としてわずかばかりの農作物を作って暮しをたててきた。この行事を支えてきた古くからの住民の多くは、今なお林業を生業としている、全国的に名高い北山杉の生産者たちであった。

（阿南透）

燈籠木場（花脊八桝町）　撮影・須藤　譲

花脊・広河原の松上げ

■ピリッと緊張感のただよう準備だった

朝六時、京都大学の構内に集まった私たちは、ねむい目をこすりながら二台の車に分乗して目的地へ向った。八月十五日は花脊で、二十四日は広河原で松上げが行なわれるのだ。松上げの当日、朝八時きっかりに村の男たちが準備のために集まってくる。今夜行われる祭のために、きょう一日仕事を休んで、村中の男が心を一つにする。花脊の松上げは本来八月二十三日に行なわれていたが、これに参加する者が少なくなったため、若い人々が帰る八月十五日に変更した。

神事であるため女性は行事に参加できず、また不幸や出産があってから間もない家も参加できない。私たちもそれに従い、男性が準備のようすを観察し、女性は村の中を見てまわることにする。

●橋を架ける　松上げを行なう河原のことを燈籠木場《とろぎば》という。たいていの場合燈籠木場は、村の対岸にあり、普段は人の入ることのできない聖域になっている。また、なぜかお墓の近くにあることが多い。燈籠木は高さ二〇メートルほどの檜の大木で、七、八年は同じ木を使うため、常に燈籠木場に置かれている。朝八時に集まった男たちの最初の作業は、燈籠木場と村をへだてている川に橋を架けることであった。板を二枚渡し、川の中に橋桁を立て、たちまちのうちに、幅五メートルほどの川が乗りこえられる。

●材料を持ちよる　次に男たちは、家から持ち寄った材料を、燈籠木場に運び込む。事前に各家で、ススキ一束

燈籠木の先端におく笠を作る。右・笠の骨組。左・骨組にススキを巻いて外枠をつける。

（前年の秋に刈って乾かしておいたもの）、杉の葉一束、フジヅル二本、これだけのものを準備しておくのだが、いずれも、山で生活する人にとっては集めやすいものばかりだ。また、昔はこのほかに、各家でわら二束を用意したが、今は米作りをやっていない家が増えつつあるので、米作りをやっている家にまとめて準備を依頼するのだそうだ。

材料を運び込むと同時に作業が始まる。笠を作る者、燈籠木にわらを巻く者、しめなわを作る者、誰に言われるでもなく自然に分担が決り、黙々と作業を進めていく。

広河原では、今年の松上げがちょうど日曜日に当たったため、普段は都会に出ている若者も、帰ってきて準備を手伝っていた。さらに、地元の小学校の先生も、体操服を着てやってきた。そのため、今年は例年になくにぎやかに準備が進められ、全部で三〇人くらいの人が参加しただろうか。

これらの人々を、はきものによって分類してみると、まず、地下足袋の人がいる。普段から山で働いている人だ。四〇代以上は全員がはいている。服装も、山仕事に適した地味なもの。次に、ゴム長靴の人。二〇代後半から三〇代で、服装はまちまち。最後に、運動靴をはいている若者たち。派手な色の作業服着用。だいたいこんなところだ。朝八時から、地下足袋の人たちが指揮をとり、先頭に立って働けば、長靴や運動靴は命じられるままにそれに従い、なごやかさのなかにもピリッとした緊張感の漂う準備作業だった。

●笠づくり　作業の中で一番重要なのは、何といっても

添え木の取りつけ。

笠に底をつける。

笠づくりであろう。笠は直径一・五メートル、深さ一メートルほどの籠状のものであるが、形は村によって違う。花脊八《や》桝《ます》町では円錐台の形、広河原・芦生《あしゅう》は三角錐、小塩では円錐台の形であるが、ここでは笠と言わずもじと言う。

笠の作り方は、村によって多少の差はあるが、まず近くの山で切ってきた竹で骨組をつくり、ススキを外側に縛りつけて外わくを作った中に、杉の葉や檜の葉、柴、わらなどを入れる。小塩では笠に愛宕神社のお札を入れる。同じものばかり入れると、火がついたとき早く燃えすぎるので、燃えても笠の形がくずれないよう、いろいろなものをうまく混ぜることが必要なのだそうだ。そのほかにも、笠に関しては村によって細かい工夫がされている。夕立を避けるため笠にビニールをかぶせたり、火がつきやすいように、経木《きょうぎ》を細かく切ったものに硫黄を塗って笠に入れたり、笠の上に乗った上げ松が落ちないように縁をつけたりする。また、笠の外側に杉の皮を巻きつけ、笠が燃える際に形がくずれないようにしたり、さまざまである。

●燈籠木に笠をつける　こうして完成した笠に長さ六メートルほどの丸太を三本取りつけ、その先を燈籠木に縛りつける。このとき必ずフジヅルを使う。細かいフジヅルは、木槌でたたいて繊維をほぐし、それをねじって、より強くする。これを、フジを練ると言うそうだ。太いフジヅルは、樹皮のみを撚り合わせ、細かい作業に使う。フジを使うと、燈籠木を痛めることがないということだが、比較的まっすぐなものでないといけない。そ

燈籠木を台に固定する。

燈籠木を支える。

ういうフジヅルは、この時期に山を歩き回ってもなかなか見つかるものではなく、フジの花が咲く五月ごろに気をつけて捜しておかねばならないという。従って、常日頃から山で仕事をし、松上げのことを気にかけている人でないと、こういう材料は手に入らない。そのほか物を固定するとき、フジヅルを使うことが多かった。

さて、作業は約一時間おきに休憩をはさみながら続けられ、昼すぎには笠が燈籠木につけられる。そして午後の作業は、燈籠木を立てることが中心になる。

「何かお手伝いしましょうか」

と声をかけると、

「手伝ってもらうのは有難いけどな、ケガでもされると困るしな。まあ見ててくれや」

との返事。昔とは違い、多少は機械の助けを借りるものの、何せ高さ二〇メートルの柱を立てるのであるから、相当の慎重さと、一糸乱れぬ協調性が要求されることは言うまでもない。そして、こういう作業を通じて、若者に大木を動かすこつを教え、また、皆が心を一つに合わせて作業することで村のまとまりが強くなる。そのようなことを事前に聞いていた私達にとって、燈籠木の立て方は非常に興味あるところであった。

さあ、燈籠木を立てるぞ

燈籠木を立てる作業は、今は多少機械の助けを借りる。まず、燈籠木の、上から三分の一くらいの所にワイヤーを固定する。このワイヤーを、高い所に固定した滑車を通し、チルホールという手動のウインチで引く。動

要所をしばるフジの皮。右・フジの皮をはぐ。中・皮を槌で叩いてなめす。左・笠の添え木をフジ皮で固定する。

滑車の原理で、少しの力でゆっくり引き上げるわけだ。それと同時に、下から、二本の木をX字型に交差させて結んだ叉で押し上げる。ただし、最初に三〇度ほど起こす所までは、ブルドーザーで持ち上げてしまう。機械を使う以前は、長さの違う数種類の叉を用意し、短いものから順に使って押し上げて立てていく。うまくいかない時には、立ち上がった頃には夜中になっていた、などということもあったそうだ。

この叉は小さいものから順に一の叉、二の叉、三の叉と名付けられており、今回は三の叉まで用意されていた。今では、補助的に使われるにすぎないが、それでも、リーダーの号令一下、老いも若きも力を合わせて綱を引く様子や、かけ声の勇ましさには、まだ失われていない山村のエネルギーの一端をかいま見たような気がした。

突然「あ、ワイヤー切れてるわ」燈籠木が四五度ほど起き上がったところで、誰かが、ぴんと張りつめたワイヤーを仰ぎ見て指さした。そういえば一ヵ所、なんとなくワイヤーがほころびたようになっている。このワイヤーは、六本の針金を撚り合わせてあるのだが、その中の一本が、何かの拍子に切れたらしい。といって村の人は、別にあわてることもなく、淡々と初めからやりなおす。驚いたことに滑車を支えていた柱に誰かがスルスルと登って行き、ワイヤーをはずし、別の誰かが腰鉈をうまく使って切れた個所を切りのけ、両端をつなぐ。こうした作業が実に早い。それでも、村の人は、

「あんまりはよ立ってしもたら、値打ちがないんや」

と、年に一度のこの作業を楽しむ風すらある。このあと作業を再開して、約四〇分で無事に燈籠木が立ち上がった。曇りがちだった空が、いつのまにか晴れていた。

以上が、広河原における燈籠木立ての様子である。他の村でも、だいたいの様子は同じだが、芦生では今だに人力のみで燈籠木を立てている。

こうして燈籠木が立つと、最後に、燈籠木場に地松を立てる。地松は、長さ三〇センチメートルほどの小松明で、長さ一メートルほどの竹の棒を立て、その先端に取りつける。これを各家で三三体または三〇体用意する。この祭は神事であるから、地松を何本と数えるのではなく何体と数えるのだが、村によっては、それが全部で千体近くにもなり、火のついたさまは何とも言えず壮観だ。ともかく、地松を立て終わると五時近い。これで祭の準備は終わる。

私たちはただ見ていただけでもすっかり疲れてしまったが、男たちは家に戻り、夕食と、しばしの休息をと

る。長かった夏の一日も終わり、谷間の村に夕闇が色濃くなり始めるころ、男たちは、充実感が脈々と体中に満ちてくるのを感じながら、時を待つ。

松明が夜空をこがした

花脊八桝町では、夜八時を期して、男たちが、燈籠木場の対岸にある集会所に集まってくる。あかあかとたき火の燃える集会場で、充実感と緊張感に顔を輝かせながら、簡単な最後の打ち合わせを行う。家を出るときに塩で身を清め、ここで御神酒を口に含む。そして、松上げ保存会長の挨拶のあと、手に手に松明をかざして、燈籠木場へと向かう。

燈籠木のまわりに立てられた地松

地松

八時四五分、風無し、むし暑い。集会所から川原にいたるあたりで、どっと拍手と歓声が湧き上がる。村の男たちが手に手に松明を掲げて、燈籠木場に向かい始めたのだ。小さな橋を一列に並んでゆるゆる渡って行く。その炎に照らされた顔を、できるだけ近くで見ようとする者が駆け寄って行く。

「あ、お父ちゃん、いはった、いはった！」

あちこちでそんな声がする。しめなわをくぐると、そこは今宵の祭の舞台だ。暗がりの燈籠木場に後姿がすいこまれ、やがて小さなたき火を囲んで、松明は円陣を組んだ。

カンカカンカン

ドン　ドン　ドドドン

鳴り物は燈籠木場のなかをぐるぐる歩き回る。リズムの微妙なずれが、単調さを感じさせない。勇壮な火祭の始まりを告げるにしては、テンポは緩やかなのだが、素朴な音色がまわりの空気を神妙にする。

燈籠木場では着々と事が運ばれているが、対岸の見物人は、のんびりと献火を待っている。これらの人々はいったいどこから来たのだろう。路上と臨時駐車場で、車のナンバープレートを調べてみる。京都七割、大阪二割、滋賀若干、品川・福山・名古屋各一台。地元の配慮がゆき届いていたのか、車の数は思っていた程多くない。

九時ちょうど、手に松明を持つ人は中心から南北ふた手に分れた。地松に火がつき始める。

一つ、また一つ、あかりの数が増え、火の輪が狭まり、いつしか燈籠木場に再び男たちの姿が現われる。背後の山肌が浮かびあがる……。

私の隣で、赤ちゃんを抱いているお母さんが、「ほうら、起きなさいよ。きれいでしょう」と言って、子供に燈籠木場を向かせた。夜の祭だというのに、まわりには小さな子供がたくさんいる。祭の始まるのが待ちきれず、アクビばっかりしている子。車の中でぐっすりお休みして、祭に備えさせられている子。元気なチビさんは、車の屋根の上に仲良く並んで「高みの見物」をきめこんでいる。家族連れが圧倒的に多い。

九時一〇分。ピンと張りつめた空気の中に、異様な熱気が満ちてきた。燈籠木場は一面の火の海となっている。祭の舞台が完成したのだ。夜空は紅に染まる。燈籠木場より下《しも》で、川筋と道路が大きく蛇行しているが、そのあたりの空にもヘッドライトがひっきりなしに軌跡を描いている。たくさんの車が点火時間に合わせてやってくる。警官が吹き鳴らす警笛とクラクションで、道路が騒然としてくる。

燈籠木場で、男たちが争って上げ松に火をつけ始めた。火の海のあちこちでぐるぐる踊り出す炎の尾。その数が増え、その回転が速くなり、

「まだだぞー、まだだぞー」

と、制する声が厳しい。昼間から準備を行ない、ようやくここまでこぎつけたという感じだ。暗闇の中で見上げると、燈籠木は一層高く思える。もう少ししたら、あの笠めがけて、松明を投げ上げることができるのだ。

いよいよ火を上げるために出発

一瞬、ユーモラスな鐘太鼓のリズムがとだえ、かん高い鐘の連打に変わった。

九時一五分、松上げ保存会長、鋸屋《おがや》康夫さんが火のついた上げ松をぐるぐる回しながら、笠をめがけて投げ上げる。この一投で祭りの幕が切って落とされた。始球は笠をかすめて地に落ちた。歓声がため息に変わる。味な投げっぷりだ。その瞬間せきを切ったように、四方八方から火の玉が舞い上がった。一斉にシャッターをきる音がする。ビューン、ビューンうなりをたてて、上げ松が放り上げられる。地上二〇メートルの夜空に飛び交う流星群。流れ落ちて河原のそこかしこに、ぱあっと火の粉の花が咲く。

拾っては投げ、拾っては投げ、燈籠木場狭しと男たちは駆け回る。

「昔のもんはなあ、投げたらどこへ落ちるかまでわかっとったさかい、すぐそこへ走っていきよった。この頃の若いもんは、何でも投げたらええと思て、人の松でもおかまいなっしゃ」

長老はそう言って、松上げの火の軌跡を指さしながら、私たちに教えてくれた。

「あんな風に、勢い余って高く上がっても、とんでもない方へ飛んどるのやら、遠くへ飛んでも、笠のずっと下の方でおじぎしとるのが、若いぼんの放ったやつでな。これはこれで、愛嬌があって、見とるもんにはにぎやかな感じがして、ええもんや」

川を渡って、木の燃える匂いが届いてきた。写真で見るよりもずっと、原始的で土俗的な光景が目の前に広がっている。

そろそろ好球の数が増えてくる。初めは息をひそめて見守っていた見物人も、今や応援に夢中だ。キャーッという歓声がアーァというため息に変わる。上げ松の動きに合わせて敏感な反応を示す人々。

と、火の球が一つ、笠のつけ根に止まった。一瞬、み

聖火のように燃える燈籠木

地松に火がつきはじめる。

んなは驚いたが、次の瞬間、どっと笑いと拍手が湧く。ねらいはもう少し上だ。投てきにますます熱が加わる。さっきの少女が心配そうに言う。

「お父ちゃん、どこにいはるんやろ」

父を案じているように、活躍を祈るように。燈籠木場では、雨あられのように火が降ってくるのだ。

火の矢の一本が、見事に笠に命中した。投げ始めてから約五分。この一の松に、ワーッというどよめきと、一層大きな拍手がおこる。燈籠木の先端は、すさまじい勢いで燃え上がり、夜空を焦がす大きな火の球となった。もうもうたる煙が、天にたなびき、地に満ちている。地松の灯が、大きく、小さく、霧の向こうで陽炎のように揺れる。一の松に奮いたったか、二の松、三の松、次々と上げ松が笠の中に消える。膨れあがった火の球の一部がついに裂けた。笠が、バサリと破れた。崩れる光熱の玉から、火の海に、赤い吹雪が降りしきる。燈籠木がグラリと揺れるが、火の弾は容赦なく笠に向けられる。

危い、危い。祭の場にそんな空気が高まってきた頃、鉦と太鼓のリズムが一転した。速く激しく打ち鳴らされる。燈籠木を倒す合図である。勢いづいた男たちは、投げるのをなかなか止めたがらない。が、光の線は一本一本減っていき、最後にざくろのような炎の玉が残った。上げ松が一つ、名残りを惜しむように、川めがけて放り込まれた。このサービスに、見物人は笑って手をたたく。

一五分間の連投に疲れも見せず、男たちは次の持ち場につく。経験を積んだ者が、枠の上にあがって采配をふるう。二、三人の者が、両側で燈籠木を支えていたロープの元に走る。脇に置かれていた三の叉が、燈籠木に立てかけられる。ふだん木が寝かされていた方向にうまく倒せるか。

遠くで見ていると、区長の音頭で、ロープが引かれ、三の叉が後ろから木を押し始めた。少しずつ燈籠木が傾いて行く。木を枠にくくりつけていたフジヅルが、きりきりきしむ。

「よっしゃ、ええぞー」

満身の力を込めて、フジヅルのかなめに、鉈がふりおろされた。フジヅルはするするっとほどけ、燈籠木がグラッと傾く。

突然、闇の虚空から火の滝がなだれ落ち、一瞬にして地面に弾けた。赤いしぶきが豪快に飛びちり、舞い上がって空に消えてゆく。

九時三〇分。川岸に立てられた青年会の提燈が、燈籠木場に運ばれてきた。それを先頭に、男たちは燈籠木場を出る。伊勢音頭に合わせて、橋を渡り、集会所にまで列が連なる。唄っているのは年長の者だ。一人の唄が終わると、また誰かが唄い出す。とだえることなく自然に続いてゆく。ひなびた音頭だが、抑揚のきいた見事な歌いっぷりだ。燈籠木や地松の火の勢いが弱まってきた。神事をとり行う緊張感が解け、人々はほっとした明るい面持ちで、一人、また一人集会所に入っていく。

夜空に舞う光がヘッドライトだけになった。見物人が、散り散りに家路を急ぐ。もう暗闇になりつつある燈籠木場に入って、上げ松の燃え残りを拾ってくる人があった。大文字の残り炭を拾うとその年は健康だ、という俗言をここでも思い出したのか、火祭の情緒を求めようとする行ないなのか。

後に残るのは、もう村人たちだけになった。集会所付近に集まって、村人は、彼らだけの祭の余韻を味わいつくす。板張りの間で酒を酌みかわし、今日の行いを讃えあう男たち。その脇の庭で、音頭取りを囲んで、踊りが始っている。

「どないやった、上がった？」

「一の松は誰が入れたんやろ」

と、手柄話を求める人々。

「やあ、やっぱり帰っていたんやね」

あちこちでかたまって話し込む若者たち……、踊りは続く。

「ほら、入ってこんかい」

小さな子供も、女たちも、恥ずかしがりながら輪に加わる。松上げは行なう者と見る者に別れても、ここでは、みんなで一つの踊りに酔うことができる。昔、他に何の楽しみもなかった頃は、朝方まで踊りが続いていたという。

「今はもう、そんなことはありませんな。踊る人も少のうなりました」

しかしながら集会所を離れる私たちの耳には、川のせせらぎに混じって、まだ祭の音頭が、蜒蜒《えんえん》と絶えることなく聞こえてくる。夜は更け、明日の朝からはまた、村の日常が戻ってくる。

（阿南透、吉中充代）

雲ヶ畑の松上げ

字組みを起こす若中

雲ヶ畑へ

八月二十四日、早朝六時頃、雲《くも》ヶ畑《はた》の松上げ取材班の五人は、車に乗りあわせて堀川通りを上がっていった。御園橋で加茂川を渡ってしばらくすると、道は山に囲まれた谷間にさしかかった。夏の暑さもどこかへ忘れてしまったような冷ややかさ。朝靄の静けさの中を車は雲ヶ畑へと向かった。車で一時間ほどの行程だ。

お椀のような、こんもりとした山々の重なりと、その山を埋める、三角形のとんがり帽子のような杉の植林との対照が生み出す景観は、京都の北山ならではのものである。この山々と谷川のせせらぎを見ると、私はいつも、「ああ、北山へ来た」という、すがすがしい実感で満たされる。

加茂川の源流近く、桟敷《さじき》ヶ岳の南麓にある静かな山里、それが雲ヶ畑である。まわりの山では、人工美ともいえる北山杉の植林と雑木林とが適度に混ざり、深い緑に包まれている。雲ヶ畑川と呼ばれるせせらぎが集落の中を流れている。雲ヶ畑はこの川に沿って上流から、出《で》谷《たに》、中畑《なかばた》、中津川と三つの町によって構成されている。

ここは古代・中世を通じて小野山と呼ばれた地域の一部であった。近世には小野郷十ヶ村に属し、旧出谷・中畑・中津川三ヶ村の総称であった。明治六年（一八七三）には、この三ヶ村が合併して雲ヶ畑村となった。そして今では京都市北区に含まれている。

雲ヶ畑班の五人のうち二人は出谷で、他の三人は中畑で松上げの行事を見せてもらうことになっていた。ここの松上げは松明を玉入れのように投げ上げる形式ではなく、木で文字型を作り、点火して浮かび上がらせる。

■『生』と『東』と

「おはようございます」

朝八時、私たちは中畑の若中頭《わかじゅうがしら》、高橋重治さん宅の玄関にいた。奥から、ナタ・墨壺・方眼紙などを持って、高橋さんが出て来られた。我々一同、声をそろえて挨拶をする。

「足手まといになるかもしれませんが、よろしくお願いします」

方眼紙には「生」と書かれていた。何という文字が献燈されるかは、若中《わかしゅう》の者しか知らない。火がつけられるまで村の人には知らされないはずなのだが、高橋さんのお母さんは方眼紙を手にとって、「生という字は以前にも上がったことがあるなあ」と、言っていた。見てもええのんかいな。若中は一六歳から三五歳までの男で、各家から一人ずつ、原則として長男によって構成されている集団である。高橋重治さんはそのリーダーだった。

今年の作業は、高橋実三さんの納屋の前で行う。重治さん宅からは、橋を渡ってすぐの所である。地下足袋に軍手、首にタオルをかけた若者たちが会釈をして、坂を下りて行く。約二〇〇メートル下の薪置場まで、割り木を取りに行くのだ。

この間に、『中畑区青年団に関する規約』を見せてもらう。明治四十一年（一九〇八）以降の記録が残っていた。これまで数多くの文字が上げられているが、北や龍のように左右に離れていて、字の中心に立てる大棒《たいぼう》を文字の一部として利用できない字は好ましくない。大棒とは文字を支える棒のことだ。また、字義の適当なものということから、おのずと字は限定される。

今までに二回以上献燈されているものには、木、山、土、立、中、大、正、千、上、天などがある。複雑なものとしては、京、若、奉がある。生は昭和四十三年（一九六八）にも一度上げられている。しかし、字の大きさや松明の数によって、ずいぶん感じが違ってくるそうである。

●松明を作る　割り木を満載した軽トラックといっしょに、みんなが戻ってきた。この日集まったのは、若中が一六名、学校の先生三名、そして私たち取材班三名の計二二名である。若中の波多

松明作り

できた松明

野隆志さんが先生で、その友達が社会勉強と足洗いを期待して参加したのが恒例になってしまったそうだ。足洗いとは祭の後の宴会のことである。

軽トラックから一〇センチ角で、長さ五〇センチほどの割り木を降ろす。これは、八月十五日に、近くの山から伐り出してきたものだ。杉はすぐ燃えてしまうので、松明に適さない。一番よいのはじん（松脂《まつやに》）の多い老松である。松を伐採し、適当な長さに切り、大まかに割っておくことで十五日は過ぎてしまう。

さて、作業開始だ。トラックから降ろした割り木を、オノでさらに三等分に割る。細くなった割り木をナタでささら状にする。まず割り木の細い方を両足ではさんで立て、次にナタを両手で持って、深さ五センチほどの割れ目を入れていく。割り箸状のものができたら、適当にナタを小さく入れていく。初めから適当にナタを入れると、ささくれだった部分が抜けてしまって、使いものにならない。ささら状にしておくのは、火をつけやすくするためである。

波多野達二さんは、権兵衛松明を作っていた。じんの多い、松の一番よい部分を削って、細い棒を作る。これを十二本集めてわらで束ねたものが権兵衛松明である。この松明は点火の合図をする時に使用する。十二本にするのは、一本一本が各月を表わすからだと聞いたが、明らかではない。

年長組は年少組の作業を、ていねいに指導してまわる。作業が順調に進みだすと、年長組は、太い青竹を運んでくる。この竹で生の字の骨組を作る。まず、竹の中心に墨壺で直線を引き、この線を基準にして、一寸二分（約三・六センチ）角の線を描く。ノコギリとノミで穴をあける。反対側にも角穴をあける。この穴は松明を支える芯棒を取りつけるための穴で、約三〇センチほどの間隔であけていく。そして杉の角材を差し込み、さらに先端をとがらす。これが芯棒で、ここに松明を取りつけるのである。

一〇時。休憩。高橋重治さんの奥さんとお母さんが、冷えた麦茶と梅のジュースを持って来られた。生き返る思いがする。しかし、これを頻繁に飲んでいるのは、あまり仕事をしていない我々取材班ばかりであった。

しばらくして再開。オノ、ナタ、ノミによる作業が並行して続けられる。私は薪割りをしていたが、腰が痛くなってきたので、松明作りに加わった。見ていると楽そうだが、しばらくすると、足がふるえてきた。手もとが定まらない。ちなみに、仲間の一人は革靴を四センチも切ってしまった。しんどいなあと思っていると、「午前中は楽やからまだええけども、昼からがなあ…」という話し声を耳にした。思わず、ぞっとする。みんなは、近況を話し合ったりして、楽しい雰囲気であった。「生」だけでは物たりないから、「忄（りっしんべん）」も作ろうや、という声も聞かれた。

割り木は三種類ある。その一つは先をささらにした割り木で、九～一〇本を太い鉄の輪に押し込んで一束にする。これは芯棒にさし、文字にする松明だ。次にやや細い割り木を集めて、針金で束ねてゆく。これは手に持つ松明になる。最後に太い割り木をまとめ、縄で縛る。これはどんど（たき火）に使う。小さな破片は、松明の束を固定するのに利用される。実に無駄がない。

一二時解散。昼休み。

●ええ案があったら言うてや　一方出谷では、松明を作ってから文字を決めたということを、あとから聞いてびっくりした。ここで出谷の様子について触れておこう。

一〇時頃、松明作りはほぼ完了し、割り木のあとかたづけなどをしながら、今日の松上げの字を何にしようかと相談し始めた。

誰かが新聞を持ち出して、いいのがないかと捜している。

「あんたらもええ案があったら言うてや」

と、私たちにも相談をもちかけた。

「今年は松明が五〇本と多めにあるし、凝ったやつでいこうか」

「寿はどやろ」

「ちょっと無理やで。何の字かわからんようになってしまう」

「そしたら京は」

「京はようやったな」

「目新しいとこで東はどや」

「おっ、それはなかなかええわ」

ほんとになにげなく、松上げの文字が東に決まった。この文字は、今晩山に火がともるまで、若中以外の者には内緒にしてある。ふたを開けてのお楽しみというわけだ。

上・竹に角穴をあける。下・文字の骨組をする。

●字を組む　さて中畑では午後一時集合。年長組は竹の作業を続ける。年少組は、松明を松上げ場まで持って登る。作業場から三〇〇メートルほど下の登り口までは、軽トラックで運ぶ。そこからは、肩にかついで行く。松明五束をひとまとめにしたものが一人分だ。ずしりと重い松明が肩にくい込む。一〇キロ以上はある。まず、川を渡る。その先が大変で獣も転げて落ちそうな急斜面だ。私はどうにかこうにか登り着いたが、この時ほどしんどい思いをしたことはない。

視界が広がった。傾斜のやや緩やかになった斜面に、空き地が作られている。ここを松上げ場といい、隣りの中津川の山を借りている。中央に、青いビニールシートを覆った大棒が設置されている。シートをはがすと、朱色のペンキで塗られた鉄の棒が横たわっていた。大棒から約五〇センチの芯棒が、ちょうど櫛の歯のように、

文字の骨組に芯棒をつける。

まっすぐに空を貫いていた。

向う正面の山の中腹に、高雲寺がはっきりと見える。実にいい天気だ。みんなが「しんどかったやろ」「よう頑張ったな」と、温い言葉をかけてくれる。同じ苦労をともに味わうと、連帯感が湧いてくる。しかし、私の充実感を打ち砕く声が下からした。

「オーイ、降りてこーい。まだあるぞー」

その瞬間、冷や汗が背中をつたわった。しかし今度は三束をまとめたもので済んだ。助かった。

二時過ぎ下山。作業場に戻り、缶ジュースを飲む。竹の用意はすべてでき上がっていた。作業場の掃除をする。二時半、竹、針金、燈油、わらなどを持って松上げ場に向かう。三時。字組み開始。若中頭は、かんぬきの上に立ってあれこれ指示をする。かんぬきは大棒を支える鉄製の台のことだ。芯棒を支えている竹を、細い竹と針金で固定する。次に、松明を生の字型に芯棒に差し込んでゆく。まっすぐ立てるのにてこずる。一方では、葉の繁った小枝を折り取って、細い竹の先に縛りつける作業をしていた。二本作る。これは火の粉を払う箒にする。また一方では、竹をX字状に組んだものを二組作っている。これは組んだ字を起こす時に使う。七時半に松上げ場集合ということで、午後四時半にひとまず解散する。

●新聞記者が落っこちた　私たちは白梅スポーツクラブで夕飯を食べたあと、高橋重治さん宅に寄り、愛宕講のことなどを聞いた。
この日二時から四時半まで、高雲寺で愛宕講が行われていた。各家の戸主が集まる。代参の人がもらってきた御札《おふだ》を供える。年長者から順に焼香し、みんなでお経をあげ、柏手《かしわで》を打つ。そのあとでつきだしを食べて、御札をもらって帰る。

また、毎年カメラを持った人が何人か、松上げの最中に登って来るそうである。危険なので、取材関係者以外立入り禁止にしている。ところが、以前京都新聞の記者が、山から降りる時に足を滑らせて、谷に落ちた。カメラを大事そうにかかえていたそうだが、果して、ちゃんと撮影できたのだろうか。

ビールをごちそうになり、少々酔ってしまう。こんな状態で、あの急な斜面を登って行けるだろうか。新聞記者の話は、他人事《ひとごと》ではない。私も落ちるかもしれない。だんだん不安になってきた。

●糸瓜を食べる　一方出谷で苦闘していた二人は、塚本保信さんのお宅で夕飯をごちそうになった。神社まで降りてくると、塚本さんが、
「あんたら、晩ごはんどうすんにゃ。よかったらうちで食べていき」

と言って下さったので御好意に甘えて、おじゃました。御馳走はすきやきだった。鍋の中に見たことのないものが入っていた。大根の千切りを長くして、黄色く染めた

ようなものである。

「これは何ですか」

と尋ねると、

「ここでとれた糸瓜です」

と言う。さくさくしていて歯ざわりもよく、すきやきの具にはもってこいだ。


塚本さんの家には、松上げを見るためと、盆の里帰りとを兼ねて、親戚の人がたくさん来ていて、とてもにぎやかだった。しかし、塚本さんは普段は仕事の関係で京都の町の方に住んでいるので、この家には、塚本さんのご両親だけが暮している。

「おふたりだけで淋しくないですか」

と尋ねると、おじいさんは
「淋しいけど、仕方がない。息子とは、近くにいるから結構顔も合わせるし、ここらへんは気のいい人ばかりで住みやすい所やから」

とおっしゃった。その横で、おばあさんは、孫のかわいい赤ちゃんのお守りに余念がなかった。

■いよいよ字を起こす

七時四〇分、松上げ場に着く。若中はほぼ全員登っていた。どんどが焚かれていて、みんなの顔が闇に浮かんでいる。服装は赤いヘルメットか帽子、それに長袖。手には軍手をし、首にはタオルを巻いている。これらはみな、火の粉がかからないようにするためである。

松上げの司祭役である権兵衛は、すでに登っていて、煙草を吸いながら雑談をしていた。服装は白絣《しろがすり》の浴衣《ゆかた》に仙台平《ひら》の袴。これは各自が持っている。北区消防署から、消防士が六人来ていた。

若中頭が権兵衛松明を持って登ってきた。これで全員そろった。権兵衛がひとりずつかんぬきに昇り、懐中電灯で字を照らし、簡単な批評をした。その様子は、まるで天狗のようであった。

七時五〇分、消防士を残し、一同さらに五〇メートル奥へ出発する。そこで権兵衛を先頭に、愛宕山に向かって黙祷し、柏手を打つ。次に笹とわらで火を起こし、権兵衛松明に火をつける。するめを焼き、御神酒を回す。そのあと、権兵衛は松明を持って山を降りて行く。しばらくしてから我々は、字の所まで下った。

八時すぎ、手持ち松明に火をつけ、身構える。権兵衛が高雲寺に着いたのが見える。オーイという声とともに、松明を回している。我々もそれに応じて、

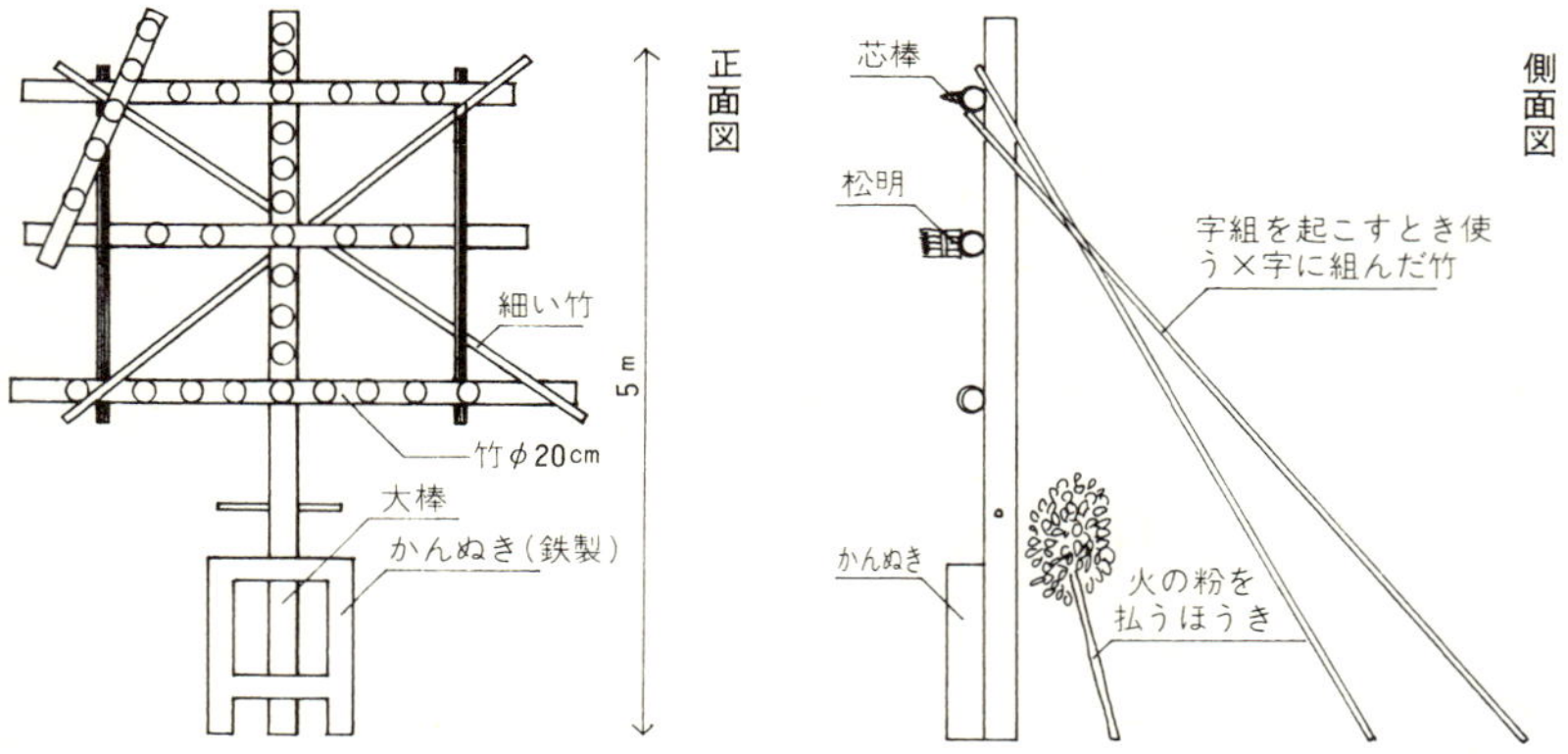

文字組の構造

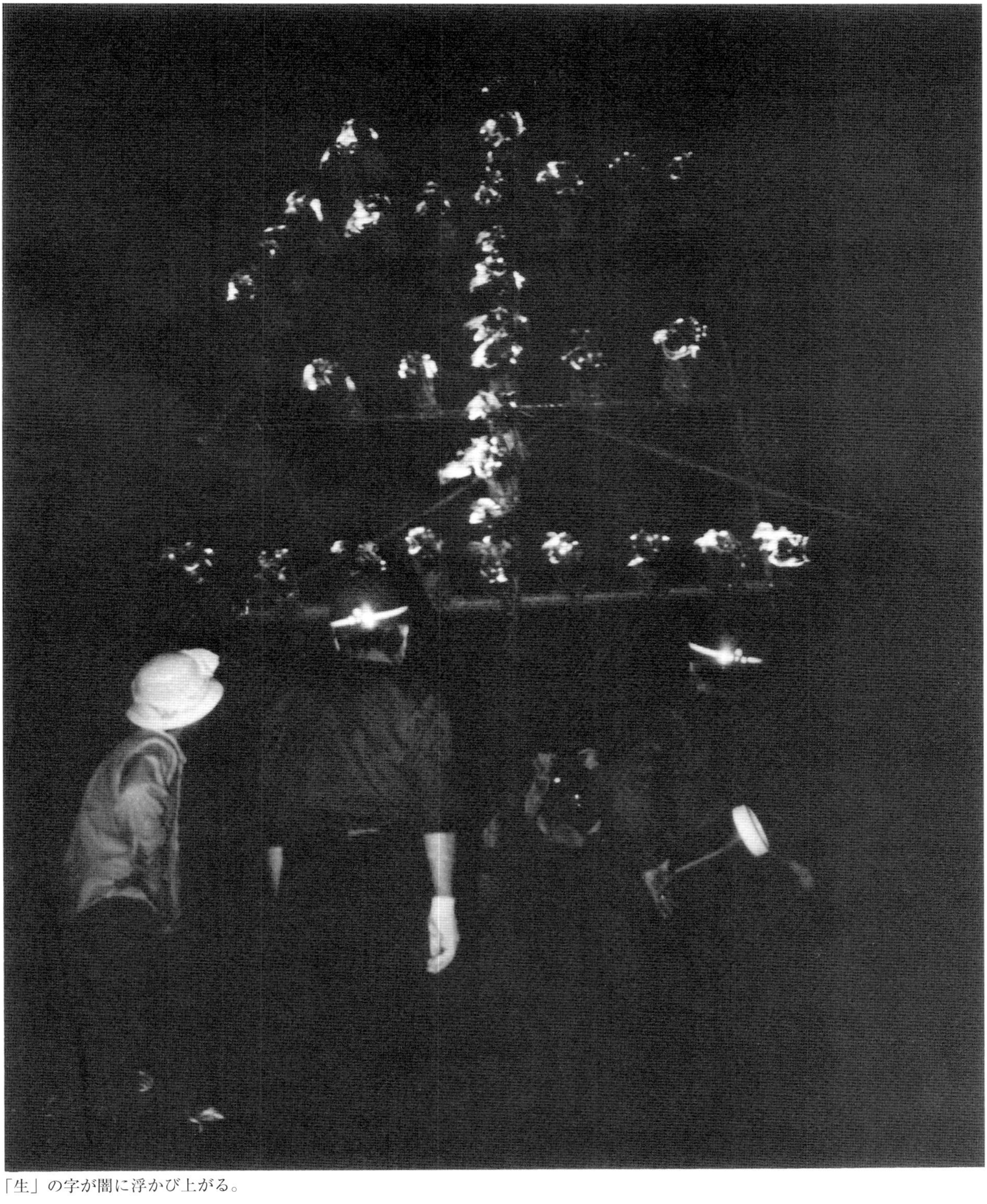

「生」の字が闇に浮かび上がる。

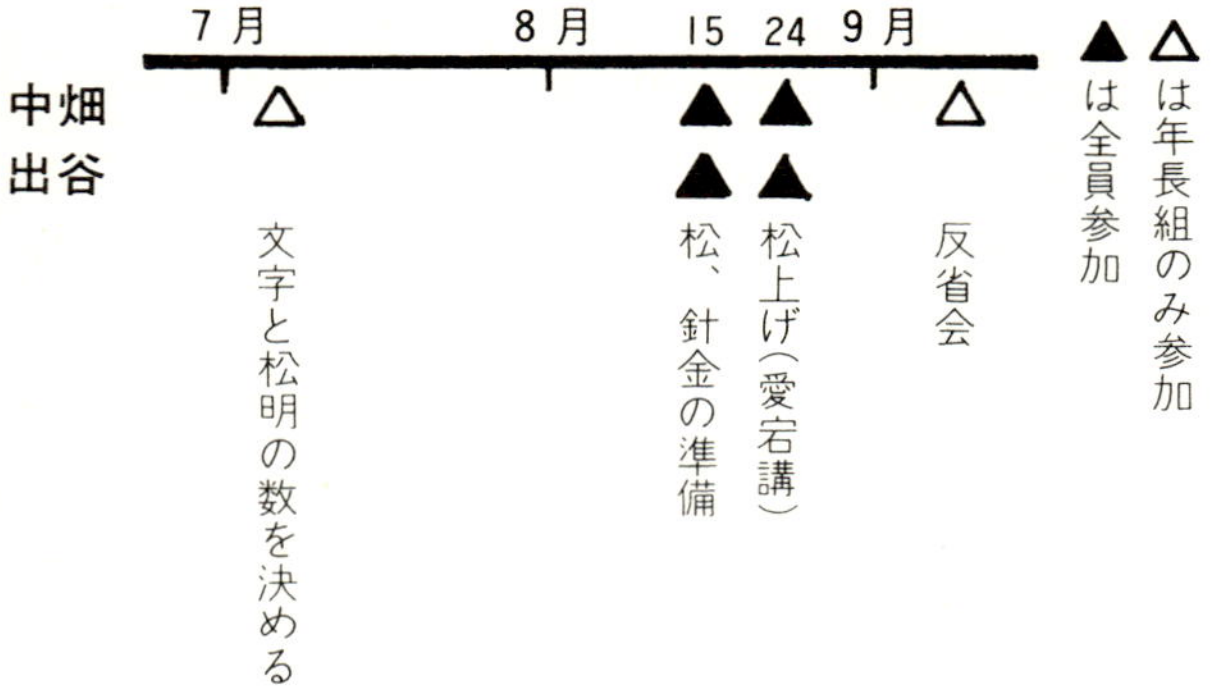

松上げの日程

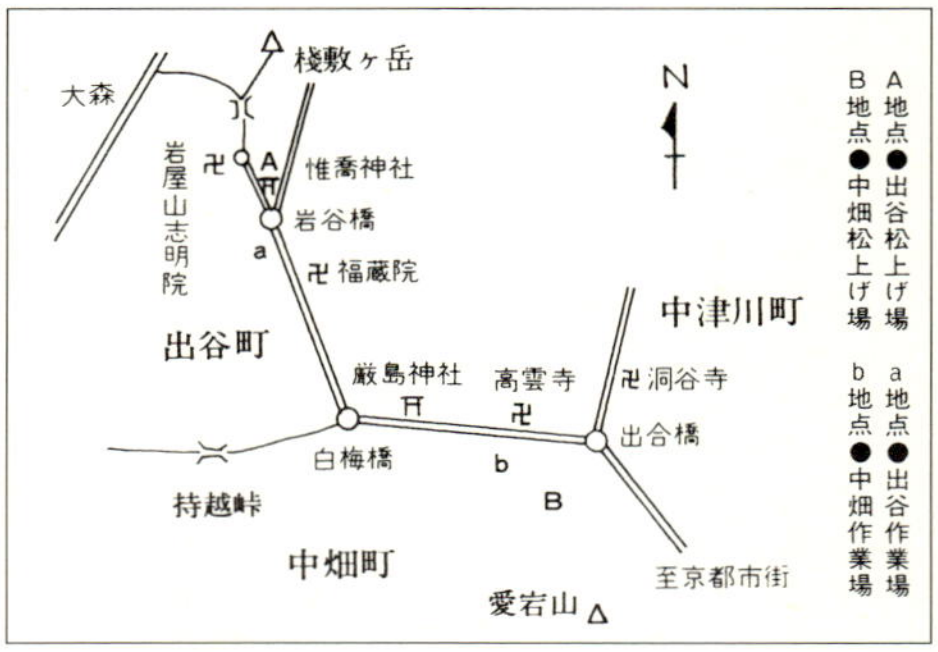

雲ヶ畑見取図

オーイと返事をし、松明を回す。

八時一五分、いよいよ字に火をつける。各自松明を手に持って、字の中心部からつけてゆく。一度全員、字から離れてみる。若中頭がかんぬきの上から、火のつきの悪い所を指摘する。燈油をかけたのは二ヵ所だけだった。

さあ、字を起こすぞ。長かった準備も、すべてこの瞬間のためだ。ソーレ！ 火の粉を撒き散らして、徐々に字組を支えている大棒を起こし始めた。「生」がその全貌を表わした。みんなの顔に、さわやかな笑みが横切った。

めらめらと燃える松明の火が、闇に生の字を浮かび上がらせる。松明は、独特のうねりのある炎を出して燃える。こういう火を見ると、昔から、その利点からのみでなく、火が神聖視され、信仰されてきた状況を感得することができる。火には、人間の本能的・原始的な感情を揺さぶる何かがある。

中津川から「オーイ」という声がかかった。一同大棒に戻り、かんぬきの栓を抜いて、字を中津川に向ける。これは、松上げ場を中津川から借りているお礼である。アンコールがあったので、二度向きを変えた。

「拍手が少ない。元に戻せえ」

頭のすぐ上で火の粉を払っているのがわかる。

大棒を固定する。山を降りる。各自松明を持った。そしてワッショイ、ワッショイのかけ声とともに駆け降りる。険しい坂道だが、夢中で降りた。川を渡った所で隊列を整えたあと、高雲寺まで一気に駆け上がる。汗がふき出し、酔いがまわる。まわりで村の人たちが、みんなに「ご苦労さん」の言葉と拍手を送っている。

高雲寺に着くと、松明を一ヵ所にまとめて置く。字はきれいに燃えている。お茶を飲んでスイカを食べると、みんなはまもなく帰って行った。このあと、洛雲荘で足洗いがある。村の人たちも帰ってしまった。彼らは盆踊りに参加するためである。

誰もいなくなった高雲寺で、私はしばらく、勢いの弱くなった遠くの炎を見つめていた。闇の中で、「生」が赤々と燃えている。このまま帰ってしまうのは惜しい気がする。あの炎は私に「生」きることの一面を教えてくれたのだから。

■祭が終って

北山の夏を象徴する松上げの行事は終わった。しかし私たちの作業はこれから第二ラウンドに入る。今まで調

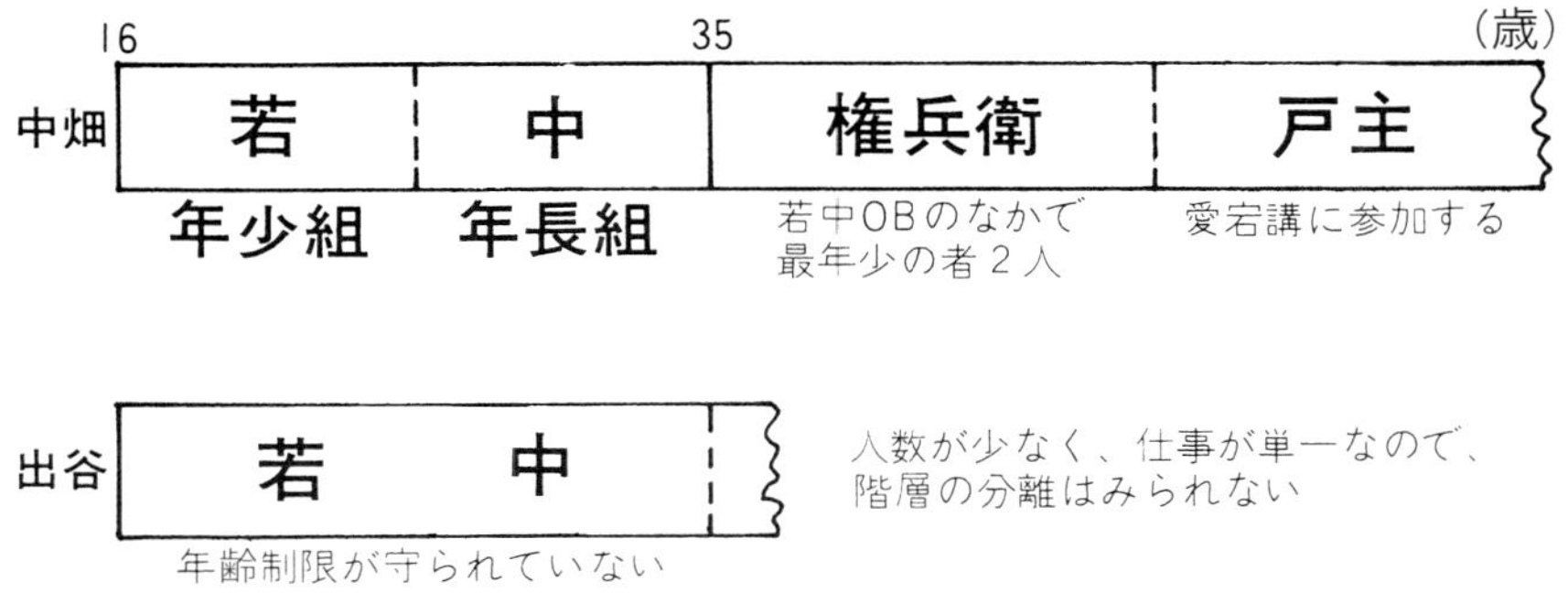

松上げに参加する人（雲ヶ畑）

査したことをまとめ、抜け落ちている部分の補足調査に出る。夏の調査中と同じ位の忙しさだ。出来上がってきた写真は整理して、現地の人がなるべく写っているものを選び出し、アルバムを作った。そしてお世話になった地域に一冊ずつ配ることにした。私たちのささやかな感謝の気持ちをこめて。

　このような作業をしているうちに、つぎつぎに大きな問題にぶつかった。第一に花脊、広河原も雲ヶ畑も、松上げと呼んでいるが、その形が異なっていることである。北山で行われている松上げは、玉入れ形式がほとんどで、雲ヶ畑のように文字を浮き出させる例は少ない。その理由はよくわからないが、どうも花脊や広河原と雲ヶ畑とでは村の成立が異なっているようだ。

　たとえばアルバムを配りに花脊八桝町の鋸屋《おがや》康夫さん宅を訪れたとき、大変おもしろい話を伺った。花脊八桝町は細の町・坊の町・堂の町・段の町・鋸屋町の五つに分れている。これらの町は昔の小字にあたるが、それぞれの町に旧家と呼ばれる家が残っている。たとえば細の町には細さん、坊の町には上坊さん、堂の町には堂の本さん、段の町には段さん、鋸屋町には鋸屋さんという具合である。なかには転出した家や分家して上と下に分れた家もあるが、これらの旧家が各町を拓いていった開拓名主だった。開拓名主の名前が町の名前としてつけられたのである。この傾向は大堰川の川沿いの村に共通してみられた。つまり玉入れ形式の松上げを行なっている地帯は、土地を開拓し農業を行なうことを目的として定住した人々が多かったであろうことがうかがえる。

　これに対して雲ヶ畑を歩いていると極端に耕地が少ないことに気付く。一部には比較的広い段々状の水田が見られるが、その他は家のまわりにわずかの屋敷畑を持っているにすぎない。どうもここに住みついた人々は耕地の開拓を目的としたものではなく、山仕事が主な目的であり、それを続けていくために自給用の畑を拓いていったのではないだろうか。雲ヶ畑にはそれを裏づける伝承がいくつか残っている。

　たとえばこの地は平安遷都の折に、平安京造営のための木材を調達するために住みついた杣師《そまし》の村であると伝えられている。また平安時代の中頃、文徳天皇の皇子惟《これ》喬《たか》親王が弟との皇位争いに敗れ、隠棲した村だとも伝えられている。惟喬親王は木地屋の神様として崇められている。木地屋は山中に入って木工品を作るかたわら、周囲の山を焼いて畑を作り、食糧を得ていたと聞く。そのため木地屋の住んだ所には畑とか小屋という地名がつく場合が多い。

　一方、『山州名跡志』という本によれば、その昔薬王菩薩がこの地に降り立たれ、庶民の病苦を救うために、薬草を植えたと述べられている。その薬草の薫香がまるで雲がたなびくようだったので、この地を雲ヶ畑と名付けたとされている。また皇室に多くの鮎を献上したという記録が残されているから、川漁もかなり盛んだったことが推測できる。いずれにせよこの地域は、山や畑にちなんだ言い伝えがよく残されているところが興味深い。

雲ヶ畑ばかりでなく、花脊も広河原も山仕事に頼ることの多い地帯なので、一方は開拓、一方は山仕事と明確に分けることはできない。しかしこのような住みつき方の違いや、その後の村の発達の仕方はきちんとおさえたいと思う。そうすることでこの地域の文化的特色を見い出せるかも知れないからだ。

■祭を支える若中

次にぶつかった大きな問題は行事を行う組織のことである。花脊・広河原では各戸一人ずつ出ることが基本的な約束ごとであったが、雲ヶ畑では若中という組織が中心になって行事を運営していた。

雲ヶ畑の松上げは、もともと愛宕講の一部として行われていた。先に報告したように中畑ではこの愛宕講がまだ残っており、各家より戸主が出席する。そこで前述した若中、権兵衛という組織が別にあり、これらの人々がいっさいの松上げの運営を任されている。若中は一六歳から三五歳までの男子で、原則として一戸一名、長男によって構成されていることも前述した。

行事のための費用は、現在は保存協会から出ているが、今なお組織がしっかりしている中畑では各家から松代を集めており、昔の姿をとどめている。また若中で行事に参加できない者は、不参加金を払わなければならない決まりだ。材料の松は若中のなかの誰かの山から出すが、若中以外の家から出される場合はお礼をすることになっている。このようにすべて若中を中心にしてことが進められていく。

一方権兵衛は中畑にだけある組織だが、若中を卒業した者のうち一番若い人が、この役を受けることになっている。中畑には波多野姓の家が一二軒、高橋姓が八軒、秦姓が二軒あり、波多野姓の集まりを波多野町、高橋と秦を含めて高橋町と呼んでいる。これら二つの町からそれぞれ一人ずつ権兵衛を出すことになっている。権兵衛は行事の準備はいっさいせず、権兵衛松明をかざして点火の合図を送る役割をする。

雲ヶ畑のうちでも、特に中畑の行事に対する組織はしっかりしていた。

若中のなかでも経験の豊かな年長組と、若い年少組に分かれており、文字や松明の本数を決める、という大事な行事は年長組が行なっている。また年少組は年長組に教わりながら一つ一つ作業を覚えていく。私たちは若中の作業を通して、村で生きていくことはどういうことなのか、教えられたような気がする。松上げの準備段階ではオノやフジヅルの使い方、大木の動かし方など、山仕事の基本的作業が多く含まれていた。若者たちはこれらの作業を通して、山に関するさまざまな知識を学んでいった。そして彼らの父や祖父たちと同じように山を愛する心を育てていったように思う。

「祭をせえへんかったら、町の子と同じや」

という古老の話に、それが集約されている。

また若中にとって松上げは共通の人生経験だった。この行事をやりとげて初めて、一人前と認められる。それは若中たちの冠《かん》（元服）といえるのではないだろうか。

また現在若中の仕事は松上げだけだが、以前はおんぼも大きな仕事になっていた。おんぼとは死体、もしくは死体を焼くことをいう。雲ヶ畑は古くから仙洞御料であった関係から、他の村では土葬であったのに、ここでは火葬が行われたと伝えられている。しかし雲ヶ畑川が鴨川の上流にあたるため、村内で火葬することができず、峠をひとつ越した所まで運んで火葬にした。この峠を持越峠と呼んだ。この仕事をしたのが若中だった。調査をしていておんぼの話は何度も何度も聞いた。若中にとってとてもつらい任務であったことが、その言葉のなかからうかがえた。

村で生活をするということは、農業や林業など自らの生業を行うかたわら、村の運営にもかかわっていかねばならない。各年代の人々がそれぞれの役割をきちんと果す。それで村が自治体として維持できてきたのである。その村の姿を残していたのが、中畑の松上げであった。

■変っていく松上げ

雲ヶ畑のうち中畑と出谷の松上げに参加したことで、もう一つ新たな発見があった。中畑と出谷は隣り合っている部落にかかわらず、行事を行なう組織や行事の仕方が少しずつ違っていた。結論からいうと中畑では古いと思われる形を残しており、出谷は時代とともに新しく変ってきたといえる。そこで本稿では中畑の松上げを中心に述べてきたわけである。

前述したように松上げは愛宕講の一環として行なわれてきたのであるが、出谷では愛宕講はすでに消え、松上げの行事だけが残っている。中畑にある権兵衛は出谷にはない。また若中にしても出谷では必ずしも年齢制限が守られておらず、若中の父親と卒業生が一人ずつ参加していた。これは若中のなかに林業経験者がいなくなったためだ。若中に関しても、出谷では年長組と年少組に分かれていない。従って年上の者が年下の者を指導し、伝統的な技術を伝承していくという形が崩れている。いわば伝統的な村のシステムが、現代的な村の姿に変えられていく様を見ることができたように思う。

技術を伝承していくための受け皿（組織）が変り始めると、それにつれて行事自体も変っていく。その変り方が文字の決め方や松明のつけ方に現れていて興味深い。中畑では若中の年長組が集って、七月上旬には生という文字を決めていたのに対し、出谷では行事の当日になって急いで決めたことが、大変印象的だった。しかもこれに学生も参加しているのである。

作業面での大きな相異点は、文字をかたどっている芯棒に松明を取りつける作業だ。中畑ではまず文字を構成するための松明を芯棒に取りつけ、固定してから火をつけていく。出谷はその逆でまず松明に火をつけてから芯棒に固定していった。一度試してみればわかることだが、固定した松明の方が火がつきにくい。そのため中畑では松明の先をささら状にしていく工程が加わっている。

つまり出谷では従来の組織や作業工程を省略していくことで、現在の出谷の状況に適した松上げを行ったのである。これが時代への対応であり、このようにして伝統的なものが一つ一つ消えていく。

しかし時代への対応は省略ばかりではない。新しい工夫が加わる場合もある。それが松明の運び方に現れていたように思う。中畑では五束をひとまとめにした松明を背にかついで、松上げ場である山に登った。一〇キロもある松明が肩にくい込み、死ぬような思いをしたことを今でも覚えている。ところが出谷では布製のヒモを使って松明を背負って登っていった。出谷でいつ頃からヒモを使い始めたかは明らかではないが、道具を使わずに物を運ぶことが初源的な形と見るべきであろう。

荷縄で背負って運ぶ。

肩で担いで運ぶ。

このように同じ日に行われた二つの行事を、同時に見られたことで、いろいろな発見があった。調査を始める前に、多くの仲間を集めたその威力が、このような所に現れていた。

それでは、なぜこのような違いがでてきたのか。その理由の一つは、中畑の方が地縁的な結びつきが強いからだと思う。中畑では前述したように波多野、高橋、秦という姓をもった家が昔から続いている。新たに転入してきた家もあるが、それが旧来の組織を変えていくまでに至っていない。行事の運営はいぜんとして旧来からある家が主導権を握っている。これに対して出谷では転入してきた家が多く、それが行事の形を変えていったように思う。

行事を変えていったもう一つの大きな問題があった。それが北山全域を覆っている過疎現象であった。

（石田昌弘、小林康子、酒井直広）

■過疎のなかの松上げ

●過疎の実態　北山における過疎現象は非常に深刻だった。この過疎のために松上げは重大な危機に瀕している、といっても過言ではない。かつてこの行事のにない手であった若者たちが、進学や就職のために次々と町へ出て行く。しかも村に残った者の多くは、伝統的地場産業である林業から離れていきつつある。

また村に住民票を置いてあっても、実際は町に出ていて、山の管理がいきとどかない家も多い。たとえば今回の調査地である広河原は、現在四二世帯あるが、このうち京都の町内に家をもっている世帯が一四もあることが、それを示している。

広河原の年齢別人口構成は、二〇歳代から三〇歳代の青年層が一六人まで減少した。全人口の一三％あまりになる。これに対して六〇歳以上の老人が増加し、青年層の倍以上になった。村に青年が少ないから生れてくる子供の数も少ない。〇歳から九歳までの子供はわずかに六人である（左下の年齢別人口構成表）。

住民の高齢化にともなって、この地域の林業従事者も高齢化し、また兼業化も進んでいる。次頁の表上の林業従事者構成表で示したように四〇代七人、五〇代一二人、六〇代一人であり、このうち兼業者が半数以上を占めるようになった。それにも増して、若い後継者が育っていないことが大きな問題だ。今後は山林の管理を業者にまかせる請負い林業が、広く行きわたるようになるだろう。また山林が投機の対象になり、土地ころがしが行なわれたという話も耳にしたが、何とか地元の若い人たちの手で、美しい北山を守ってもらいたいと強く感じた。

北山の見事な杉を見ていると、この地を豊かな、そして住みよい村にしたい、という御先祖の努力がひしひしと伝わってくる。この努力や山に対する愛情を受け継ぎ、さらに豊かな村作りを進めていく。そのような大きな可能性を、この北山は秘めている。

一方、農業は零細で、その経営面積は五反歩（五〇アール）未満がほとんどである。そこで、農作物はもっぱら自家用にまわされ、大規模な出荷は望めない。ほとんどの農家が、農外収入に頼っているのが実情である。さらに政府の減反政策が追い打ちをかけ、荒れ果てて、ススキが繁った水田がいたる所に見られるようになった。

ようするに今日では、広河原で労働し、生活していくことが、はなはだ困難になったのだ。林業だけで食べていくには、五〇～六〇町歩の山林が必要だが、それだけの山を持つ者は二、三人しかいない。昔は薪炭生産がかなりの稼ぎになったが、燃料革命を経たのちは衰退の一途をたどった。京都近辺の人々にとって鞍馬炭といえば名の通った炭であったが、実際の鞍馬炭の生産地は、この北山山中の村だった。それが現在木炭を生産している家は、わずか一軒だけになった。

このような状況では、人々が広河原を捨てて町へ出て行くのも仕方のないことだ。人口減少の傾向は大正時代の堰源《えんげん》校（広河原の小・中学校の名、大堰《おおい》川の源流近くにあるのでこの名がついた）の校訓に、

本校下は、自ら悪天地と思い、志を立つれば父祖の遺産の近親も顧りみずして都会に走るの風あり

と、あるように今に始まったことではない。しかしこの現象は近年とくに著しく、昭和五十四年（一九七九）の人口は一一五人で、昭和三十五年（一九六〇）の半分以下になっている。残されたのは中高年層と子供で、広河原は活気を失った。空き屋とススキの原が目立つ村になってしまった。

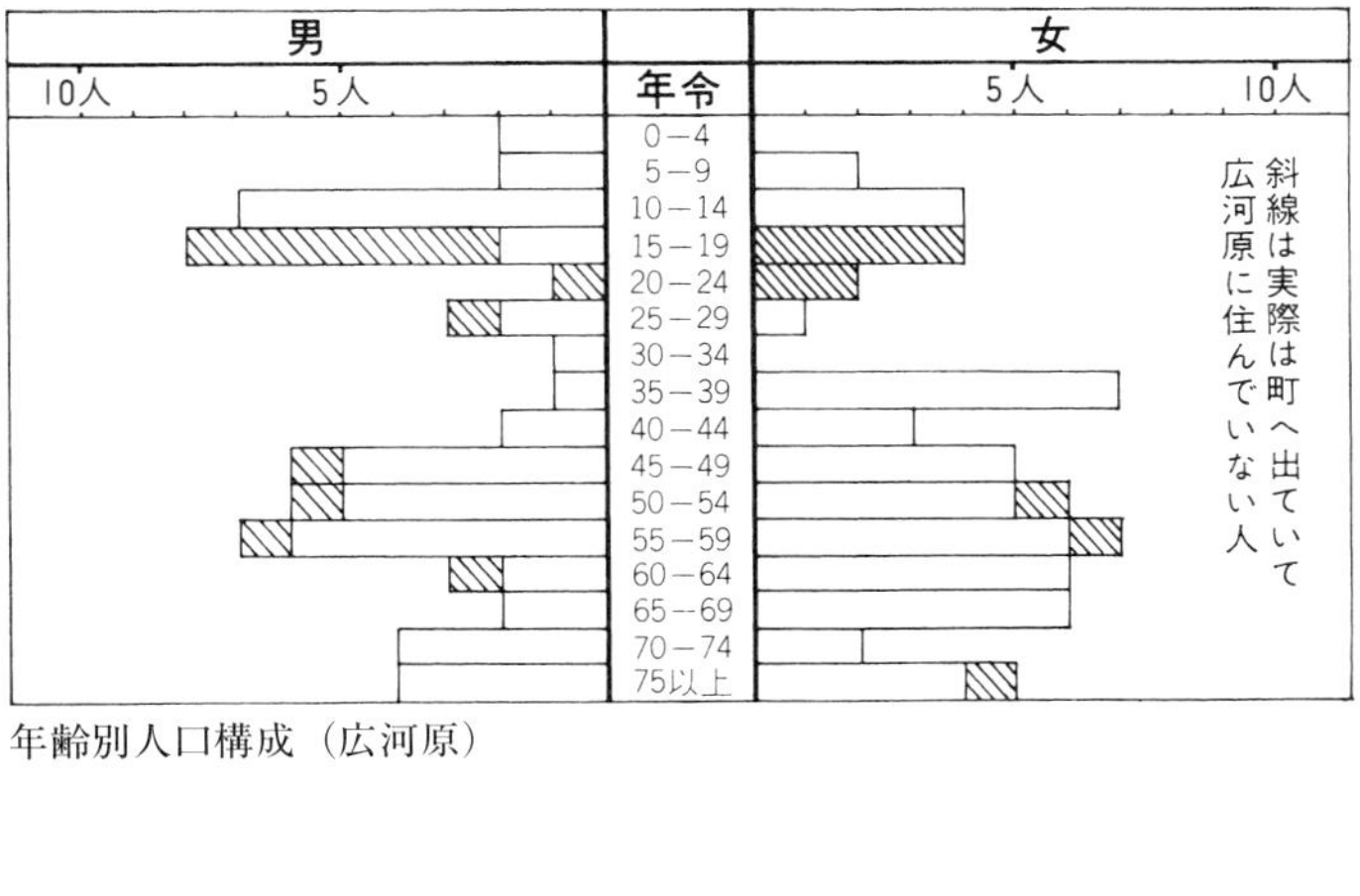

年齢別人口構成（広河原）

●過疎対策　最近になって過疎対策として、地場産業の育成が試みられている。わさびやしいたけの栽培、花木栽培、アマゴの養殖などがその主なものだ。わさびは島根県匹見町から技術を学び、昭和五十三年に始められた。また、花木栽培のために大きな温室が建てられ、シャクナゲやヒメコマユミなどを育てている。アマゴは稚魚を買ってきて養殖し、秋から冬にかけて一匹二〇〇円程度で料亭などへ出荷される。しかし、いずれもまだ実験的段階で、関心のある人が集って小規模にやっているだけで、本格的な軌道にのったとはとてもいえない。過疎への有効な対策になりえても、それはまだまだ先のことだと思われる。

●松上げをやめた村　過疎に対する有効な歯止めのないなかで、松上げを維持できなくなった村も多い。たとえば花脊原地《はらじ》町の場合、家が一六戸に減り、数年前廃止のやむなきに至った。村の中心近くを通ると、今でも対岸に燈籠木を支える台だけが残っているのが見える。近よってみると、昭和四十三年（一九六八）建立と書かれてあった。

　廃止とはいかなくても、多くの村が何らかの形で改革をせまられている。左京区久多宮之町の松上げは、燈籠木を六メートルほどの小型のものに変え、準備に人手がかからないようにした。今回報告した花脊八桝町では昭和四十八年（一九七三）から祭日の日どりを変え、雲ヶ畑の出谷でも簡略化の方向へ向っている。

　このように今までどおりの形で維持できなくなると、本来の祭に込められていた意味が忘れられ、神事的な色彩は薄くなっていくだろう。松上げが愛宕さんへの献火の行事であるという意識も失われつつある。花脊八桝町では、一〇年前までは松上げが無事終了すると村社に参拝し、惣堂で村中の戸主が総愛宕講を行っていた。しかし今ではそれが簡略化されてしまい、三〇分余り集会場で踊ると、人びとはそれぞれ帰路につく。また村によってはジュースの空き缶に灯油を入れ、糸の芯をつけて地松の代用とする所も出てきた。

●松上げの観光化　愛宕信仰を基底にすえた行事であった松上げが、一つのショー・イベントとして、これから観光化していくことも考えられる。げんにここ二、三年、花脊八桝町には露店商が来るようになった。カメラマンや見物人もわんさとおしかけてくる。この観光化がさらに進むと、やがて淘汰がなされ、大きい規模の松上げがいくつか残るだけになるだろう。観光客にとっては、スケールが大きく面白ければ、どこの松上げでもいいからだ。祇園祭なみに見物席が設けられて、チケットが売られるようになるかもしれない。たしかに観光化は、何らかの現金収入をもたらす。しかしそこには、本来損得を度外視したはずである祭の、落ちぶれた姿があるにすぎない。

（歳）	（戸）
20－29	0
30－39	1(1)
40－49	7(7)
50－59	12(4)
60－69	1
70以上	0

林業従事者年齢構成
（　）内は兼業者数

	（戸）
0.5ha未満	24
0.5～1ha	2
1ha以上	0

販売なし	21
30万円未満	6
30万円以上	0

上・経営規模別農家数
下・農産物販売金額別農家数

今、過疎という危機に直面して望まれていることは、このような形での松上げの観光行事化ではあるまい。松上げを支える人々の言葉のはしばしに、観光行事化に対する心配が感じられた。

「あんたらが雑誌に書いてくれたら、お客さんはようけ来はるようになるやろけど、見せるだけの松上げにしとうない。やっぱりわしらの祭やさかいな」

こう語る老人の瞳は輝いていた。私はそこに、北山で生れ育った者の意地とロマンを見た。

実際、松上げにかける村の人びとの意気込みは相当なものだ。

「松上げをせえへんかったら町の子と同じや」

「祭は村の誇りや」

このような声を至るところで耳にした。

●連帯のシンボル　一方、長い間中断されていた松上げが、村人の努力で復活した例もある。北桑田郡京北《けいほく》町小《お》塩《しお》の松上げは、終戦直後に再開されたが、すぐジェーン台風、ヘスター台風で中断、昭和二十年代後半に復活したが、今度は昭和三十三、三十四、三十五年とたび重なる水害で、またも中断を余儀なくされた。そのまま消えてしまうかと思われたが、なんとかして松上げを再興しようという村人の熱意が実り、昭和四十九年（一九七四）に有志一〇人ほどの手で、十五年ぶりの松上げが行なわれた。このときは昔のやり方を記憶している人が五人しかおらず、準備には大変苦労したそうだ。しかし年々賛同者が増え、今では村のほとんどが参加する行事になった。小塩の近くの黒田集落も、三年前から小学校のグラウンドで、新たに小型の松上げを始めたそうである。

松上げは費用と労力の結集が、わずかの間に燃えつきてしまう行事である。過疎のなかで、一見するともったいないようにみえるこの行事に、なぜ人々がこれほどまで打ち込むのだろうか。そこには無駄の効用というべきものがあると思う。日々の生活が理詰め一方では、息がつまってしまう。たしかに無駄ではあろうが、祭は一種の潤滑油であり、すさんだ心に潤いをあたえてくれる。必要に追いたてられて、毎日を過している私たち現代人は、祭のなかで日頃見失っている、何か大切なものを取りもどすことができるのである。

その大切なものとは、心のふれあいではないだろうか。私たちは松上げの準備という共同作業をとおして、人びとがお互いの責任を果し、連帯を確かめ合うことを学んだ。その上松上げは、彼らの父や祖父やその先祖の「山を愛する心」との共鳴盤でもあるの

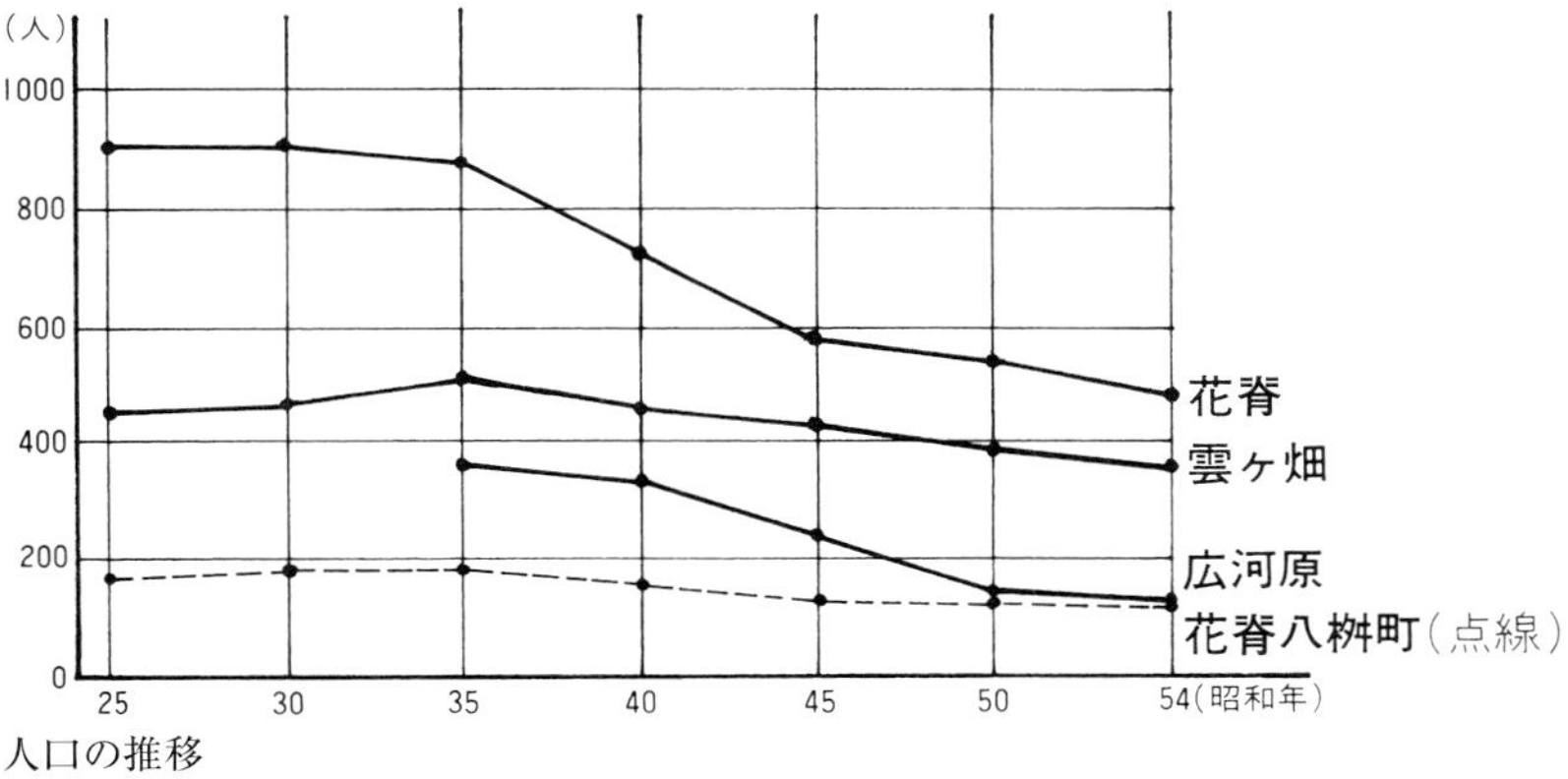

人口の推移

だ。そうして、一つの頂点に向ってエネルギーが結集されていく。それがクライマックスに達したとき、それぞれの心は一つにとけ合って燃える。祭の原点はここにある。

●松上げの将来　祭はやはり土と不可分であると思う。地域住民の心の連帯があってこそ祭が盛りあがるのだ。だがその連帯は同郷人という狭いつながりに、限定されるべきではないだろう。村を離れた人が、この日は帰ってきて昔を懐しむ祭、いわば柳田國男のいう「帰去来情緒」の祭は、けっして創造的なものとはなりえない。

過疎対策は、人口の流出を防止することだけではないはずだ。都市の人びととの土を介した連帯、さらに、彼らを北山に住みつかせることも可能なのではないだろうか。もちろんそれは、京都市のベッドタウン開発ではないことはいうまでもない。北山で生業を営むことが肝心だ。たとえば京都から広河原に移住して、林業をやりたいという人もいるだろう。そういう人たちに対して、閉鎖的であってはならない。むしろ積極的に門戸を解放すべきだと思う。そして、以前からの住民と新しい住民との連帯の輪のなかで、それを支えるシンボルとしての松上げの灯がともる。私たちはそのような日が来ることを願っている。

（鵜飼正樹）

松上げ行事の調査に協力してくれた方々

参考文献

『八桝百年史』

『雲峰時報』波多野周造　雲ヶ畑自治振興会

『京都市の地名』大中邦彦　日本歴史地名大系二七巻　平凡社

『堰源校百年史』

松上げ行事調査グループ

阿南透　石田昌弘　伊藤俊一　鵜飼正樹　梅原慶子　大西千代美　奥田和弘　加納秀次　木村大治　雲川浩幸　小林康子　酒井直広　立野一哉　西島潔　馬場裕子　原雅生　横井俊明　吉中充代

指導・米山俊直

■北山の魅力―むすびに代えて――米山俊直

これで学生たちの話はおわる。最後にすこしだけ、彼等の語らなかった面にふれておこう。学生たちが北山を目指したときいて、私はやはり、という気持がした。北山には、若者のロマンチシズムをかりたてる、魔力がある。アフリカニストたちが、「アフリカの毒」と呼ぶものと共通の不思議な魅力である。

京都はむかしから学問芸術の都で、全国から学生たちが集まってくる。かねがね私は、京都に学ぶ学生たちの幸福のひとつは、この北山があることだと思っている。むろん千年の都の大路小路をさまようのもたのしみだろうが、北山の存在はそれ以上に貴重である。若者たちはそこで、なにほどかの自然と直接にふれることができるからだ。東山も西山も、それぞれ美しいたたずまいを見せてくれるが、たたなわる北山は、やや遠くそれだけ神秘的である。初冬ともなれば、そのいくつかの頂きに雪がひかるし、春さき、遠く大陸から来た黄塵のなかで、ぜんたいがずんぐりとうずくまる。夏の入道雲も冬の紅葉もそれぞれいい。

よく知られているように、京都からは登山家や探検家が輩出しているが、それらの人たちの原点は北山にある。たとえばつぎの文章は、その気持を代表している。

夕日がさして濃い陰影のついた北山を、加茂川のほとりに立って眺めるとき、その北山は中学生であった私を、はじめて山に誘い入れたときと同じ迫力をもって、今の私の心に迫ってくるのである。すると私はやはり心の奥に何かしら不安に似たものを感じ、それがしだいにひろがって行くと、もうすべてのことがつまらなく、ただただ遠い彼方の見知らぬ国々に渡って、人知らぬ自然の中へ分け入ってみたいという願望に閉ざされてしまうのである。北山は罪なるかな。

これは今西錦司博士の文章なのだが、私は吉良龍夫教授の引用で知った。(吉良龍夫　一九七三年『生態学の窓から』二八一頁)ところがその出典を今西錦司全集でさがしてもみつからない。若い頃の文章らしいのである。吉良さんは、このような文章が、旧制高校にはいったばかりの若者たちを「どんなに刺戟したか」と書いている。

すこし話が飛躍するけれども、北山のこの魔力、あるいは魅力は、もしかしたら密教的なものとかかわっているのかもしれない。密教といえば空海の真言、最澄の天台ということになるが、それが体系的な輸入品として天子をはじめとするエリートに尊崇されたことよりも、むしろより広く国内の民衆にひろがる過程において、古い山岳信仰とむすび、あるいは道教的な信仰や修験山伏のものとなって展開してゆくところに、日本人の深層にひそむ狩猟採集ないし焼畑の時代の祖先たちの心意との関わりを見たいのである。現在の学生たちにもつながる山歩きへの衝動は、縄文の日本への回帰なのかもしれない。

こんどの報告をきいて加藤さんが、

「若狭から熊野まで、密教ベルトとでも呼べるものがあるのではないか」

とコメントした。東大寺二月堂のお水取りの行事には、若狭からの参加がある。「井戸がつながっている」ということになっているのである。そしてその行事にも、火祭や松上げでみるのとおなじ火の行事「おたいまつ」がある。聖護院も大峯山も、また比叡山も高野も護摩修法があり、さらに那智には大きい火祭がある。山と火と水が、そのいずれにもみられる。

若狭から近江、丹波、山城、大和、紀伊と、縦断的な文化ゾーンが山ぞいに存在していることは、上田篤さんなども指摘するところだが、かつて山伏たちは吉野熊野の山中から美濃の山中まで、人里をみずに往来する道をもっていたという。飛鳥、平城、平安などの都のすぐそばに、けわしく深い山々とそのなかに住む人たちの生活があったことを、私たちは忘れてはならない。

松上げという珍しい行事のことは、ふるく柳田國男翁の「柱松考」（定本第十一巻）の指摘があり、北山では芦生の例が紹介されている。折口信夫博士にも研究がある。しかしその後は深く追究したものは少ないようだ。こんどの観察を経て学生諸君がすすめた考察が、いわば「新・柱松考」ということになるだろう。

雲ヶ畑の「松火献燈」は、ひょっとしたら市中の五山送り火につながるものではないかと、私はその美しい火の文字をみながら思った。じつはこの大文字をはじめとする名高い行事のほうも、江戸時代初期、つまり十七世紀中頃には妙法、船と右の大文字があったことがわかっているだけで、それ以前の起源はわからない。京都市史編さん所の『京都の歴史』でも、万燈会が先行するのではないか、という予想をしているだけである。（第三巻六二一〜六二三頁）だから、いま雲ヶ畑でひっそりと営まれている行事が、あるいは古風を遺しているかもしれないという推理も許されるだろう。

さらに雲ヶ畑という地名は、はしごやくらかけを売りに来ていたハタの姥のいた梅ヶ畑とならんで、木地師とのかかわりが考えられる。惟喬親王の子孫として、近江の愛智川上流を本拠として全国の山々で木工細工をやってきた人々を、木地師、あるいは木地屋と呼んだ。その親王伝説はここにもある。畑のつく地名は多く焼畑、切替畑のあったところともいわれるので、それとのかかわりも無視できない。

松上げ地域の東にある最澄ゆかりの延暦寺。山伏が護摩祈祷《ごまきとう》に向かう。撮影・須藤　功

しかし、私はそれ以上に、鞍馬も雲ヶ畑も北山の村々にわけ入り、さらに丹波の奥から若狭、但馬、さらには出雲の方面への街道・間道の山間へのかかりぎわであったことに注意しておきたい。鞍馬が牛若丸で知られ、雲ヶ畑が歌舞伎十八番「鳴神」で知られるように、いずれも山へわけ入る人びとや物産や情報の通過点であり、反対に北の諸国や山中の物産が、やはり人びととともに通ってゆく道であった。首都近郊の山間街道集落として、その生きかたはけっして古くおくれたものではありえなかったといえよう。もちろん、山仕事を中心とする生活であるが、むしろ林業の経営や労働慣行は平野農村より早く近代化した面があるのが普通だから、都にちかい北山の村々では、祭事のやり方が早くから洗練されたものになっていても不思議ではない。松上げの行事のほうも、たまゆらの間の行事であるが、ひなにありながらじつに優雅なものであることも、このことと関係があるにちがいない。

謝辞

最後になりましたが、調査に御協力下さった、花脊八桝町の鋸屋康夫氏、向畑虎蔵氏、広河原の杉原録氏、米田正次氏、雲ヶ畑の塚本清三郎氏、波多野文雄氏、久多の上河原善氏、河原弥太郎氏、京北町小塩の今井康雄氏、京都市文化観光資源保護財団の赤井久克氏、その他、お世話になった方々に、厚く御礼申し上げます。

京都の松上げと類似の行事は、現在でも関東以西の各地で行なわれている。名称はまちまちで、地方により「投げ松明」「あげ松」などとも呼ばれるが、「柱松」が最も一般的である。この行事は、民俗学においても早くから注目され、柳田國男の「柱松考」(定本11)、和歌森太郎の「柱松と修験道」(著作集2)などの研究がある。

柱松は現在、行なわれている村ごとに様々な意味づけがなされているが、行事が盆に集中し、多くは墓地や河原で行なわれる事からもわかるように、本来は盆行事の一つで、精霊を霊界から村の中へ迎え入れる行事なのである。高い木の上に火を揚げて精霊を呼び、高く太い柱は降りてきた精霊の依り代となる。ここには素朴な火の魔力に対する信仰と、日本古来の神木崇拝とが結びつき、今に生きている。

柱松の名は、古くは「長門本平家物語」に見えるが、ここでの柱松は墓前の枯木に枯葉を結んで火をともすといううつつましいものであった(巻三「柱松因縁事」)。これが今の形に発達したのは、かつて村の祭祀に大きな影響力を持っていた修験者(山伏)たちの活動によるところが大きい。今も山伏が関与する柱松行事がいくつかあり、京都北山の松上げと愛宕修験、富士山麓と富士修験、九州の久住山麗と久住修験などに見られるように、柱松の分布も修験集団の存在を抜きにしては語れない。彼らは日頃村々の行事に関わりながら、それを仏教の行事と習合させ、それぞれに宗教的意味を与え、自らの修業に

柱松行事二一選

選●阿南透・伊藤俊一

①大松明　神奈川小田原市御幸浜海岸　7/16　麦わらを心柱に巻きつけ、外側を竹で囲んだ高さ二〇メートルの大松明を海浜に立て、昼は水難者と魚霊の供養を行ない、夜、大松明に点火する。

②投げ松明　山梨県南巨摩《こま》郡富沢町・南部町・中富町・早川町　他　**③**静岡県富士郡芝川町、富士宮市　8/14～8/16　富士川水系の村々では、精霊の迎え火として、夜、子供などが河原で柱松行事を盆の三日間続けて行ない、最後に河原に麦がらや流木を並べて燃やし精霊を送る。これを百ハタイという。また、柱松行事の間、川で亡くなった人の霊をなぐさめるため、わらで作った十字のイカダに火をつけて流す「川せがき」を行なう部落もある。

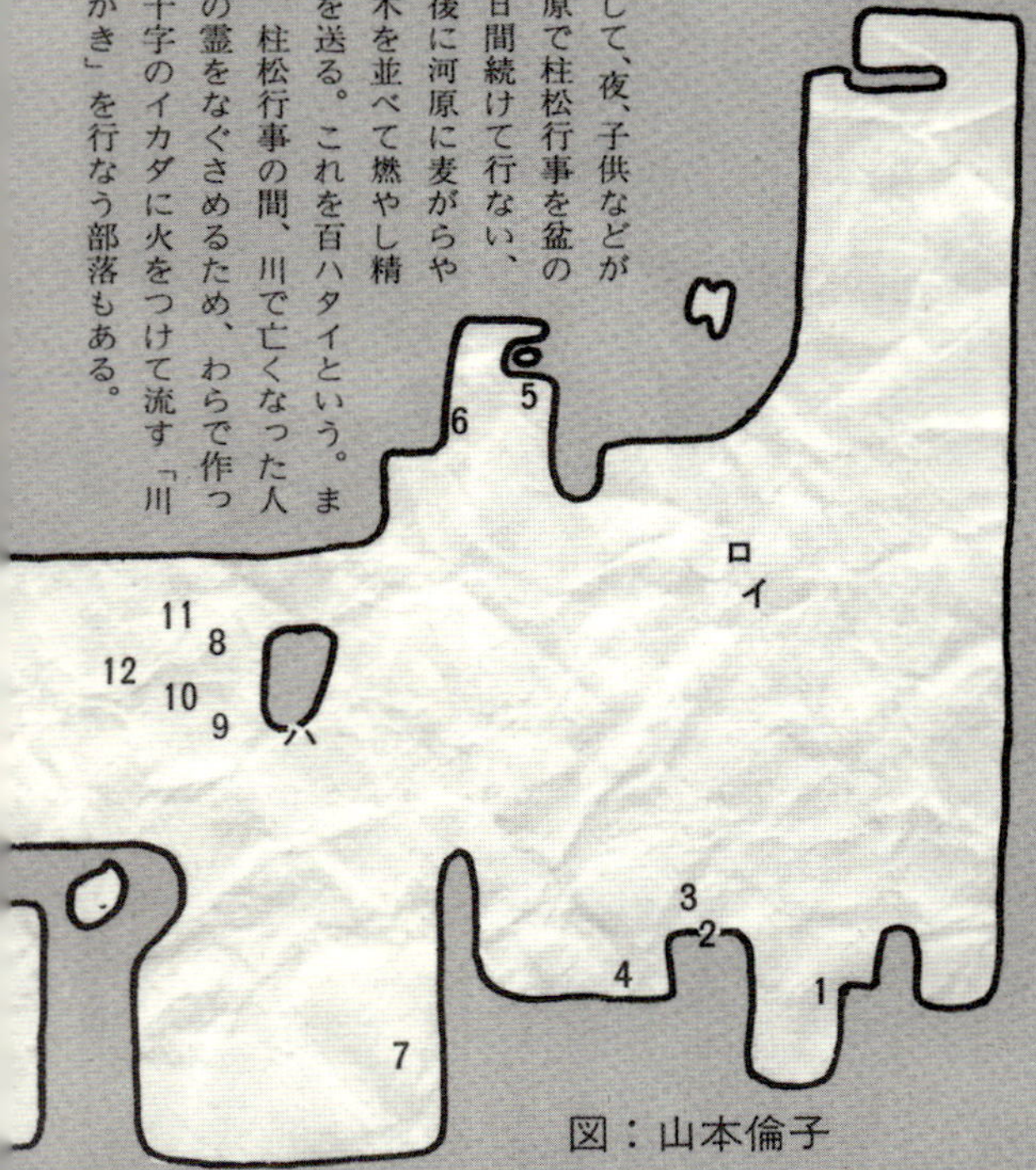

図：山本倫子

④あげとうろう　静岡県志太《しだ》郡大井町吉永　8/15　盆行事で、夕方子供たちが集まって煮たきをし、次に高さ一〇メートル程の燈籠に松明を投げ入れる。

⑤オスズミ祭　石川県鹿島郡能登島向田　伊夜比咩神社　7/31　夜、御旅所のある海岸の広場に御輿、奉燈が渡御。その広場には、黒松を芯木にして、先には御幣のついた真竹をとりつけ、周囲には柴やわらを巻きつけた、高さ二五メートルもの円錐形の柱松明が立てられている。御輿等はこのまわりを七回巡る。そのあと、小松明が柱松明に向かって一斉に投げられ、点火される。柱松明が倒される際、倒れた方向により農漁業の吉凶が占われる。

⑥オショウライモリ　石川県羽咋《はくい》郡志賀町、志雄町　8/13　竹とわらを中心に使い、下方には柴などを入れて円錐形の柱松明を作る。これに、夜、子供たちが火を点ずる、盆の迎え火であるが、隣村との競争意識があり、「早く燃え切った方が負け」という所もある。

⑦大念仏・柱松　三重県鳥羽市松尾町、河内町　8/15　かつては松尾、河内を含む加茂五ヶ村が隠田ヶ岡の共同墓地に集合して大念仏を競ったが、明治初年に別々に分れた。大念仏とは、太鼓、鉦、ほら貝などを奏しながら新盆の家をはじめ、村の各所をまわるもので、最後に村の墓地に集合し、手松明に点火して高さ二〇メートルほどの柱松めがけて投げ上げる。先端の「ツボケ」が燃えつきると三方の綱を切って倒す。倒れる方向で年占いを行なう。

⑧松上げ　福井県遠敷《おにゅう》郡名田庄村　8/24　麻と竹で骨組みを作り、わら、籾がらを入れた「もじ」を、高さ二〇メートルほどの「とろ木」の先につけ、これに小松明を投げ上げて点火する。愛宕神への献火行事であり、火種は近くの通称愛宕山からとる。

も取り入れて柱松行事を発達させた。

こうして大型化した柱松は、盆行事としての役割を果たす一方、村の中心行事となり、村人は彼らの一番切実な思いをそれに託すようになる。それが豊作の祈りであれば、神霊の依りついた柱の倒れる方向で豊凶を占い、疫病退散を願っては、柱松の炎が悪霊を払ってくれることを期待した。巨大な柱松に、村の歴史、村の誇りを託する事もあった。そして今では、過疎に脅かされる村で、柱松の光に、離れてゆく村人を引き戻し、村を再生へと導く力を期待する……。

柱松は地方によって、その名称、笠の材料や形状、先端につけるかざり、点火法、倒し方、並行して行なわれる行事、柱松の意味づけなどにそれぞれ特色がある。ここでは現在行なわれているもので、比較的花脊、広河原の松上げに近い形のものを選んだ。

●参考にした文献

『日本祭礼地図II』　上野晴朗『やまなしの民俗下巻』S48　小林忠雄、高桑守史『能登=寄り神と海の村』S48　長岡博男『加賀、能登の生活と民俗』S50　和歌森太郎編『志摩の民俗』S40　田中義広「志摩の大念仏と柱松」まつり通信No.126「わかさ名田庄村誌」S44「兵庫県青垣町史」「山口県緊急民俗資料分布調査」S49「大分県史料21第七部民俗編」S37「京都府加佐郡誌」T14

●おせわになった機関

山口県光市立図書館　山口県周東町立図書館　兵庫県青垣町役場

⑨京都市左京区花脊八桝町　8/15、久多　8/23、広河原　8/24　⑩京都府北桑田郡京北町小塩、美山町芦生、鶴ヶ岡　8/24　本文参照。

⑪**揚松明**　京都府舞鶴市高野城屋・雨引神社　8/14　小松明を投げ上げて笠に点火するのだが、笠の中に大竹を立て、その先端に幣をつける。竹が燃えて、この幣が落ちた方向で豊凶を占う。行事の起源には、雨乞い説と大蛇退治説がある。大蛇退治説とは、娘を大蛇に飲まれた郷士が仇を討ったが、その大蛇を供養する、あるいは大蛇の物凄さを象徴するため始まったというもの。

⑫**高台あげ、大かがり火**　兵庫県氷上《ひかみ》郡青垣町山垣　8/24　山垣城址大手門で、高さ六メートル、末口一〇センチの丸太の先頭に、芝一八束と青竹を縛りつけ、松明とする。枯竹を割って作った小松明を投げ上げてこれに点火する。この大かがり火は、害虫駆除として三千石以上の大名にのみ許可されたものと伝えられている。

⑬**柱松**　山口県玖珂《くが》郡周東《しゅうとう》町祖生《そお》　8/15、山田　8/19、落合　8/23、熊毛町中笠野（八月盆）　⑭山口県光市小周防　青年団の行事のため、日程は毎年異なる。行事の起源は。享保、宝暦あるいは天保年間に、疫病退散を祈願することであったと伝えられている。行なわれる場所は主に河原で、数本の柱松を立て地上から松明を投げ上げて点火する。竹と麦わらで作った鉢の中に萩や桐の葉を詰め、真中に天下泰平、五穀豊穣、牛馬安全と大書した長旗を立てる。

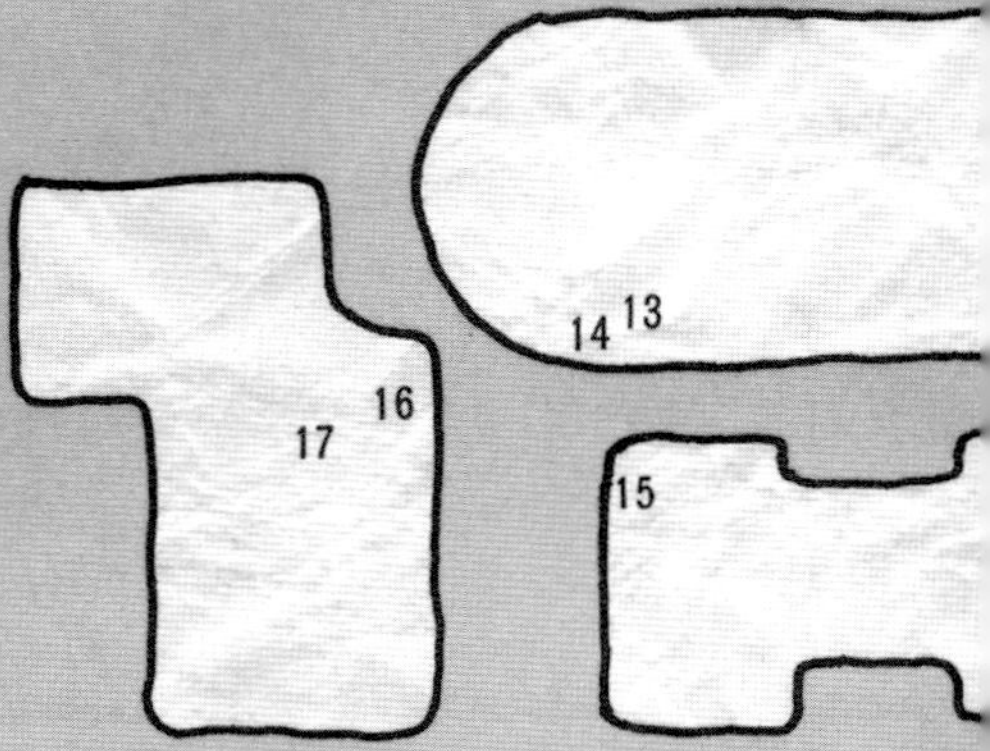

⑮**柱松**　愛媛県八幡浜市五反田　8/14　起源は、天正十三年、天神山城が攻撃を受け風雲急を告げた際、加勢に馳せ参じた金剛院を、城兵が敵とあやまり銃殺してしまった。この夜から不吉・不幸が続いたので、金剛院の霊を慰めるために始めたものという。五反田川原に、十数メートルの柱の先に直径三五センチの「ジョゴ」をしかけた柱松を立て、九地区から選ばれた若者が順番に火のついた松明を投げ上げて競う。ジョゴには花火が入っていて、命中すると燃える。

⑯**柱松明**　大分県杵築《きつき》市八坂出原　8/14　竹と麦わらで漏斗型の籠をつくり、これを高い柱に結びつけて松明を投げ入れ、柱の倒れる方向でその年の吉凶占いをする。

⑰**投げ松明、柱松、ホンヤマツ**　大分県直入《なおいり》郡久住町一帯　8/13・8/14　盆行事で、高さ一〇センチほどの杉の木、または竹の木の先端に、「ハチ」という竹製の籠をとりつけ、そこに小松明を投げ入れる。また、この近辺では盆前後に田の畦に多くの小松明を並べてともすコダイ行事が行なわれる。

参考

㋑**小菅神社例祭**　長野県飯山市瑞穂小菅・小菅神社　7/14・7/15　三年に一度柱松行事が行なわれる（御輿の渡御は毎年）。柴を束ねた径二メートル、高さ三メートルの柱松が二本立てられ、太鼓を合図に少年が柱松の頂によじ登って、火をつけて燃やす。東が早いと天下泰平、西が早いと五穀豊穣といい、倒された柱松の尾花は魔除けの護符に人々が争って取り合う。このほか山伏による験比べや護摩供養が行なわれる。

㋺**柱祭**　長野県下高井郡木島平村穂高内山　七月第三土曜　萱を束ねた高さ約六メートルの柱松明に点火し、その下を神輿が暴れ回る。また倒れた方向により年占いをする。

㋩**火振り祭**　滋賀県蒲生郡日野町上野田・五社神社　8/14・8/15　夕方、氏神に勢揃いした村人は、稚児三人を中心に、それぞれ三メートル近い松明に火を点じ、行列でひばり野に向い、数本の老松を目がけて百数十本の松明を投げ上げる。枝に松明の火が多くかかるほど豊作だといわれる。このような自然木の上に火を投げ上げる行事は、柱松の古形の一つを示すものと思われる（柳田國男「龍燈松伝説」定本11）。

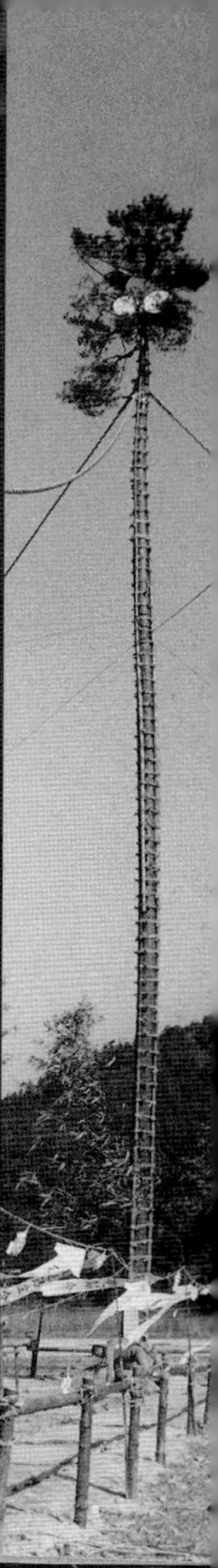

桜江町八戸の大元神楽の「天照大神の舞」
右上・岩国市行波《ゆかば》の神舞《かんまい》の柱松
右下・行波の神舞の神殿の切り飾り

神楽拝観記

—中国地方の神楽—

文　牛尾三千夫
写真　須藤功
田地春江
岩田勝

桜江町八戸の大元神楽の「山勧請《やまかんじょう》」。大幣を持つのは牛尾三千夫

　里神楽の盛んなることは、日本国内でも中国地方が最たるものであろう。もっとも五県の中、鳥取県だけは例外であるが、神楽組の多いことは広島、島根両県共にその数は百団体をはるかに超え、岡山、山口両県がこれに次ぐものである。

　昭和五十四年（一九七九）二月三日付の官報告示によって、中国地方四県の岡山県の備中神楽、広島県の比婆《ひば》荒神神楽《こうじんかぐら》、島根県の大元《おおもと》神楽、山口県岩国市行波《ゆかば》の神舞《かんまい》が、重要無形民俗文化財として指定された。指定の条件として五十四年度以降向う三ヵ年間に国費等の補助金によって、伝承者の養成・現地公開・記録作成及びその刊行を実施することとなった。これらの指定によって、俄《にわか》に中央の学者たちの注目するところとなり、現地公開などに遥々見学者も多くなり、中国地方の神楽が問題視されるようになった。

　以下、私は各地の現地公開を拝観したのでその印象記のようなものを記し、また、指定以外の重要と思われる神楽も取りあげて触れてみたい。神懸《かみがか》り託宣の行われている神楽はもう少なくなったが、このことに力点を置いて述べることとする。

●比婆《ひば》荒神《こうじん》神楽

時移りて　新霊は祖霊となり給ふ
風花散り来　荒神の森

牛尾三千夫著『続　美しい村』より

国指定を受けた中国四県の内、最初に現地公開の行われたのは、備後の比婆荒神神楽であった。昭和五十四年九月二十九日から翌三十日にかけて、広島県比婆郡東城町竹森で三十三年目に一度行われる同地の岡田名《みょう》を本当屋とし、他の十二名《みょう》を添え名《みょう》とする神楽に併せて行われたのであった。

蟶野《までの》の荒神神楽

私が初めて荒神神楽を拝観する機会を得たのは、昭和四十年（一九六五）十一月二十四日から二十六日まで、三日二夜にわたたって行われた東城町蟶野（戸数十二戸）に於いてであった。

この時は惨憺たる思いをして拝観までに漕ぎつけたのであった。神楽の催しのあることを知らせて下さったのは、当時東城町の高校に勤めていられた難波宗朋さんからであったが、この報らせを聞くや直ちに蟶野部落の世話人の方へ、是非拝観したき旨をお願いしたところ、部外者は一切拝観まかりならぬと言うきつい報らせに接したので、私は神職であるから威儀を正して参上する。写真や録音は一切とらない。ただ拝観するだけを許して欲しいと申上げた。すると再び返事が来て、外部の者が来ると祭場が汚れて、神懸り託宣が完全に出来ないかも知れぬ恐れがある。来ることをあきらめてほしいと言う手紙であった。この上は県や町の関係者を通じて懇請してもらうより方法はなく、八方手をつくしてお願いしてもらった。早稲田大学の本田安次先生にも来られるよう前以って御通知しておいたことを、一応取止めてもらうよう速達を出した。明後日が神楽の初日であると言う二十二日の朝電話があり、拝観してもよろしいと言う知らせがあった。その時私は私一人に拝観を許して下さるのなら、今一人拝観したい方があるので二人行くことを許して下さいとお願いして、本田先生へこの旨電報を差上げた。

今度は拝観することだけをお願いしたのだから筆記類だけを持参して、十一月二十四日の早朝家を発ち、山陰線から伯備線経由で新見《にいみ》駅で下車すると、東京始発の新幹線で来られた本田先生と、発車直前の芸備線の汽車の中でぴったり出合って驚いた。東城駅に下車すると五来重先生が居られた。迎えに出て下さった難波先生の車で蟶野へ向い、二十四日の前神楽から本神楽、灰神楽の終った二十六日の午後まで、同地の宮尾政登・広子御夫妻の家でお世話になった。

名《みょう》と本山《もとやま》荒神

元来、備後備中地方に行われて来た荒神神楽は、「名」を中心とした一族一門の祖霊本山荒神の年祭に行われる神楽で、東城町では三十三年目に、西城町では十三年目に行われるが、人死して三十三年を経過すると、新霊は祖霊本山荒神の列に加入するために行われるものであった。

一族一門の名頭《みょうかしら》とは、本山荒神・本池水神・種池・苗代田を所有するのが、その名頭の権威であった。そして祖霊本山荒神の祭地は、また一族一門の墓所の近くにあった。

古くは神殿《こうどの》を舗設して、次のように四日四夜にわたって行われるのが古儀であった。

初日　おはけ立、神職集合、当屋浄め、竈ざらえ、
　　神迎え
初夜　七座の神楽、土公神《どこうじん》遊び
二日　小神遊び
二夜　七座の神事、荒神遊び
三日　神殿清め、神殿移り
三夜　七座の神事、本舞、白蓋《びゃっかい》引き、能舞
四日　五行舞、龍押《たつお》し、鱗《うろこ》打ち、荒神の舞遊び、
　　神送り
四夜　灰神楽（へっつい遊び）

前神楽と灰神楽は本当屋で行われ、本神楽は新しく仮設された神殿で行われた。最近のように神殿を新設せぬ場所には、前神楽は小当屋で、本神楽と灰神楽は本当屋で行われる。今は四日四夜にわたって行われることはなくなり、三日二夜か二日一夜の神楽である。

昭和五十四年（一九七九）九月二十九、三十日に東城町竹森で行われた現地公開を拝観して、私は昭和四十年十一月に拝観した同町山中の鯉野に於ける荒神神楽と比較して、神楽本来の姿の失われて行くもののあることを知り、かなしまざるを得なかった。

荒神の神楽を初めて見られた東京や京阪地方の学者達は、皆それなりに深い感銘を受けられたことは多々あったであろうが、十五年前私が最初この神楽を拝観した時の驚きに比すると、「変ったなあ」と言う嘆息が先に立って、これでよいのだろうかと思ったのは杞憂であったのであろうか。「鯉野名」では、戸数十二戸で、三日二夜のこれだけの神楽が出来ることに先ず驚いた。必要とする神楽費が何程であったかは聞かなかったが、恐らく我々の想像を遥かに超えた額であったろう。三十三年経った神楽山の毛上を売却してその一部に当て、残りの額の半分は本当屋の負担となり、残り半分を十一戸の名《みょう》内《ない》各戸で負担するのだと聞いた。

龍押しと神懸り

鯉野で荒神神楽の神懸りを初めて見たのであった。前神楽での神懸りと、本神楽での神懸りは、その神懸りに入って行く方法は同じでない。このことは後述するのでここでは触れないが、夜明けの五行祭が済んで朝食のお粥が出た。食後小憩して一同白衣、袴の裾をからげて、草鞋ばき、鉢巻き姿となり、本当屋の門田《かどた》には中央に注《し》連《め》が張られて、祖霊側の神職三、四名は注連内に入り、龍押し用幣を手にして龍蛇の入り来るを待機している。

一方、新霊側は龍蛇の頭に龍頭幣を合せ持って神職四、五名に、名内の男子残らず龍蛇を小腋にして、笛太鼓のはやしに、ものすさまじく門田に突進して来たり、神歌《かみうた》

東城町竹森荒神神楽の荒神迎え。左・当屋に着いた荒神。中・湯立てのあと、荒神の森に鎮まる本山三宝荒神を迎えに行く。右・斎場の当屋を清める湯立て

の後相互の問答に移るのである。

　この朝しきりに風花の散る中で、長い問答が交わされて後、中央の注連縄を刀で切って、鬨《とき》の声を発して乱入し、祖霊側の神職を追い廻し、これを捕えて龍蛇で巻き付ける。四人居れば四人全部を捕えて巻き付けねばならない。祖霊側は身軽であるから門田の中を縦横に逃げ廻る。新霊側は龍蛇を長く延《は》えて逃さぬようにこれを追い詰める。私はこの風景を見ていて古代の神遊びは斯くありしかと感嘆久しうした。この時くらい深い感銘を受けたことはなかった。

　龍押しが終ると神殿に入って、龍蛇を東西の柱に引き延えて「鱗打ち」が行われ、ここで始めて新霊は清まって祖霊の列に入る資格を得たのである。このあと荒神の舞納めの神懸りが行われる。この神懸りは新霊の祖霊本山荒神に加入したことを意味する神懸りである。

　前神楽の神懸りと、本神楽の神懸りの違いは次の如くである。これは昭和四十一年（一九六六）二月四日から六日まで記録作成のために、東城町世直《よなおし》神社を小当屋とし、東城町公民館を舞殿として行われた時のことである。

　世直神社で行われた前神楽の神柱《しんばしら》は小奴可《おぬか》の中島一史官司であった。舞処の中央に荒神の神座として籾俵《もみだわら》が据えられ、遊幣《あそびべい》を俵に立て、さらに白木綿を延べる。神座に向って神柱が右手に扇を左手に鈴を持って着座する。神柱となる神主を別名「軸に立つ」とも、また「軸に据える」ともいう。神柱と俵を挟んで向い合って、太鼓・合調子・笛の楽人が着座、神柱の右側に奉幣《ほうへい》の斎主《さいしゅ》、左側に助斎の神職三人が着座する。修祓後、サンヨ長唄にて神柱は立って扇と鈴で一さし舞う。終ると神勧請《かみかんじょう》の太《たい》鼓祝詞《このりと》に入り、祝詞が終る頃に神柱の浄衣を脱がせる。ついで千早《ちはや》落しの調子に入ると、神柱は白木綿を両肩に懸け、その端を持ちながら舞う。太鼓の調子が急になると斎主はオーの声を発して奉幣を神柱の頭上に振ると、次第に神懸りの状態に入り、太鼓の追込みがいよいよ急調子になると大声を発して神懸りする。助斎の神職はすかさず神柱の腰を抱き、軸幣《じくへい》を握らせて俵に腰をかけさせる。太鼓は神楽調子に変わる。荒神の癇《かん》の強い時には青竹の軸幣も割ってしまう。折れるとまた新しい軸幣と取替えなければならない。助斎の神職は神柱より神籤《しんせん》を

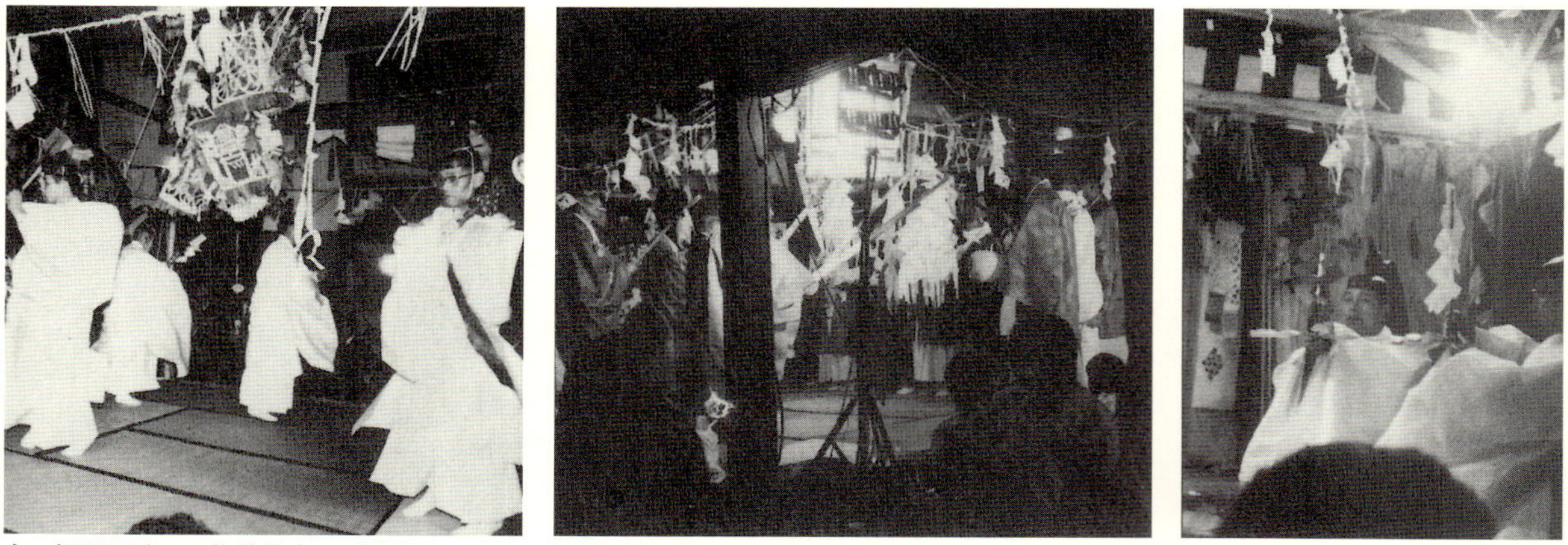

左・東城町粟田の荒神神楽の「神迎えの舞」。白蓋を揺らして神の降臨を示す。中・東城町竹森の荒神神楽の神殿に遷ってきた荒神。右・西城町中野の「神迎え」。七座の舞の最後の舞で、四方の神を示す幣を扇の上に立てる。

頂く。斎主再度奉幣にて神柱の頭上を祓えば神懸りはとける。神柱は助斎の神職の背に負われて別室へ伴いて休息させる。一同成就祝詞を奏上して終わる。

　この世直神社での前神楽の神懸りで、私が驚いたのは神柱が神懸りに入る寸前、手に持って舞っていた扇と鈴を手から無意識のうちに前方へ投げ打ったが、それは六、七尺前方の同じ場所に、恰《あたか》も手で持って行って揃えて置いたように投げられたのを見た時である。鈴は重く扇は軽いのに、それが等距離に揃えて置いたように投げ飛ばされたのを目にした時は、これは正しく人間業《わざ》では出来ないことである。神技《かみわざ》と言う言葉はこのようなものを表現する言葉であったのだと思った。

　本神楽での神懸りは、昭和四十七年（一九七二）十二月一日から三日東城町粟田で行われた時であった。この時の神柱は西城町白山神社の佐々木克治宮司であった。神柱には一人の附き人がおり、すべて神柱の用務を処理するのがその役目である。神柱は神懸りに入る前に小川に下りて水垢離《みずごり》をとって来る。

　この夜は昼間五、六寸の積雪があって、夜更けて霜が下りた。この粟田では寒い初冬の夜であるのに、一切神殿内には火の気はない。火にあたって神楽を拝するのは神様に対して不敬にあたると言って火の気はない。火にあたりたければ屋外に出て斎燈にあたるのである。当屋は臨時の桟敷が仮設されて板で風よけが施されてあるが、その板の隙間から吹き入る風は身に沁みて寒く、当夜東京から来られた吉野裕子さんは、寒さにふるえ唇の色が紫色をさしていたので、斎燈で少し身体を温めて来なさいと私は親切心で申上げたのであるが、斎燈にあたって居られた間に神懸りがあって、身を温めて席にもどられた時には既に神懸りは終った後だった。折角神懸りを拝観するために来られたのに、一番大切な時間に席に居なかったのを悔まれること甚だしく、それは私が火にあたることをすすめたためだったので、私を恨まれたわけではなかったが、私としては申訳けのないことであった。今も吉野さんに会うと何時もこの夜のことを思い出すことである。

　さて前にかえって、神柱の佐々木宮司が付け人に伴なわれて小川から帰られたのを見ると、裸身は水雫が落ちていた。既に顔は神懸りに入っていられるような状態に見受けられた。

祓主が出て、

御遊び仕奉る白山神社宮司佐々木克治伊、喪无久事无久仕奉良志米止白寸

天清浄　地清浄　内外清浄　六根清浄　清米氏汚伎物溜里無介礼婆穢礼波在良自　内外乃玉垣清志　清良加奈礼止白寸

右の「六根清浄祓」についで、「神前本山の祓」「三種の祓」が終ると、神柱は静かに立って一さし舞う。以下、神懸りするまでの方法は、前神楽の時の荒神遊びと大同小異である。当夜も太鼓の名手中島三郎宮司の撥《ばち》さばきは、その歌ごえ、神楽歌の詠法の妙なることと共に、神柱をして神懸りに追い込んで行く時の流れは、神勧請の太鼓祝詞の間は龍蛇にもたれて静かであるが、太鼓が千早落しの曲に変ると、肩にかけた白布を両手にして舞う内に大声を発して神懸りする。この間二、三分の時間である。すかさず助斎の神職が出でて神柱の腰を抱き、軸幣を手に握らせて腰俵にかけさす。数人の者が鈴を振り「鎮り給へ〳〵」と連呼する。この夜神柱は青竹の軸幣を三本握りつぶした。軸幣は三本しか用意してなかったので、四本目は木串の奉幣を握らせて漸く静まったが、握って手一杯ある青竹は簾《みす》のように握りつぶされていた。これを見て驚かぬ者は誰一人となかった。そして神懸りして龍蛇につかまっていた瞬間の恐しい顔は鬼の顔であった。今まで神を信じなかった人でも目のあたり神の怒りを見て、神を信ずる人となったことであろう。

竹森の荒神神楽―前神楽

国指定による最初の現地公開はこの東城町竹森で行われたが、期日が初秋のしかも台風襲来を予告した蒸し暑い日であったので、荒神神楽の行われる本来の晩秋初冬の頃と比し、いささか季節感にずれがあった。

二十九日の正午から同地の平石篤二氏宅で前神楽が行われた。参集の神職は斎主の広田千秋宮司以下東城西城から二十四人と、神楽太夫《かぐらだゆう》横山汎氏以下十一人であった。

門先には「奉斎岡田名本山三宝荒神年番大神事不浄之輩不可入矣」の示標を立て、オハケに迎幣が挿してある。神楽の庭に入る者は、この迎幣を手に取って神歌を誦すれば、内より返しの神歌があり、然る後、中に入ることを許される。

正午から庭前で湯立《ゆだて》が行われ、つづいて荒神迎えが行われた。荒神迎えには神職二人ずつ差し向けるので、十三名《みょう》あるから二十六人と、その名内の氏子数人を必要とする。荒神迎えから次々と帰って来ると神歌の応唱があって、迎えられた荒神の神体は神殿の四方の棚に安置される。

前神楽は七座の神事から始められた。七座の神事というのは、打立《うったて》・曲舞《きょくまい》・指紙《さすがみ》・榊舞《さかきまい》・猿田彦《さるたひこ》・莫座舞《ござまい》・神迎えを称し、出雲佐陀《さた》神楽でいう剣舞《けんまい》・清目《きよめ》・散供《さんぐ》・勧《かん》請《じょう》・祝詞《のりと》・御座《ござ》・手草《たぐさ》に当るものである。

一、打立　神迎えの試楽で、その楽の順序は、長唄、サンヤ調子、千早落し、曲舞、鬼調子の順に行う。

二、曲舞　座ならしの舞で右手に扇、左手に幣を持っ

て一人ずつ出でて舞う。
三、指紙　役指《やくざし》の舞で二人出で、右手に鈴、左手に竹串に半紙を挿したものを持って舞う。
四、榊舞　二人出で、右に鈴、左に榊を持って舞う。座清めである。
五、猿田彦の舞　初め阿人《あど》出でて猿田彦の神徳を述べて舞い終わると、猿田彦狩衣《かりぎぬ》にシャグマを着け、鼻高面を冠り、右手に扇、左手に榊を持って出でて舞う。楽の調子が変わると反閇《へんばい》の所作に入り、太刀を持って舞い、最後にまた扇と榊の舞となる。
六、莫座舞　一人舞、前段は鈴と莫座、中座は扇と莫座、後段は莫座飛びをして、その莫座を神前に敷いて退下する。
七、神迎え　四人舞、衣冠束帯で座の四方に着座し、再拝拍手が終わると、御幣使が一人四本の幣を首に挿し、五色歌を歌いながら出で、着座の四人に東南西北の順に青赤白黒の幣を渡すと、四人その幣を水平に開いた扇の上に立てながら神歌を唱して受け取る。四方拝が終わると神迎えの神歌を一人ずつ次々に連誦しながら太鼓に合せて舞う。

　七座の神事の中で最も美しいのは榊舞の笛の調べと神迎えの優雅さである。榊舞の舞い方と音曲の美しさは恐らく宮廷の大和舞《やまとまい》などの影響であろう。神迎えは優雅にシンメトリカルな舞い方を必要とするもので、神職の中でも古参の経験者が奉仕する。太鼓の調子もサンヤ調子から長唄へ、曲舞節から舞上御神楽へと、従ってこれに伴う神歌も次々にその歌節も変ってゆき、儀式舞の中の白眉である。

　七座の神事が終わると、休憩後に土公神《どこうじん》遊びが行われた。神座を背にして神柱となる神主三人着座し、前に田植太鼓（西城では弓を使用）を置き、座の中央に籾俵を置いて土公神の神座とし、その俵に元幣を挿す。土公神の神座と田植太鼓の間に細長い巻き藁を、白布を延べた上に置き、その巻き藁《わら》に名内の数ほどの三色の土公神幣を挿す。神柱の神主と向い合って名内の氏子着座し、その前に机を置いて各自持参の神酒鏡餅一重を供える。神柱の右方に斎主と太鼓役が着座、神柱は肩に白布をかけ遊幣《あそびべい》を首に挿す。この遊幣は神占が終ると願主へ渡すものである。

　土公神遊びには色々順序があるが、最も神秘を感じ神厳さにうたれるものは、神歌を太鼓方と掛合いながら盆の中の神米を揺り動かし、さびるようにして神意を占う場面である。神籤《しんせん》をうかがい吉凶を神柱より各自受け持ちの氏子に告げ終ると次の神歌を歌う。

〽この盆におりてなおりて　からくらもの　ひんもの手にもち　まんねきまねく　〱　いや　いや　いや　とんと　みくらないと　〱

　次に太鼓と合奏、神柱は田植太鼓を叩きながら、

〽ゆりあぐる浜のまさごの数よりも
　　尚よろこびは吾後世の時
〽一度は神前納む住吉の
　　二葉の松の千世を経給へ

ひとしきり終わると願主交代して再演する。
土公神遊びが終って、小当屋の行事は終わり、夕食後

夜に入って神殿移りの渡御式が今夜からの祭場である大当屋の真安登美恵氏宅に向って行われた。真安家は藩政時代当地方の割元庄屋を勤められた旧家で、高壮な屋敷はすべて青畳を敷きつめ、舞殿となる一間の四周に棚飾りがせられ、中央から千道《ちみち》を延え白蓋《びゃっかい》をつるして、岡田名本山荒神以下十二名の荒神を奉安して、すべて本神楽への準備は終った。

竹森の荒神神楽――本神楽

本神楽は再度七座の神事から始まり、終って斎主広田千秋宮司以下着座、修祓、神饌を供して、祝詞奏上、白蓋を引いて、玉串拝礼、神酒の披露があって前半の儀式は終了する。

白蓋は天井があるために千道と共に吊ることが不可能で、一間距ててその次の間につられていた。これが昔のように神殿《こうどの》を新設して行う神楽であったら、また天井のない民家であったら舞殿に吊り下げることが出来るのであるが、現今のような家の作りでは、いかんともすることが出来なくなったことが、本来の神楽祭式を不可能にした。このことは重大な問題である。

小憩の後、能舞《のうまい》の岩戸、国譲り、八重垣の三曲が上演せられた。神楽太夫の演舞するもので、岩戸の段の猿田彦の演技は社主の横山汎氏の太刀・槍・薙刀《なぎなた》を採物《とりもの》とする演技で、一種の神技とでもいうべきもので、見ていても胆を冷やすような場面がしばしばあり、この人のなき後のことが思われた。

当夜、氏の父君とご子息親子三代にわたる神楽の家であることが披露された。このようなアクロバット的な演技は備後府中の道下太郎氏の折敷舞《おしきまい》の演技と双璧であろう。この後「国譲り」の舞があり、大黒さんの福の種の餅《もち》まきがあった。このまき餅はその年厄年に当たる者が小さな俵に入れて神に供饌したものである。夜食の後「八重垣」能があり、夜のしらじら明けに「王子舞」が舞われた。

王子舞は日本各地広く舞われる重要曲目の一つであるが、神懸り――託宣のある神楽では、平年は舞わなくとも式年祭には欠くことを許されず、古くは五行祭文を語ることが主体で、舞うことは従なるものであった。この地では盤古《ばんこ》大王が太鼓の上に座して長々と語られるのであるが、この「大王立ち」の役をつとめた舞太夫は神楽本を見ながらの語りで、声も細く、しばしば言いよどんで魅力に乏しかった。

龍押しの問答

王子舞がすんで、早朝大当屋の田の中で龍押しが行われた。荒神大神楽の眼目の一つとするものであるが、この龍押しの状況は前記したので、ここでは龍押しの際の問答だけ記すこととする。

田の中央と四周に注連縄《しめなわ》を張り、本山荒神勢の者四、五人は注連縄の中で待機する。一方龍蛇側は龍頭幣をもった神職を先頭に荒神下の氏子全員して、太鼓の囃に勢いすさまじく門田《かどた》に入って来る。ここで蛇側の「外」と本山荒神側の「内」と問答が交わされる。

外「国遠く雲井遥にへだたりてわが来にけるは神垣の内、

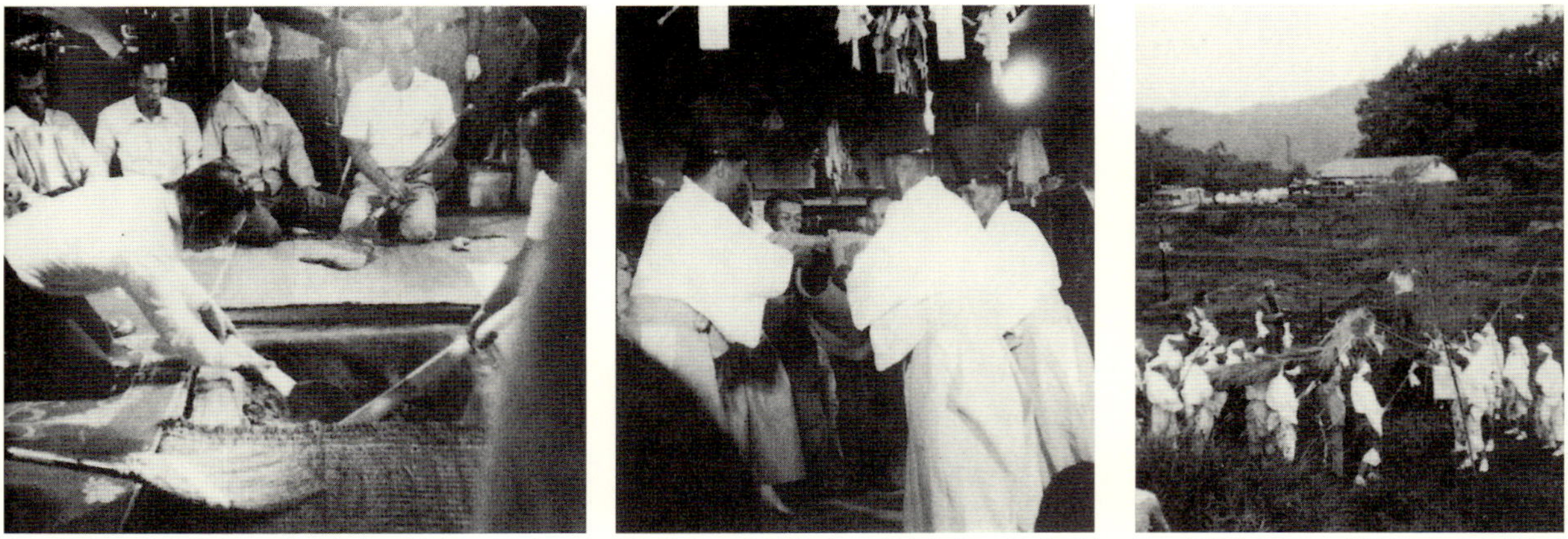

左・竹森の荒神神楽の「灰神楽の餅取り」。中・東城町竹森の荒神神楽の「恵比寿の船遊び」。右・東城町粟田の荒神神楽「神懸り」

案内申す宮の内仔細たづぬる神殿の内」

内「扨《さて》も不思議なるかなや。今朝の夜の明け方に丑寅《うしとら》口を見まいらせ候へば、さもすさまじき蛇体の姿にて、角のかかりを見給へば高山に古木の立ちたるが如くなり、眼のかかりを見給へば大盤石に鏡を懸けたるが如くなり、耳のかかりを見給へば千年も経たるホラ貝を逆さにかけたる如くなり、鼻のかかりを見給へば宝珠の玉を見上げたる如くなり、口のかかりを見給へば馬洗に朱をさしたるが如くなり、鱗のかかりを見給へば千剣を立てたる如くなり。斯《かか》る姿にて案内仔細と宣《のたま》うは如何なる者にて候かな」

外「さん候。かように申す候者は、山川大海を住家として衆生の苦しみを逃れたく候へ共その業《わざ》もなし。山に千年住い候節は楠の株太《かぶた》と現じ、山神大王に宮仕へ候へ共鱗一つだに落つべきようもなし。川に千年住い候節は海老の巣と現じ、水神午王《ごおう》に宮仕へ候へ共鱗一つだに落つべきようもなし。海に千年住い候節はあらめの株太と現じ海神龍王に宮仕へ候へ共鱗一つだに落つべきようもなし。此度岡田名本山三宝荒神の三十三年御綱《おつない》入れ大神事ありと承り、遥々参りて候が、何卒《なにとぞ》神殿の内に入れ宮仕へ致させ給へやの―」

「参ろうや」「参ろうや」

内「さればにて候。山に千年川に千年海に千年の齢を保ちたる行体にて遥々尋ね参り候ものなれば、本山荒神の由来を細《つぶ》さに語り候へ、然らば神殿の内に入れ申さん」

外「されば仰《おおせ》には候へ共、素《もと》より蛇性の事なれば左様なることを委細に知るべきようは候はねども、あら〳〵語り申さん。抑々《そもそも》荒神と申すは水火土の大徳を祭り申すよし承りて候。総じて天荒神、地荒神、三宝荒神、臍緒《へそのお》荒神、湯荒神、午王荒神、火荒神、竈《へっつい》荒神などと申すよし承りて候。是にて神殿の内へ入れ給へやの――」「参ろうや〳〵」

内「なかなかのことにて候。たやすく神殿の内へ入れ難し。四季の歌を詠じ給へ。然らば入れ申さん」

外「蛇性のことなれば、かかる歌を知るべき様もなし、早々入れ給へ」

内「然らば上の句を詠じ申さん程に、下の句を付け給へ」

以下四季歌の応唱あって、蛇勢は注連内乱入して、本山荒神勢を追いまくり、これを捉えて龍蛇を巻きつけ、終って神殿《こうどの》に帰り鱗打ちの行事の後、荒神の舞納めの神懸りがある。

かくして本神楽は、一切成就祓に次いで、

「結願成就の神文に曰く、福徳円満感応成就」

と連唱して千秋万歳となる。少憩後、荒神送り、土公神送り、小神送りを行う。本山荒神祠の神木に蛇の頭を西方に向けて、胴や尾で巻きつける。軸竹を前に立て注連を張り、ユグリの蓋に皿を伏せ荒神祠の下に埋める。また家々の土公神には銭旗《ぜにばた》を送るのが慣しである。

灰神楽

灰神楽は「三日の祝」ともいわれ、また竈遊びとも称している。大当屋のイロリを中心として演出するもので、狂言風の古態を残すもので、手草《たぐさ》の段・土公神祭《さい》文《もん》・宝廻し・餅取り・えびすの船遊びの五段の能を言う。

先ず打立《うったて》、曲舞《きょくまい》から始める。

一、手草の段　一名年神《としがみ》の能とも称し、翁媼《おきなおうな》二人が出て、手に笹と鈴を持って舞う。舞い終わると年俵の上に腰をかけている処へ、花守と称する老翁が出でて、年神へ神饌を供す。その所作は滑稽にして年神を怒らせたり悦ばせたりする。最後に年神大笑して幕となる。

二、土公祭文　炉の中央及び四隅に五行幡《ごぎょうばた》を立て神職が連座して土公祭文を唱える。五行祭文と同趣旨のもので節廻し面白く、本来は長文のものであった。

三、宝廻し　宝を廻そうやと唱えながら神職、名頭以下イロリの周囲に連座して、最初に折敷《おしき》の中に一文銭を入れたものを勘定しながら廻す。一文一文でなんぼうじゃ、二文、二文二文で何んぼうじゃ、四文、四文四文で何んぼうじゃ、八文、という風に倍勘定で廻していき、勘定出来なくなると、この位沢山に金がたまったと喜んで大笑する。次は神饌や俵など廻して大騒ぎして喜ぶさまを演ずる。

四、餅取り　大当屋、小当屋の主人二人出て、一人は火男の面を冠り、一人はおかめの面を冠ってイロリ端に出て来る。イロリの火に餅をくべて焼く。その餅をおかめは杓子で掬おうとするのを、火男は擂粉木《すりこぎ》でたたき落す。双方奪い合いして、擂粉木と杓子に餅がくっつく。男女和合の擬体であろう。またこの餅取りに先だって、嫁、聟、姑がはげしく内輪喧嘩の一段を演ずることがある。聟は嫁の味方となるが、そこへ神主が出で来り、折角の大神事の行われる時だと仲裁して和解に至り、めでたしめでたしで終る。

五、恵比寿の船遊び　新しい筵《むしろ》で船形を造り、その中へ種俵《たねだわら》を載せる。大当屋の主人がその船に乗り種俵に腰をかけると、一同伊勢音頭で囃しながらその船を台所の恵比寿棚の下まで曳いて行く。一人の神主が障子をバタバタ敲《たた》いて鶏鳴《けいめい》を発すると、すべて千秋万歳と四日四夜の神事は終了する。

以上は灰神楽の概要を説明したのであるが、今度の現地公開では「手草の段」以外は感心出来なかった。それは神職が参加せず、舞太夫と名内の氏子だけの演出であったため、灰神楽が如何なる意義を有するものであるかを理解していないからである。やがて泯《ほろ》びゆく一歩手前だと言う感が大きかった。

御戸《みと》開き

昭和五十六年（一九八一）十二月四日から六日まで、三日二夜にわたる十三年目の式年荒神神楽が備後西城町栗《くり》で行われ、その後一週間して東城町竹森で本神楽執行後三年目に行う、「御戸開き」神事の夜神楽があり拝観した。

この夜神楽の席につどえる者は竹森の人々だけで部外者は岩田勝氏と私と二人だけであった。岡田名荒神迎えに行く午後三時頃には、風花が散っていて、雪の来る日の近いことを思わせた。古風の湯立行事が一時間を要して行われ、七座の神事、能舞が夜もすがら行われた。これが本当の昔の神楽と言うものであったような気がして、遠く石見野から来たことがこの地との繋《つな》がりを、いよいよ濃くして有難かった。翌朝直会をいただいて岩田氏と二人、難波宗朋先生の車で東城に出て帰路についた。

●備後の弓神楽《ゆみかぐら》と神弓祭《じんきゅうさい》

御久米とる　採る手の内のかがやきは
神の移りか　あらたなるもの

――神弓祭の神歌

立ち神楽に対して、座り神楽と称せられるものに、備後甲奴郡《こうぬ》上下町《じょうげ》井永《いなが》を中心としたその附近に行われている弓神楽と、比婆郡西城町及びその隣市町村に伝承されている神弓祭とがあり、いずれも広島県指定民俗文化財である。

弓神楽はこれまで何回か見学する機会があったが、昭和五十三年（一九七八）十一月二十六日に行われた、選択芸能指定の現地公開を参観して、二度ならず三度その神技に讃嘆した。先ず祭場の切り飾りの美しいことに目を奪われる。そして長編の土公《どこう》祭文を数時間、長短喜怒哀楽の声音に、時に掛合で語り、神歌を挿入したりして、聞く者をして洵《まこと》に恍惚の域に入らしむるものであった。田中重雄宮司と掛合いで語られる松浦主人《もんど》老宮司の美声は、これが八十歳に近い人かと疑いたいほどであった。

美しき切り飾りの斎場

弓神楽は、荒神の式年祭や、家庭祭祀としての土公神・年祝等に演奏される。多くは民家の奥座敷を斎場《さいじょう》（さにわ）として、神座の前に青御座《あおござ》を敷き、その上に揺輪《ゆりわ》を覆《ふ》せて据え、揺輪の下に御座藁《ござわら》十二本と半紙に包みたる少量の米を入れる。弓の弦を上方に向けて揺輪に結びつけ、その弦を打竹《うちたけ》で打ち鳴らしながら、祭文《さいもん》を唱えて演奏するのである。

なお、当日の斎場の設備は、揺輪の先方に土公幣《ろっくうへい》を立て、周囲に注連《しめ》を曳き廻らして、その注連に掛け雛《ひな》をかけ、中央より八方に千道《ちみち》を延べ、東南西北、中央の五方に王子旗《おうじはた》を垂らし、その美しさは目がさめるほどである。弓神楽では「切り飾り半祈祷《はんぎとう》」と言う言葉があり、斎場の設備が終るとその日の仕事は半分は済んだと言う

中国地方の神楽団分布図

凡例＝■国指定重要無形民俗文化財
●県指定重要無形民俗文化財
○無指定

出雲国（島根県）
50■八束郡鹿島町佐陀宮前　佐陀神能
51●大原郡大東町海潮　海潮山王寺神楽
52●大原郡大東町幡屋　大原神職神楽
53●大原郡木次町槻の屋　槻の屋神楽
54●出雲市見々久町　見々木神楽
55●飯石郡赤来町赤名　奥飯石神職神楽

隠岐国（島根県）
56●隠岐郡五箇村久見　島後久見神楽
57●隠岐郡西郷町原田　島後原田神楽
58●隠岐郡西ノ島町　隠岐島前神楽

石見国（島根県）
59○邑智郡川本町三原　三原神楽
60○邑智郡石見町矢上　矢上神楽
61○邑智郡瑞穂町市木　桜尾神楽
62■邑智郡桜江町市山　大元神楽
63●浜田市下有福町　有福神楽
64○浜田市長浜　長浜神楽
65●那賀郡三隅町井野　井野神楽
66○益田市久城　久城神楽
67●美濃郡匹見町　三葛神楽
68●鹿足郡日原町柳村　柳神楽
69●鹿足郡六日市町　抜月神楽

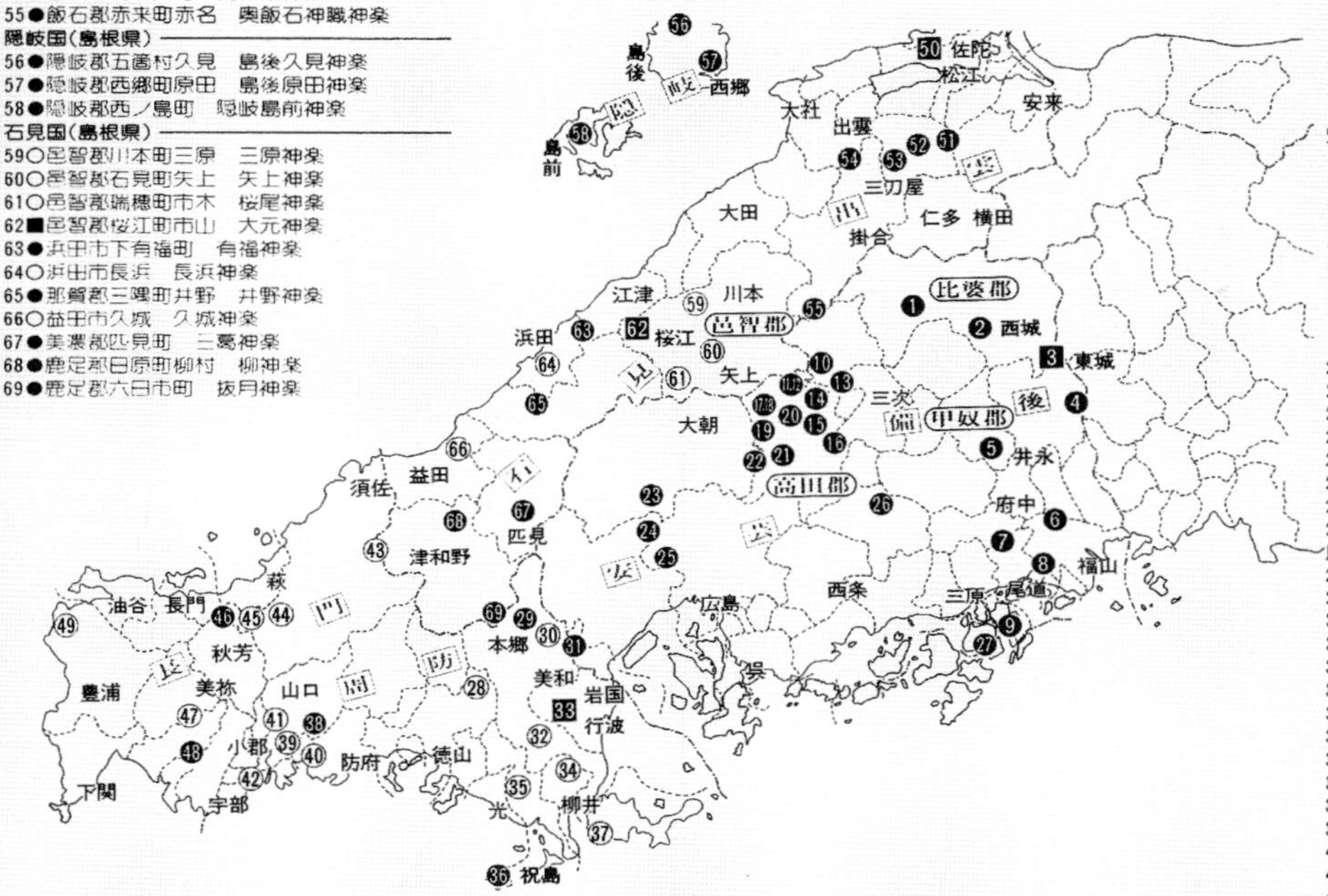

備後国（広島県）
1●比婆郡高野町・比和町　比婆斎庭神楽
2●比婆郡西城町　神弓祭
3■比婆郡東城町　比婆荒神神楽
4●神石郡豊松村　神殿神楽
5●甲奴郡上下町井永　弓神楽
6●府中市・芦品郡新市町　備後府中荒神神楽
7●御調郡御調町白太　御調神楽
8●福山市本郷　本郷神楽
9●因島市中庄町　中庄神楽
10●双三郡作木村伊賀和志　伊賀和志神代神楽

安芸国（広島県）
11●高田郡高宮町川根　梶矢神楽団
12●高田郡高宮町川根　山根神楽団
13●高田郡高宮町佐々部　佐々部神楽
14●高田郡高宮町羽佐竹　羽佐竹神楽
15●高田郡高宮町来女木　来女木神楽
16●高田郡高宮町原田　原田神楽
17●高田郡美土里町生田　青神楽団
18●高田郡美土里町生田　川角山八幡神楽
19●高田郡美土里町桑田　桑田神楽団
20●高田郡美土里町北　西尾山八幡神楽
21●高田郡美土里町本郷　津間八幡神楽
22●山県郡千代田町有田　有田神楽団
23●山県郡加計町加計　湯立神楽
24●佐伯郡湯来町水内　水内神楽団
25●広島市安佐南区沼田町吉田　阿戸神楽団
26●賀茂郡豊栄町安宿　豊栄神楽
27●豊田郡瀬戸田町名荷　名荷神楽

周防国（山口県）
28○徳山市須金・一升谷　須磨白砂舞
29●玖珂郡本郷町大字本谷　山代本谷神楽舞
30○玖珂郡美和町釜ケ原　釜ケ原神楽
31●玖珂郡美和町大字北中山　山代白羽神楽
32○玖珂郡周東町長野　長野神楽舞
33■岩国市行波　岩国行波の神舞
34○柳井市伊陸　伊陸の神舞
35○熊毛郡大和村　石城神楽舞
36●熊毛郡上関町祝島　祝島の神舞神楽
37○大島郡大島町日見　日見神楽舞
38●山口市大字上小鯖　小鯖代神楽舞
39○山口市大字鋳銭司　鋳銭司代神楽
40○防府市大字台道　繁枝神社代神楽舞
41○小郡町岩屋　熊野神社岩戸神楽舞
42○吉敷郡阿知須町小古郷区　阿知須代神楽

長門国（山口県）
43○阿武郡阿東町大字嘉年　厄神舞
44○阿武郡川上村字遠谷　川上神楽舞
45○萩市大字木間　木間の神代の舞
46●大津郡三隅町滝坂　滝坂神楽舞
47○美祢市東厚保町堀越　磐戸舞
48●厚狭郡楠町万倉　岩戸神楽舞
49○豊北町大字神田大川宮神社　みかがみ神楽舞

注＝この分布図に示してないが、備中地方（岡山県）には備中神楽社中が数十社あり、中国地方では神楽の盛んな地域である。

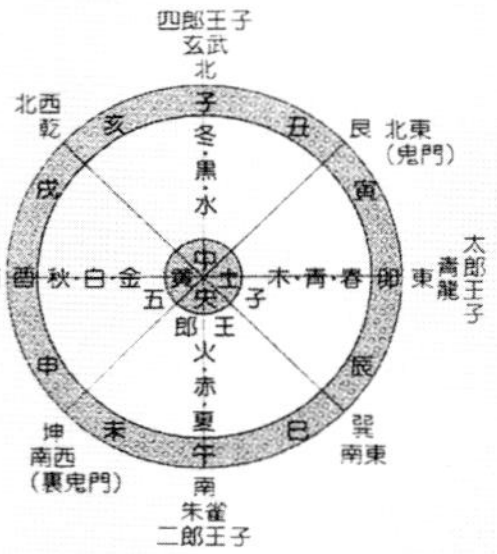

●方位と四神と五行

祭祀儀礼を理解する上で方位を頭に入れておくと便利である。東南西北を四季に配すると春夏秋冬、四神に配すると青龍・朱雀・白虎・玄武（祭礼の四神旗）となる。図はこれに中国の五行思想の五元気＝木・火・土・金・水と五色＝青・黄・赤・白・黒を配したもので、中央が土・黄となる。祭礼に用いられる幣や幡などには、各々の色をもつて方位や四神や四季が示されることが多い。また五行祭文に出る五王子も五行思想に基ずいて領域が配されている。ただ、五色のうち黒は紫色を用いることが多い。

意味である。約三時間を必要とすると言われ、早朝に行き切り飾りをすすめて、弓神楽一席終ると正午となる。一日五席するのが普通であるが、昨今では三席で済ます場合が多いと言われる。

正式には神職三人で行う。一人が弓を打って祭文を語り、他の二人は笛と合調子《あいちょうし》（手打ち鉦）または太鼓で囃し、時に音楽を停止して祭文を掛合ったりする。

今度は選択芸能指定のための現地公開であったので、文化庁主任調査官の榎本由喜雄氏をはじめ、東京から田地春江、フランスのモクレール・シモンさん等が見学に来られ、岡山から岩田勝氏も見えた。

今日の演奏は一日五席で、第一席では先ず祓詞《はらえことば》を唱える。次に弓始め行事をする。次に神《かみ》迎《むかえ》祭文《さいもん》を演奏して神勧請《かみかんじょう》をする。次に初願祝詞《のりと》を奏上する。終ると中食となる。第二、第三、第四席では五行祭文の演奏

左・神弓祭の土公神祭文のあとに行われる神占い。中・神弓祭で土公神祭文を打竹で打ちながら語る。右・西城町大佐の神弓祭の祝詞奏上の前、打竹で弓を交互にはさみ呪文を唱える。

である。第五席には手草祭文を演奏して祝詞を奏上する。次いで奉《ほう》幣加持《へいかじ》がすむと、おかぐら祭文を唱えて神意を伺う。それに散米《さんまい》(うちまき)の占いを以ってする。終ると神送りをする。次いで弓を解き千道を切り、放矢二度して千秋万歳となった。

数少ない弓神楽の伝承者

弓の打ち方には定まった規定はないが、祭文に合せて打つので自ら緩急高低がある。正確な楽譜があるわけではないから歌と語りの部分で差異があるが、仮に大別すると次の通りである。

一　御座歌節　鈴を振りつつ唱えるもの
二　本調子　弓を打ち鳴らし唱えるもの
三　急調子　本調子を速めて唱えるもの
四　掛合　弓を止めて二人交替で唱えるもの
五　弓上げ調子　弓上げの時唱えるもの
六　御神楽調子　内容に変化を持たせるための舞神楽の節で唱えるもの

このように弓神楽の演奏には、時に応じて緩急高低があり、その打ち鳴らす音色は勇壮にして、唱える祭文は長閑である。

かくのごとく、弓神楽の演奏はまことに容易でない。長篇の土公神縁起祭文《どこうじんえんぎさいもん》をはじめとして、弓始《ゆみはじめ》祭文・神迎祭文・手草祭文・造花祭文・おかぐら祭文・弓上げ祭文、そして祝詞、神楽歌に至るまでのすべてを暗誦していなければならない。それは一種の神技とも言うべきもので、その故に伝承者は数えるほどしか居ない。唯一人県指定保持者である、甲奴郡上下町井永八幡宮の田中重雄氏の外に、同町水永《みずなが》の岡田高市氏、芦品《あしな》郡協和《きょうわ》村(現府中市)の松浦主人氏、神石《じんせき》郡三和町階見《しなみ》の田原正章氏(五十二年物故)、同町上《かみ》の田中安一氏、双三《ふたみ》郡三良坂《みらさか》町の藤川加武呂氏、以上が今日まで残れる弓神楽の伝承者である。

この日第五席目の最終行事の放矢が済んだのは五時を過ぎていた。午前九時から午後五時過ぎまで、この間中食の一時間と一席終る毎の休憩二十分ずつ三回とで二時間の休憩以外の約六時間近く、弓を打って祭文を語られたのである。参集者は皆一種の雰囲気に酔心地であった。田中宮司はまだ若いから今後聴く機会はあるが、語りの相手役を勤められた松浦主人老宮司の美声は、恐らくこれが最後となるのではあるまいかと思えてならなった。そして今日の斎場の切り飾りは全く目の覚めるような美しさであった。この切り紙は数時間を要して松浦老宮司の作品であるとのことだった。

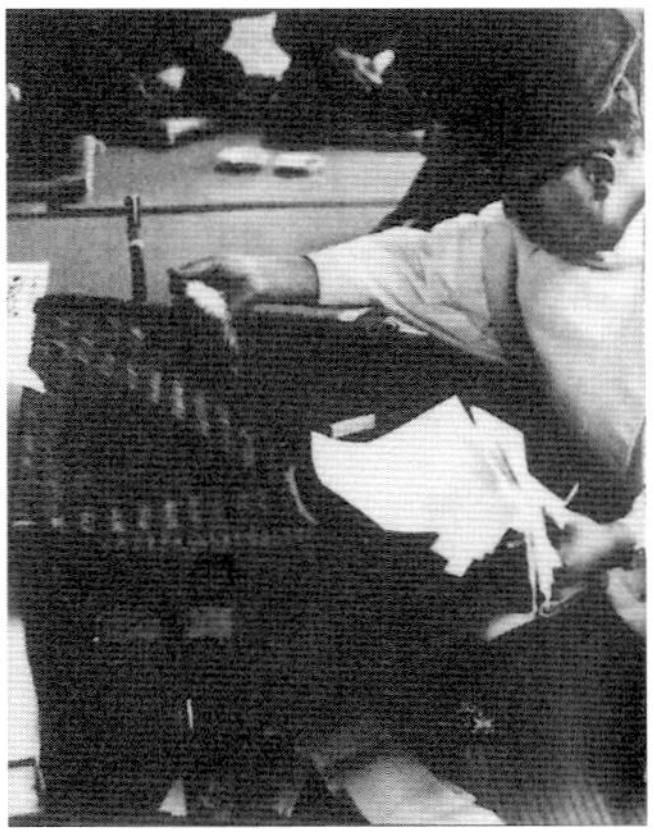

左・神弓祭の最後に遣幣をいただく参拝者。
右・神弓祭の「恵美寿遊び」。竹箕の神米を盆に盛って揺り動かし、神意をうかがう。

荒神祭の弓神楽――葝原《あぞうばら》中組の敷荒神《しきこうじん》

　弓神楽は家々の土公祭や年祝いに行われるが、また部落の荒神祭や大山《だいせん》祭でも行われる。一例をあげると、田中重雄氏が『まつり』二十六号に、御調《みつぎ》郡久井《くい》町葝原中組の敷荒神について書いて居られるので引用すると、「葝原中組の荒神は、十二戸で祭るので四神の荒神があり、四戸の家が交替で頭屋《とうや》を勤め、七年廻りの式年である。米・酒・餅・鯛の供え物の外、土器《かわらけ》七十五、小餅七十五、土団子七十五、ボテガタラ（さるとりいばら）の実七十五、五合杓（一夜酒）、こも四、福俵四、藁蛇《わらへび》四、ユグリ四、白さらし一反が吉例により供えられる。当り年の旧正月に祭日が選定され、二日間にわたり弓神楽が演奏される。終ると同時に棚コワシの行事がある。神座を氏子全員で無茶苦茶に壊し、その騒動によって頭屋の家は、家具を損傷していたらしいが、申し合せにより最近の二回は、荒びの行事を中止している。お供え物、切り飾りの類等は、四等分して四枚のこもに包み、両端を結び、胴中に幣を立て、騎手一人宛、こも包みの上にまたがり、幣を持つ。即ち股間に挟み、太鼓の音を合図に庭に飛び出し、ハイドウの掛け声で駆け廻る姿は、神懸りの状態であり、古い神送りの遺風であろう。こも包みは、四社の荒神へ、別々に納められる」

　以上引用の記事の中には重要なものを伝えているように思われる。それは「棚コワシ」の行事と、「馬を揃《そろ》えて」の行事である。前者は小野重朗氏の「浜辺の祭―奄美大島」（『まつり』二十三号所載）の中の「ヒラセマンガイ―ショチュガマを揺り倒す」の行事と類似するものがあり、「馬を揃えて」の跨がる薦俵《こもだわら》は、以前は種籾俵《たねもみだわら》であったと思われる。

　それは前にも書いた比婆郡東城町地方の三十三年の大神楽の最終に見られる灰神楽五番の能の「餅取り」につづく「恵美寿の船遊び」に於いて、新しい蓆《むしろ》を二つに折りて船に見立て、その中に種俵を入れて、その種俵に大当屋の主人が跨がり、それを大勢が伊勢音頭の囃しで、囲炉裏端《いろりばた》から台所の恵美寿棚の下まで引くと、一人の神主が障子を叩いて鶏鳴を発する。四日四夜にわたる大神

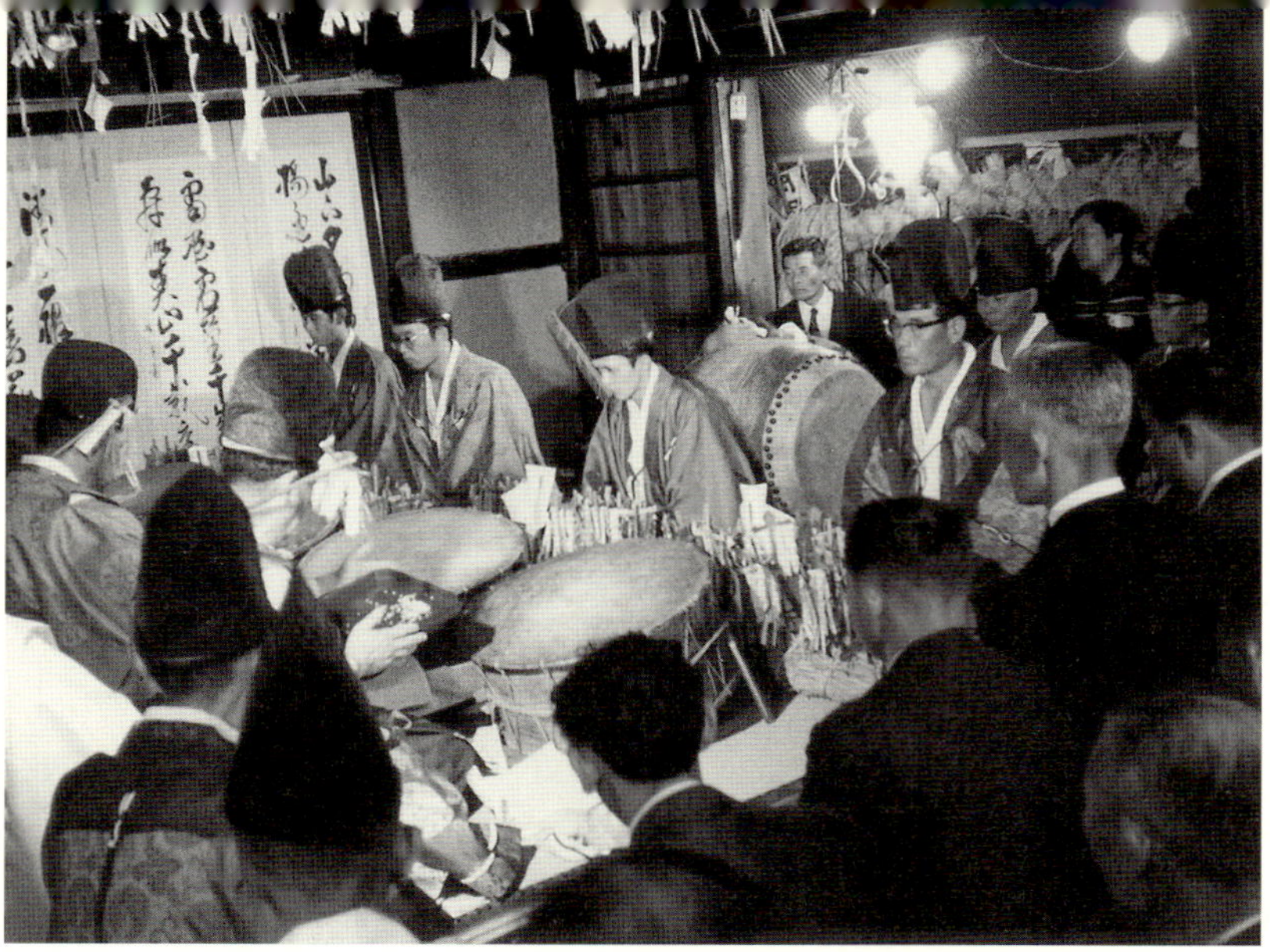

東城町竹森の荒神神楽の「土公神遊び」。遊幣を首に挿した神主が盆の神米で神占いをする。

上下町井永で行われた弓神楽で、弓弦を打竹で打ち鳴らしながら、土公祭文の盤古大王と五人の王子の物語を語る田中重雄宮司

楽は目出度く千秋万歳と終るのであるが、この後者の行事は稲魂《いなだま》を囃すための行事であったのであろう。死後三十三年を経た新霊の祖霊たる荒神に加入するためのこの神楽の最終に、祖霊の前で男女和合の擬態を以ってして、稲魂を囃したのであったと思われる。

神弓祭の神占い——西城町大佐《おおさ》

比婆郡西城町の神弓祭は、昭和五十三年（一九七八）九月十九日に同町大佐の佐々木克治宮司宅で行われた際に拝観することが出来たので、その日の大要をここに記すこととする。斎場の飾り付けは上下町井永の弓神楽の場合と大同小異である。

正午に開始され、第一席は弓座《ゆみざ》御崎好博宮司、太鼓白根孝穂宮司、笛佐々木克治宮司、手拍子（手打鉦）伊達一夫宮司によってなされ、型の如く祓詞・三種の祓《はらえ》の後、御座入れの神歌を弓座の宮司が鈴を振り振り唱える。次に弓を打ちながら大願主黒田正の名を申して神勧請をする。次に注連《しめ》の由来、注連の呪文を唱える奏楽を始める。そして弓を打ち鳴らして弓の唱行に移る。十二の神歌が美しいメロディで弓座と太鼓座双方の掛合で歌われる。

〽此《この》弓の始めは如何に千早振《ちはやぶる》
　神世四弓の始めなりけり

の歌は次のように歌われる。

弓座　〽サンヤ此弓の始めは如何にサンヤ
太鼓　〽サンヤ千早振神世四弓のサンヤ
合唱　〽始めなりけりエーエ始めなりけり
　　　始めなりけり

サンヤと言う囃詞のメロディと、太鼓の打ち方の妙なる音色との美しい合唱は、これをきく人々に深い感動を与えるものであった。恐らく弓神楽の美しい一つの頂点であろう。

この後、日本国中の国名を称えて国々の一の宮の勧請から、最後には村内の大小神祇の勧請に至るまで、約四十分を要する。

第二席は白根宮司弓座に代りて祝詞奏上が行われ、第三席は再び御崎宮司によって、荒神遊びが行われた。

荒神遊びは、中臣祓《なかとみのはらえ》から始められ優に一時間を要する。荒神卸《おろ》しの神歌には古風を伝承するものが窺われる。終り近くなると大願主の家族名を読み上げての祈願があり、家に祀る神々に一々願事を奏上して、

〽花は根に鳥は古巣にかへる山
　生れ来し地の元《じん》な忘れそ

右の神歌の唱行がある。そして、

〽今こそ几帳におり給へ
　衆生の願を見せてかなへん

の歌で終る。

第四席は土公神遊びで、午後三時十七分佐々木克治宮司弓座に着く。

最初太郎王子の語りから始まり、終ると楽があり、次に二郎、三郎、四郎王子の語りとなり、盤古《ばんこ》大王、后《きさき》の語りと、約四十分ばかりして、最後に神占《かみうらない》が行われた。

〽御久米《くま》とる採る手の内のかがやきは
　神の移りかあらたなるもの

一首を誦した後、久真据《くますえ》の神歌五首を唱して、盆の中の久米を揺り動かして神籤《しんせん》を伺う。その結果を大願主黒田正氏に伝えられた。「旧の十月、十一月は仕事を見て、仕事を見るなと言った月で、怪我は切れものでなし」と神占が出た。

このあと神歌の楽ありて終る。

第五席は四時二十分に始められ、結願《けつがん》神上げが白根宮司によって行われた。

何々神社〱〱〱を
今朝より勧請申て候得共、只今結願成就の時なれば、
元の本国神社へ由良左良《ユラサラ》御環幸《ごかんぎょう》成し給へ、如何にぞ
笑間《えま》じと思し召せ、良き折時の守り遊びせよ
東方ヲウニモ南方ヲウニモ西方ヲウニモ北方ヲウニモ
中央ヲウニモ央流《おうりゅう》ヲウニモ、上ラヌ神ガアルナラバ、
散米持テ来ヒ打散《うちまく》フヤ、打竹《うちたけ》持テ来ヒ打チ掛ケフヤ、
御幣ヲ差シ掲《かか》ケ舞フテイナショウ、社《やしろ》ナイ神ニハ幣取
リ参ラショウ、由良波栄伊登々々々奈《ユラハエイトエイトナ》

次いで、

〽成就して御注連下しに、
（太鼓方）逢《あ》ふ人は千年《ちとせ》の命長く久しく
〽何事も諸願成就を、
（太鼓方）祈るには千早《ちはや》をかけて舞や納めん

続いて、恵美須遊びの行事に入る。

斎王は、竹箕《たけみ》の散米に遣幣《やりべい》で呪文を書く。竹箕の散米を握り盆中の三ヵ所に盛り、散米を揺り動かして神意を伺う。この時竹箕の中の散米は横に寝ていたものが、皆一様に縦に立って揺れ動くのを、たまたま近くにあった田地春江夫人は拝して、その神秘を我に語られたが、まことに不可思議なる秘伝の一つでもあった。

これが終ると福藁《ふくわら》に遣幣を添え、千道《ちみち》を巻き納める。そして艮《うしとら》（北東）の方位に矢をつがえ、絃を鳴らして、放矢二回して悪魔を払う。

この後、曲舞を一さし舞い、願主以下、参拝者一同に遣幣を戴かせて、本日の神弓祭は千秋万歳と打上げとなった。時に午後五時五分であった。

●周防行波《ゆかば》の神舞《かんまい》

荒神の　松にのぼりて　燈をともす
即ち　神に近づくらしも

——『続　美しい村』より

今年（昭和五十八年）四月二日三日に行われた山口県岩国市行波の神舞を拝観するため、私は二日朝三江《さんこう》線川戸駅前七時十分発の広島行特急バスで広島に出て、岩田勝氏と落ち合い、広島から汽車で岩国駅下車、同市今津町の久義万旅館に着いた。既に早稲田大学演劇博物館の方々は前日から来て映画撮影準備をして居られ、夕方には萩原秀三郎、須藤功、渡辺良正諸氏の写真家、渡辺伸夫、武井正弘、モクレール・シモンさんも来られた。

前夜祭は夕方五時から荒玉《あらたま》社から神迎えがあり、神舞の始まるのは六時半からと言うことであるから、それ以前の諸準備の大要を記すこととする。

岩国市大字行波は、藩政期には周防国玖珂《くか》郡河内郷行

波村と称し、昭和三十年（一九五五）四月岩国市に合併した。錦《にしき》川河口よりおよそ二十キロ上流の右岸にあり、現在四十余戸の部落である。

　行波の神舞は、部落の守護神荒玉社の十月十四日の例祭に行われるが、七年目の願舞《がんまい》には錦川畔に神殿《こうどの》を新設して、古式に則《のっと》って行われる。古来、願舞年には妙果松《みょうがまつ》をはじめ神殿、楽屋の用材の伐り出しから、これを仮設するまで前後一週間、部落の人々は奉仕した。そして神楽費は毎年一万円ずつ貯金し、四十戸で五年間で二百万円を神楽費として当て、この外岩国市からの補助金及び拝観者達の花などで賄った。

　今度は岩国市大字伊房《いぶさ》の藤島禎一氏の山林から十三間半の赤松の柱松《はしらまつ》をはじめ、神殿用の柱材など一切を伐り出したよしで、柱松は三百メートルの山頂にあり、伐り出すのに一日、錦川畔まで運搬するのに一日、柱松を立てるのに一日と都合三日間を要したとのことである。

　神楽の行われる時期は今は花の四月初旬であるが、古くは晩秋初冬の候に行われた。

行波の氏神「荒玉社」

神殿の飾り付け

　神殿は錦川の川畔に四間四方の舞殿《まいどの》と、三間に四間の楽屋《がくや》とを新設し、その間を花道で通ずる仕掛とし、舞殿より川上に二十間（三十六メートル）距てて、十三間半（二十四メートル余）の枝付きの赤松を建て、この柱松を三本の曳綱《ひきづな》でささえる。柱松には青竹で梯子《はしご》が作られて、日月星を象徴する赤・白・銀色の円形にかたどった三体の鏡が懸けられる。そして松を中心に二間四方に注《し》連《め》飾りがなされ松の根元に新俵三俵が置かれる。舞殿の飾付は、四方四角《すみ》にオハケ竹を立て、そのオハケ竹に七段の縄を張り廻らせて、最上段と第二段に四季造花、第三段に懸銭《かけせん》十二文、第四段に玉幡《たまばた》十六枚、第五段に銭幡《ぜにばた》十六枚、第六段に十二の干支《えと》、第七段に六十四神の名を記したものを結ぶ。この切り飾りに要する手間は、前々回の神楽時で二十日間を要したと言われ、半紙代二十万円を必要としたと言う。また神殿から登り松（柱松）までの八《はっ》関《せき》の通路には注連縄と八関の幡十六流を結ぶ。

錦川畔に新設された行波の神舞の神殿と柱松

行波の神舞の舞殿の飾りつけ。四隅のオハケ竹（斎竹）に七段の縄を張り、そこに四季造花・玉幡・銭幡などの切り飾りを結び、最下段に64神の名を書いた幡を吊るす。

神殿の中央には白蓋《びゃっかい》が吊られる。白蓋の屋根は竹にて八角に屋根形を作り、四隅に色紙を以って長き幣《しで》を下げ、所々色紙で表裏四方より糊止めする。白蓋の彫物は上り龍、下り龍を描いたもので、中央に重り米を結び付け、この重り米に結んだ幡には「天真名井清潔《あめのまないきよき》元水降給布《もとみずふりたまう》」と記されたものと、「水神罔象女命《みずはのめのみこと》」と記したものと二流れを付す。白蓋は麻縄で結んで自由に引くことの出来る仕掛となっている。そして白蓋の両方《りょうかた》に二つの天蓋《てんがい》が吊られる。天蓋は直径一寸位の竹を尺二寸に切り、組合せて両側をかき込みて麻縄でしばり、幣《しで》を下げる。米三合を餅賽銭《もちさいせん》と共に白木綿にて包み中央にくくり付ける。

神舞の曲目

神舞《かんまい》の曲目は平年は次の十二種目のものが舞われる。括弧内は通常の呼称である。

一　荘厳《しょうごん》（神殿入り）
二　六色幸文祭《ろくじんこうぶんさい》（ろくじん）
三　諸神勧請《しょしんかんじょう》（かんじょう）
四　注連灑水《ちゅうれんしゃすい》（しゃすい）
五　三宝鬼人《さんぽうきじん》（さんき）
六　愛宕八幡《あたごはちまん》
七　荒霊豊鎮《こうれいぶちん》（ぶちんまたは荒神）
八　弓箭《ゆみや》将軍（将軍又は弓舞）
九　真榊対応内外《まさかきたいおうないぎ》（ないぎ）
十　日本紀（にほんぎ）
十一　五龍地鎮（ぢちん）
十二　天津岩座《あまついわと》（いわと）

以上の曲目の外、七年目の式年神楽には、三上従正氏所蔵、享保六年（一七二一）「神道神楽目録次第」の十六種目の最終行事たる、左の三曲目が舞われている。

一　妙果松　後穀万物　霊膳赫々　霊木祝詞　禮泉供御　百味霊穀　遍舞　神戈矛　木母和肥《もくはのくわひ》（梅のこと）　鳳巣温室《ほうこうのなんしつ》（竹のこと）　九霊玉閣（是は関八ッ松一ッ以上九ッ）　九天祭法（九品九天ノ霊神ト祭ル）

一　八関之作《わざ》祭　八柱之奉吏　八鬼霽鬼　撲遣之干戈

一　庭燎祭法　奉吏　大麻　岐神　粢齋《しとぎもち》　返舞　大師　警蹕《けいひつ》　神供　霊剣　地布　布席　順踏　火鎮詞文　四火安鎮、水徳和生　五行相生観　五行相剋念　三才一致座　万願成就祓

右は両部神道や修験道などの影響と見られる難解な字句で書かれているが、要は柱松を立てて、八関の作法を行い、終って湯釜を倒して鎮火祭を行うまでの三段階の行事を示したものである。

舞い方とその衣裳

行波《ゆかば》の神楽の舞い方は、足を爪立てて、腰を折って前屈みな体勢で長時間演舞するところは、中国地方には他にその例がないのではなかろうか。周東《しゅうとう》町の「長野《ながの》神楽」などは同系であるが、玖珂郡北部の神楽などは全く異っている。

何かよって来た理由が必ずあるだろう。それが何処の何々に繋がっているかは未だわからないが、黒紋付に黒袴、斎襷《いみだすき》をかけて舟型烏帽子《えぼし》の出立ちは、どう見ても修験山伏の姿である。そして先に示した「神道神楽目録次第」に見える神楽演目名は修験道などから得た智識である。また荒平《あらひら》・王子・将軍の曲目を有し、柱松の神事——八関の松登りの曲芸などは、はげしい鍛錬なしでは到底到達することは不可能のことである。恐らく中世期以来伝受伝承して来たものであろう。

太鼓の打ち方——楽の種類

太鼓の打ち方には種類が十三あり、次の名称で呼んでいる。

ネトリ・六神《ろくじん》・鬼舞・獅子舞・カグラ・タクセン・水車・カタイダカタイダ・ホホホヒホホ・ウズメ・ダイジン・火納め・吹き上げ。

なお、神舞の各曲目では次のような順序で囃す。

湯立——ネトリで出て、火納めの笛、入る時はネトリで入る。

湯柴——ネトリで出て、獅子舞の囃しとなり、ネトリで入る。

神殿入——ネトリで出で、神歌十首歌い、吹き上げて終る。

六神——ネトリで出て、鬼舞、カタイダカタイダの順で、六神の笛となり、ネトリで入る。

諸神——ネトリ、水車、獅子舞、カグラの順で、ネトリで入る。

灑水——ネトリ、水車、獅子舞、カグラの順で進み、鬼舞の曲の中にホホホヒホホが入る。

豊鎮——鬼舞の曲で出で、水車、ホホホヒホホ、カタイダカタイダ、カグラ、鬼舞、ホホホヒホホ、水車の順で鬼舞の曲で入る。

柴鬼神——鬼舞の曲

日本紀——六神で出で、鬼舞、カグラ、ネトリ、タクセ

行波の神舞で舞う小児は、早朝、錦川で水垢離をとって身を清める。

ン、カタイダカタイダの順で、六神で入る。

将軍—鬼舞で始まり、水車、カグラ、シンマイ、水車、カグラ、鬼舞、水車、獅子舞、鬼舞、水車の順で、ネトリで終る。

三鬼神—鬼舞

地鎮—鬼舞、水車、獅子舞、カグラ、タクセンの順で、ネトリで入る。

八幡—鬼舞で出で、水車、獅子舞、カグラ、タクセンの順で、ネトリで入る。

八関—鬼舞の前に、松神楽が行われ、ネトリで出て、カグラ、タクセン、ネトリで終る。八関は鬼舞の調子。

岩戸—ネトリで出て、カグラ、タクセン、鬼舞、ウズメ、鬼舞、ウズメ、ネトリで終る。

可憐限りない舞姿

夕食を早目にすませて、皆な連れ立って車で現地に行く。約二十分要して錦川畔に仮設された神殿《こうどの》が見えて来る。近づくと斎燈の煙が登って居り、神殿四周の飾り幡が風に吹かれて音をたてていた。顔見知りの地元の方々に挨拶して開始を待つ。

定刻午後六時半を少し過ぎて前夜祭が開始された。神殿の中央に湯釜を据え、神饌《しんせん》を供して、斎主以下祭員三名列座し、その後方に太鼓の名手加藤宝氏以下連座し、鍵形に左座に笛、合調子の奏楽が着座する。

修祓後、降神行事、中臣祓詞《なかとみのみそぎことば》、祈念詞、四火安鎮の呪法があり、斎主は案上のトビ（トビは片紙二枚重ニテ、中ニ玄米三合、小餅二ツ、十二文、榊葉ヲ入ルナリ。之《これ》ヲ苧《お》ニテ結ベルモノ）を取って、火の上の両側に置き、左の神歌を各々三反唱する。

行波の神舞の前夜祭に行う湯立式。まず神殿の東隅長押上の神饌棚に拝礼

神殿の中央に湯釜をすえて行う、神殿を清める湯立。これによって神々を迎えることができる。

5、6歳の小児が舞う「六色幸文の舞」

中央の炉のまわりをまわりながら四人が舞う「諸神勧請の舞」。右手に鈴、左手に幣を持つ。この舞のとき天井から天蓋がおりる。

〽何事も神にまかする此身とぞ
思ふ心に罪咎《つみとが》はなし
〽天火地火雷火人火諸共《もろとも》に
神代かぎりにここにをさまる

湯立式が終ると、日も暮れて斎燈の火が赤々燃え、拝観者も次第にその数を増して来た。六色幸文祭が小児六人の演出で、三人ずつ二回に分けて行われた。五、六歳の子供から十歳までの可憐限りない舞姿であった。母親達の中には我が子の舞姿を見て涙ぐんでいる人もあった。採物《とりもの》は右手に扇、左手に笹竹に旗を結んだものを担うようにして、湯釜の周りを右廻り、左廻りして舞う。薄手の赤い格衣が河風にひらひらして、五、六歳の童子ながら決して間違えるようなことはなく、しんから覚えこんで居るのには感心させられた。

この後、諸神勧請の舞が中学、高校生くらいの四人の少年、幣を左手に、鈴を右手に持ち、ネトリの楽につれて出て来る。向い合って一番が次の歌をうたう。

〽このしめの育ちはどこぞ（合唱）筑紫なる（合唱）か
ねがみさきの　育ちなるらん

右手に扇、左手に笹竹を担うようにして舞う「六色幸文の舞」。
可憐な舞である。

斎場の仮殿で何やら語り合う神職

右手に鈴、左手に幣を採り、腰に扇、腰幣をさして舞う「注連灑水の舞」

水車、獅子舞、カグラ、タクセンの楽の順で、はげしく廻転する舞振りは実に美しい。

第三番の「注連灑水」は「注連口」とも言い、四人舞で、風折烏帽子《かざおりえぼし》、黒衣、黒袴、ゆうたすき、たくり、白足袋の服装で、採物は鈴、著幣、扇、腰幣である。はげしい舞で、腰のひねり方と、幣の振り方に特徴があり、長時間の繰返しは、太鼓が上手でないと舞えないであろう。

川風は次第に冷気を加え、十時近くに終った。久義万旅館に帰り、明朝の開始が早いため夜食もせずに寝ることにした。

古風な舞振りとぜんの綱

四月三日は早朝六時半、祭員の全員錦川に飛び込んで水垢離《みずごり》をとり、その後、神殿《こうどの》の飾り付けをすませて、九時から降神の儀が行われた。ここでは神殿入りのことを荘厳《しょうごん》と称し、全員神殿に出て神拝、集来太鼓を打ちながら神楽歌十首を歌う。その第一歌を次のように歌う。

〽ひいらぎを　み舟に作りて
　ともにたち
ろかい揃えて　神迎えしよう

ハンヤー―ひいらぎを、みふねにつくりてイーイーハー、ハーともに、(合唱)たーちーイーろかいをそろえてイーイーハ・ーハ・ーかみむかえしよう

この後「吹き上げ」の楽を三流しして終る。この神楽歌の節調は古風にして、心ひかれるものである。

祭員の神殿入り。太鼓が鳴り、天井に吊った天蓋や白蓋が川からの風で揺れる。

この後、前夜の六色幸文祭、諸神勧請、注連灑水の三曲目を再度演舞して、新しい曲目の「日本紀」が始まる。一人舞で採物は専用の矛、神楽鈴、扇で所要時間五十分、体力を必要とする舞で古参の所役である。次の「真榊対応内外《まさかきたいおうないぎ》」と言う、むつかしい名前の曲目は、他地方で「荒平」「柴鬼人《しばきじん》」などと称せられるもので、十二神祇糸の神楽では「弓箭《ゆみや》将軍」と共に重要な曲目である。この鬼は人間に幸福を授ける山づとを携えて来る鬼で、折口信夫先生の学説の「山びと」である。奉吏《ほうり》との問答に古風さがあり、昔は重要な曲目の一つであったが次第に舞われなくなり、今日の神舞で目のあたりに見る

もどき役が滑稽な所作で舞う「荒霊豊願の舞」

ぜんの綱を間に奉吏と鬼が幣竹と鬼棒を打ち合う「ぜんの綱」

ことの出来たことは幸せであった。

この後「荒霊豊鎮《こうれいぶちん》」と言う七人舞がある。四神四人、もどき一人、敷太刀《しきたち》一人、霊剣一人で、長時間を必要とする。そして神楽の手の色々が見られる行波では、他処の神楽大会に出場する場合にも、しばしばこの一曲を舞うほど得意とするものである。四神（四方の神）ともどきとの問答が長々続く。主役を揶揄したり摸倣したりして滑稽を演ずるもどきは背中に風呂敷に包んだシンボルを背負い、手に団扇を持つ。敷太刀は太刀二刀の刀舞、霊剣はなぎなた舞である。

終ると「ぜんの綱」が行われる。これは式年神楽（七年目の願舞）の時だけ行うもので平年は行われない。東西の柱に白木綿を引き渡して、即ちこの「ぜんの綱」を中心にして、奉吏と鬼の打ち合いが行われる。この鬼棒と奉吏の幣竹との打ち合いが終ると鬼の一人舞となる。鬼は鬼棒——杖を「ぜんの綱」にすりつけて漕ぐような所作をして舞う。これがすむと再度鬼と奉吏との杖と幣を交叉して舞う。舞の終る直前に拝観者達は半紙に包んだ賽銭をいっせいにぜんの綱めがけて投げ込む。こうすると次の願舞まで無病息災に暮らせると言う。この賽銭はすべて「ぜんの綱」に結ばれる。我々も皆多いか少ないかはあったが「ぜんの綱」に賽銭を打った。

八関《はっせき》神事と松登り

時間は午後三時半を過ぎて、いよいよ本日のフィナーレとも言うべき松登り、「八関の舞」が始まった。しかし八関神事に移る前に舞子頭の安村寿夫氏によって再度諸神勧請の清めの舞が行われた。それは偶然二つある天蓋の一方の天蓋が神殿席上に落ちたため、その不吉を祓うためであった。これから始まる柱松に禍があってはと思ってのことであった。安村氏の舞振りを見ていると、この舞い方が行波の伝え来し舞振りで、若い人達の舞い方と比較すれば天地の差があると思われた。

八関の人員は、鬼八、奉吏八、案内二、繰出《くりだ》し一、先払い二、松神楽四、松登一、の総勢二十六人を要する。このほか奏楽二組を必要とするからその十名を加えると三十六名いなければ出来ない。まさに行波部落あげての総出演である。錦川の川堤を埋めつくした大勢の拝観者達も、この松登りを一目見るために集まったのである。今日の松登りは誰が奉仕するのかと私は前から心配していたが、この部落の方で自衛隊のレンジャー部隊に所属

高さ13間半（約32メートル）の柱松に登った荒神は、三本のうちの一本の綱を伝いおりる。

神殿と柱松の間の八関の道を、そこに住む鬼と奉吏が問答しつつ舞いながら柱松まで行く「八関の舞」。このあと松登りとなる。

する二十二歳の田中龍男と言う方が、潔斎して荒神《こうじん》になられるとのことである。

奉吏八人は神殿の八関道の入口で待機している処へ、繰出しによって一番鬼から随時神殿内へ導びき出して、次々一番奉吏以下と組み合い、神歌、問答をして舞いながら登り松の下まで行く。松の下では少年四人が松を中にして松神楽を舞う。

松神楽が終ると白装束の荒神が、両手を左右に水平に上げて、八関の白布を踏み進んで行く。この前を先導の者（先払い）が清めの塩をまきながら進む。荒神は十三間半の松に登り、日月星の鏡に火を付けようとしたが、風が強く、やむなく下界へ落した。そして松の枝を折って四方へ投げると、これを拾わんとして大勢松の下に集まった。この松の枝は幸運を授くるもので、次回の願舞まで無病息災で暮らせると言われている。

荒神は三本の綱の内、どの綱を下りて来るかは、予め神籤によって定められ、その綱に伝わって頭を前に足を後にして下りて来る。途中で足を綱にからませて、まっさかさまになったりして一種の曲芸のようなこともする。丁度綱にかかった頃合に、太陽は山に入った。写真の専門家達がもう十分早ければよかったにと悔むことしきりであった。松登りが終ったら殆んど見に来ていた人々は帰ってしまった。

このあと、愛宕八幡《あたごはちまん》、弓箭《ゆみや》将軍、三宝鬼神《さんぼうきじん》、五龍地鎮、天津岩座《あまついわと》の五番の能が次々に演舞された。最終の天津岩座では、屏風の中にとじ込められている天照大神に扮したのは、五歳位の少年であった。以前の話だが、この能は七人を要し、宇受売《うづめ》、手力男《たぢからお》、神明《しんめい》と次々出でて、六尺屏風を廻り舞うために、長時間を要し、最後の岩戸明けに至って屏風を開くと、中に居る少年はぐっすり寝込んでいたことがあったと言う話をきいたことがある。まことにほほえましい話である。

すべての行事が完了して打上げとなったのは十時半を過ぎた頃で、その頃には川風が身に沁みて冷たく、保存会長の加藤宝氏や安村寿夫氏にお礼を申して辞したが、その時、四月一日の大雨を心配したと申上げたら、自分は今度で十二回の式年神楽に会っているが、その間一回も雨の降って神楽が出来なかったことはありませんでした。全く神慮ですよ、と別れる時申された。旅館に帰ったと思って安心した時、大雷雨が沛然《はいぜん》と軒を打った。加藤さんの言われた通り全くの神慮である。

柱松の根元におかれた神札

●周防祝島《いわいじま》の神舞《かんまい》

さかき葉や　立舞袖のおひ風に
なびかぬ神は　おわしまさじな
——祝島の『神楽通本』より

山口県の神楽で今一つ問題とすべき神楽は、周防灘に浮ぶ祝島の神舞である。昭和五十一年八月二十五日から九月一日まで行われる神舞の記録作成のため、国分直一、国守進、伊藤彰氏らと共に前日から渡島して行事の聞書きをして、記録作成に従事したので、この時の神舞の見聞を披露することとする。

「祝島の神舞」は、五年目毎の旧暦八月一日から六日間、豊後の国東《くにさき》半島国見町の伊美別宮社《いみべつぐうしゃ》の神霊を迎え、同地の里楽師《さとがくし》を招いて行われる。この神舞神事が何時頃から行われたかは不明であるが、現存の記録では、元禄十一年（一六九八）二月十一日「御尋ニ付申上候事」という記録が最古のもので、この記録によると神舞の名称は見えず、「荒神舞」と称している。その後、明和六年（一七六九）、寛政四年（一七九二）六月の文書にも、いずれも荒神舞と見えているから、神舞と言う名称は荒神舞と言う名称よりも新しいものと思われる。

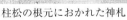

伊美別宮社の神霊を迎えて

閑話休題。八月二十五日午前七時頃、国東半島の伊美別宮社に、宮司、神楽師（里楽師）を迎えのための伝馬《てんま》船《せん》三艘が出発するので、我々十人ばかりの者、小船をチャーターして、伝馬船の後を海上十三里を往復することになった。海は静かなように思われたが、沖に出て行くほど大波がうねって、いささか船酔い加減になる。万

国東半島の伊美別宮社の神霊を乗せた神船が祝島本村に近づくと、宮戸八幡の宮司らが神船に乗り、酒迎えの神事を行う。

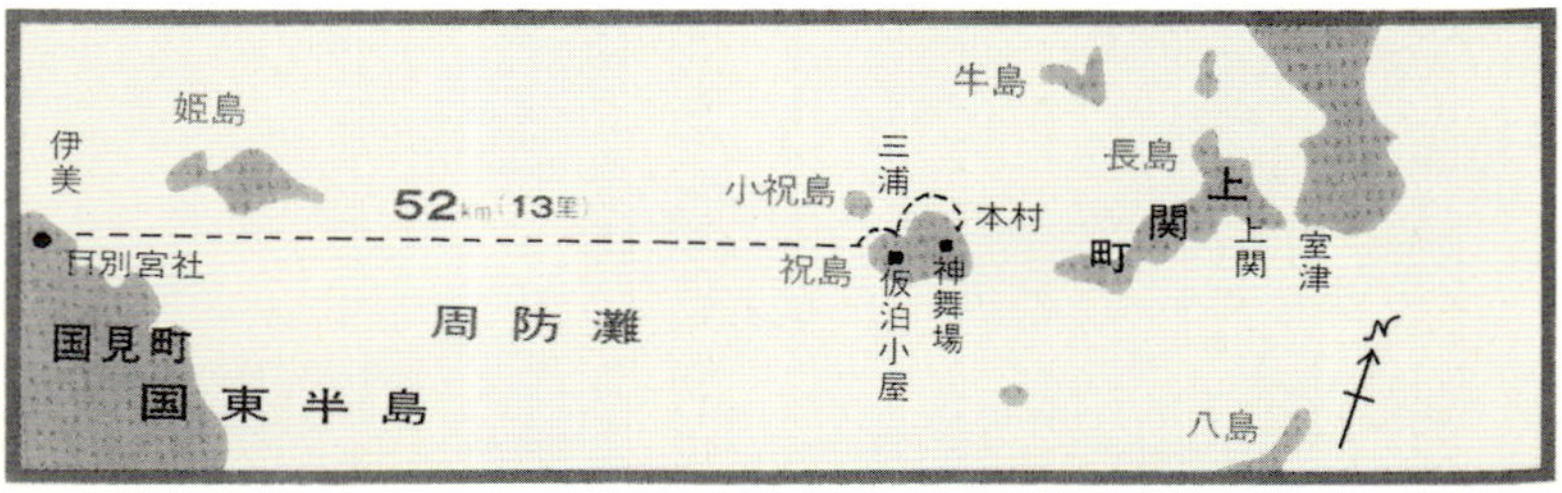

葉集の歌を思い、手漕ぎの小舟で渡った日の難渋を思うことであった。三時間を要して伊美《いみ》港に着いた。

波止場から別宮社まで注連が曳かれ、ここでも祭りらしい雰囲気があって、我々一同神社に参拝して船の出るまで休息した。

伊美別宮社では神霊を三本の幣に移す神懸神事が行われ、宮司以下三人各々これを奉持して十二時半出港した。別宮社の見送船は姫島附近で別れ、午後三時過ぎ祝島の三浦に着いた。この浦は古くは荒神浦と称し、背後の山中に荒神が祀られた祝島発祥の地である。一行は一夜をこの地の出作り小屋で明かすのである。

翌二十六日は旧暦八月二日、雨があり出発がやや遅れる。朝十時過ぎに満艦飾の漁船百隻ばかりが三浦まで出迎に来ると、三艘の伝馬船は港を三回廻って出港した。

本村に近づくと、港外を三回廻る。この間宮戸八幡宮の守友信博祢宜《ねぎ》と、草分けの三浦三軒の後裔と称する氏本氏らが神様船に乗り込み、酒迎えの儀式がある。

一行は上陸し隊伍を整えて神楽殿に向い、神棚に三本の神幣（神霊）を安置して、中の位の神楽が行われて遷座祭を終る。一行はそれぞれ宿舎に入る。

この夜舞殿のある広場で盆踊りが行われる。島では式年神舞年には盆が二回行われる慣例となっている。

舞殿は祝島の東方のヨウジャクと言う海浜から少し登った所に新設せられ、舞殿飾り、神饌品目などには古来からやかましい定めがある。島はすべて焼畑耕作であったから稲米の収穫はない故に麦である。従って神酒も麦酒であり、餅は椋《むく》の実で作った椋餅である。

伊美別宮の神霊を遷した神幣は大歳社下の舞殿に向かう。
『周防祝島の神舞神事』上関町教育委員会刊より

上・海より望む祝島。下・祝島本村の家並み。強い風が豊後水道を通り抜けるため、家を護る石垣が高く築かれている。

岩戸《いわと》神楽と荒神の舞

神舞は古来第三日の朝から岩戸神楽二十四番が、第四日朝から夜戸《やと》神楽十三番が奉納される慣しであった。岩戸神楽二十四番の曲目は、

一番神楽・花神楽・結開・手草《たぐさ》・四豆手《よつで》・大神・祝詞・神主・荒神・地割《じわり》・文撰《もんせん》・幣征男《へいせいお》・弓征男《ゆみせいお》・御祓・勧請祝詞・白頭大神《はくとうだいじん》・手力雄《たぢからお》命・素盞嗚《すさのお》命・八重垣・葉《は》鬼《おに》・舞鉾《まいほこ》・鈿女《うずめ》命・戸取《とり》明神・神送

夜戸神楽十三番目の曲目は、

一番神・中能位・一番神楽・花神楽・幣手草・小太刀・四豆手・二刀・梓弓・神角力《すもう》・神主・荒神・将軍

岩戸神楽は祓式の後、御礼《おんれい》が里神楽師全員が神座の前に列座して禊祓の後、太鼓の囃しに合わせて十首の神歌を唱詠する。服装は烏帽子・千早・白袴に白扇を持つ。他地方の試楽である。

曲目一番の一番神楽は、舟型烏帽子に裃《かみしも》姿で、腰に太刀を佩《は》き、手に鈴と扇を持って、四人一列縦に並び、やや体を前に倒して進んで行く舞方は、儀式舞としての一つの型をもつもので、この神舞の特徴の一つでもある。また神楽歌は概《おおむ》ね古今集風のものが多く、神懸歌なども古今集の歌を採用したものがある。一番神楽の出立ちの唱詠は次のごとく歌われると、江原勝氏の『神楽通本』に見えている。

〽しょうこんによって、こうしをすれば、千年のみどりは、ていみにてらす、梅花を折って頭にさせば、

右手に鈴、左手に扇を持って舞う「一番神楽」。『周防祝島の神舞神事』より

「勧請祝詞」。『周防祝島の神舞神事』より

じげつのゆうぎは、衣ぞうつ

この仮名がきの唱詠は長い口承の結果、不明の個所が多く、素人には理解しにくかったであろう。この唱歌は『和漢朗詠集』に次のごとく出典するものである。

倚テ松根ニ摩スレバ腰ヲ千年之翠満ッ手

折テ梅花ヲ挿《さし》バサメバ頭ニ二月之雪落ッ衣ニ

岩戸神楽二十四番の中でも最も重要な曲目は、八、九番の神主、荒神の舞である。この荒神は山口県内でも「荒平」「山鬼神」「鬼返し」などの名称でいわれるものと同種で、石見国の大元《おおもと》神楽などの「手草」「山ノ大王」などとも通ずるものであり、高千穂神楽の「柴鬼神」などもまたこれに類するものである。荒平の詞章は、広島県山県《やまがた》郡千代田町壬生《みぶ》の社家井上就吉氏蔵の「天正十六年荒平舞詞」が最も古い。

ここでは神主は五調子で出でお前に舞下り、すむと大乱れ、鬼の出となる。その間神主は方当《ほうあ》て柳折り、外にあちらこちらと時をかせぎ、鬼が出羽二回、扇の手二回、神主と取組、逆手の神主と取組、袖まき二回、背中打二回、大幣打二回、方当て（東南西北の順）のせり合いがすんで割（地割）をする。順にまわり、逆の時に幣をとり引込み引出し争う。しばらくして鬼は負けて坐る。

次に歌問答によって、次々と高度の言葉で応酬し反対するのであるが、最後には神主のもつ鈴（宝）の偉力によって、十六丈の荒神も五尺の体となり、荒神の突きたる杖を引出物として神主に渡す。この杖を戌亥《いぬい》の隅に納めたら天下泰平国家安全祈願成就にて候と言い残して退場する。これは春来る鬼、まれびとの来訪を意味するもので、その山づとの杖、それを戌亥の隅に立つことは、すなわち祖霊の来訪を神舞の重要なる曲目としたのである。現在では神楽の一曲が終るごとに、次はまた舞添《まいぞえ》神楽として荒神が個人祈願のために舞われるのである。戦前の個人祈願は十名位であったと言われるが、今期の神舞では二百五十名の個人祈願の申込みがあったと言う。一度に十二人ずつ行っても二十回の荒神が舞われなければ片付なかった。そのため古来六日間の神舞行事が八日間に延長せられたのである。このことは今後問題となることであろう。ただ私が見ていて感嘆したのは、毎日来て一回おきにある荒神舞を少しも退屈せずして観ていた老媼達であった。荒神がその杖で老媼の頭を軽く叩くたびに、両手を合わせて深く礼拝する姿であった。恐らくこの人達だけは、昔の神楽の神聖だったことを知っているのではないかと思った。

十二、十三番の地割《じわり》、文撰《もんせん》は、既に中世の文献に見える五行祭文を演劇化したもので、五龍王などとも言われて、備後地方では一日かけて舞うところもある。この舞は見るものに智識と道徳の如何なるものかを知らしむるにあったと思われるが、愛が自孫に平等であるべきを教えながらも、末弟五郎に中央の竈《かまど》の座を与えたことは、恐らく末子相続制と深い関係を有するものであろう。

「地割」。『周防祝島の神舞神事』より

十四、十五番の幣征男《へいせいお》、弓征男《ゆみせいお》は、共に採物舞で、採物が幣と弓とが異なるだけである。

十六番の勧請祝詞につぐ、白頭大神《はくとうだいじん》・手力雄《たぢからお》命・素盞《すさの》嗚《お》命・葉鬼《はおに》・舞鉾《まいほこ》・児屋根《こやね》・戸取《ととり》・神送りの八番は、所謂「岩戸の舞」を細分化した名称で、第一日の神舞はこの岩戸神事の鎮魂舞踊を行うことを主眼としたものである。この故に各番とも力をこめて演ぜられたが、中でも最終の岩戸を開く戸取明神（手力雄）の演舞は、勇壮無類のもので、手に汗を握る思いで観衆を魅了するものであった。一朝一夕にしてこの熟練さは習得出来るものではない。戸取の後、神送りの太刀舞《たちまい》が清々しく舞い納められて、初日の岩戸神楽二十四番は終るのであるが、現在は舞添神楽の荒神舞が一番一番の間に挟まれるため第三、第四の二日間を要した。

祝島では島を離れて都市に働く人達が多く、五年に一度の神舞に帰島しない人は、都市で禄《ろく》な生活をしていないものと思われるため、無理をしても帰島してこの神舞に遭《あ》うのだと言われる。この人達が皆初穂料を納めて家内安全寿命長久の舞添神楽を依頼するが故に一日の神楽が二日を要するようになったのである。

夜戸神楽の無言の舞と神ノ角力《すもう》

夜戸神楽十三番は第五日の午後から第六日の正午までかかって行われた。昔は第四夜に行われたものである。この十三番の内、一番神楽・手草《たぐさ》・花神楽・四豆手《よつで》の四番は岩戸神楽の曲目にあるものと同じである。舞初めの中能位《なかのい》は固屋《こや》入りの祭典にも舞われるもので、古今和歌集より採用した神楽歌を歌いながらの儀式舞である。この地の神舞で三人・五人と奇数構成の儀式舞を行うことに一つの特徴がある。中国地方の他地方では概ね二人・四人組合せのものが行われているが、例えば入り合いの場合など色々問題で支障がある。こうしたところにもこの神楽が一系統を有するものであろうと思われる。

夜戸神楽では最終の「神ノ角力《すもう》・神主・荒神・将軍」の四番が最も重要視される。そして夜戸神楽の曲目中で、他の神楽で見られないものに、「無言の舞」と「神ノ角力」がある。無言の舞は一人舞で手に扇と鈴を採物とする十五分で終わるものであるが、ここでは神聖なものとして取り扱われている。非常にテンポの緩い舞で恐らく往昔は巫女が舞ったのではないかと思う。そして神懸りがあったのではないかと思われる。正徳二辰（一七一二）の八月二日の「御付届申上候事」と言う文書には、里楽師《さとがくし》にまじって神子（巫女）も含まれているからである。無言の舞は備後一宮の吉備津《きびつ》神社の三月三日の児舞にも見られるが（天明三年一宮児舞帳）、ただ無言で舞うということ以外には知ることは出来ない。明治末年以後廃絶した隠岐島の「オシメ神楽」においても、神懸りするノリクラは無言で舞うものであるから、無言ということに極力重きを置いたところに、尋常の舞と区別してかかったのであろう。

「将軍」。『周防祝島の神舞神事』より

神ノ角力は田遊びや田楽には見られるが、神楽に組入れられていることは珍しく、ここ以外では、長崎県の壱《い》岐《き》神楽・平戸《ひらど》神楽以外には見られないようで、この神楽の古さが思われる。相撲する両人と行司の三人舞で、東西の集落または農耕と漁撈をも占うものであったのであろう。行司役は左手に扇、右手に鈴を持ち、相撲とる二人はククリズボンに袖無し、襷をかけ、手に扇と鈴を持ち、双方手を組みその下を潜り、背合せして前方へ投げ、腹合せして横投げ、後投げなどして、最後にさかさまにしたりして勝負して終る。神舞として大切な舞の一つであったであろう。散楽《さんがく》風のものである。

将軍という曲目は西日本では広い範囲にあって神懸りするところもあり、また将軍弓くぐりと称して、この弓を潜ることによって生れ浄まわりする意味もあった。祝島ではそうしたことは一般の人々には無関心であるが、四人出でて抜刀して「いやー天より将軍殿こそおり給へ」と言うのを見れば、神の降臨を願うものである。昔はこの後荒神が出て来て（神の降臨である）山づととしての杖を携え、この幸運の杖を授けてかえったのであるが、このことはもう忘れられている。

還御の出船の日に舞われる「扇の舞」だけは、如何なる人も、たとい病気で家に寝ているような人でも、家人に背負われてでもお参りして、扇の舞を見、そして涙を流して出船を送ったと言われる。それは五年先にはたして生きていられるかと言うこともあったろうが、祝島の人々にはこの神舞を通して心底から神を信じていた証しのようなものであったからであろう。

●石見《いわみ》大元《おおもと》神楽

神の憑く　人となゝりそ　若くして
命を絶ちし　人ぞ恋しき

――『続　美しい村』より

大元神楽が何時頃から行われたかは不明であるが、現時点に於いて、邑智《おうち》郡邑智町吾郷《あごう》の天津神社宮司牛尾陽宣氏蔵の「大元舞熟書之事」という神楽組の規定を書留めた、元和元乙卯（一六一五）八月の記録が最古のものであるが、神楽そのものは既に中世以来行われたものと思われる。

大元神の鎮座地と神楽組

大元神の信仰分布圏は、東は出雲飯石《いいし》郡から（出雲国内には他にも数ヵ所の鎮座地がある）。石見国一円、安《あ》芸《き》国は高田・山県郡地方の山間部にあり、山口県は周防・長門の石見寄りの地方に見られる。ただし山口県の大元神は、その土地本来の大元神以外に、別に厳島神社摂社たる大元神社の勧請社もあり、区別を必要とする。明治二十年（一八八七）二月の藤井宗雄等の調査による「石見国神社記」には、邑智郡内だけでも大元神鎮座地は一一六ヵ所（この調査には遺漏があり、実際にはもっと多い筈である）の多きを見る。一村内に多い所は上田《かみた》所《どころ》村八社、日和《ひわ》村九社、後山《うしろやま》村十社とあり、後山村などは旧藩時代八十戸ばかりの村で、恐らく最初は一族一門の祖霊神として祀られて来たものと思われるが、それが時代が下るにつれて同族信仰から、村々の部落神として移行したものであろう。その鎮座地は村内の早く開拓された処に祀られて居り、多くは社殿のない神木に祀られて来た。

大元神楽は、神事と儀式舞とによって構成され、天明元年（一七八一）矢上村の「大元尊神夜神楽役指覚帳」に記載された曲目数は四十一番、安政六年（一八五九）

太鼓を打つ牛尾三千夫

市木《いちぎ》村で行われたものは四十六番の曲目が見えている。

現在では既に廃曲になったものが数番ある。

旧藩時代の大元神楽は、すべて十軒前後の社家による神楽組によって行われ、その行動範囲は十里四方の神楽に助勤した。古い役指帳《やくしちょう》を見ると、大きな神楽では二十人前後、小さい神楽でも十三人はいた筈である（十三は天蓋の枠の数である）。

八戸川の上の山腹にたたずむ桜江町八戸（現江津市）

神楽は神懸り託宣がその主眼とするところであったから、各神楽組には神懸りする託太夫《たくだゆう》と、託太夫の腰を抱く腰抱の家は、いずれも世襲制であった。そして神楽に参集した神主達の内、およそ三分の二はどんな舞でも舞える人達であり、舞わないものは笛か太鼓の能者であった。一夜の神楽に親子三代にわたって奉仕することは、決して珍しいことではなかった。このように邑智郡内社家によって伝承して来た大元神楽も、神職だけで執行されたものは、大正十一年（一九二二）十一月二十五日の市山《いちやま》村に於ける大元神楽が最後であった。以後は神職と民間人と合同でなされて、現在に及んでいる。

神楽の現地公開準備

大元神楽の現地公開は昭和五十五年（一九八〇）十一月下旬に決定していたが、色々な事情があって、翌春三月下旬まで延期することになった。そのため、また色々な悪条件を伴うことも起った。一番困ったことは神饌《しんせん》諸品目の揃わぬことであった。神饌品目は古来三十三品目と定められていて、既に猟期が過ぎた野鳥、水鳥を得ることが出来なくなったことである。このため在来種の鶏を探して代用することにした。五穀なども粟や黍など耕作する者は最近いなくなった。また、麻なども作らなくなった。然し色々と手を廻して入手した。切り飾り用の手漉《てすき》の純楮《こうぞ》半紙も桜江町内にはただ一軒しか漉く家がなくなった。果実なども柚子などは保存出来るがアケビなどは保存出来ない。松茸なども同様である。木炭など

大元の神である龍蛇を舁き斎場に向かう。

も黒炭はあるが白炭を焼く者はもう居らなくなった。色々支障もあったが八方手分けして集められるものは一応取り集めたが、現地公開のための経費の中には、この神饌費と最も多額を要する賄《まかない》費は一文たりとも認められないという文化庁の方針は、今後の問題として考えて欲しいことである。

神楽を公開する場所は私の兼務社である桜江町小田《おだ》八幡宮社殿で行うこととした。そのため小田部落の協力をお願いし、桟敷《さじき》架《が》けから始めて社殿の清掃、祭具の調製、切り飾りの準備などの奉仕をして頂いた。

大元神楽の指定区域は戦前の邑智郡全域となっているため、現在は郡外の地も含まれている。どのような仕組構成で今度の公開を行うかについて、再三保持者会を開き、町長、教育委員会とも協議した結果、神職以外に桜江町ほか三ヵ町村、町内七部落、合せて十団体の舞子の参加協力をお願いすることとし、期日は昭和五十六年(一九八一)三月二十一、二十二日と決定した。当夜上演曲目は出来るだけ古来からの神楽曲目で重要とされたものを上演することとしたが、最近、上演しないものは急には演舞出来ず、そのため色々苦労したが、次の三十三番を公開上演することにした。

四方堅《しほうがため》、清湯立、荒神祭、潮祓、山勧請、献饌、大祓連読、奉幣、祝詞奏上、玉串奉奠《ほうてん》、撤饌《てっせん》、太鼓口《どうのくち》、磐戸、弓八幡、剣舞、御座《ござ》、天蓋、手草、山の大王、羯《かっ》鼓《こ》、刹面《きりめ》、神武、鐘馗、鈴ヶ山、蛭子《えびす》、天神、綱貫《つなぬき》、鈴合、黒塚、蘿輪《じんりん》、六所舞、御綱祭、成就神楽。

二月に入って本田安次先生から、今度の大元神楽現地公開を、早稲田大学演劇博物館でビデオ撮影したいから宜しく頼むという来簡に接し、二月二十一日博物館員の板谷徹氏が予備調査に来られ、保持者会として予定していた八ミリ撮影のことも、板谷氏の方で一緒に撮影して頂くようにお願いした。

託太夫の潔斎《けっさい》

今度の現地公開をビデオ撮影せられることになって、我々が一番困ったことは、はたして神懸り託宣が可能であるかということであった。現時点で神懸り託宣の行われている処は、私の氏子範囲内で二ヵ所、郡外で二ヵ所程度しかなく、今度公開する小田部落では、これまで一度も神懸りのあったことはない。そのような部落で行うということが先ず第一の危惧である。招神する大元神も

神前に供えた三十三品目の神饌

斎場に祀られた龍蛇

一応地元以外邑智郡内全域にわたることになるから神懸りする託太夫は三名の候補者を出すのがこれまでの慣例であるが、今度は神懸り出来ないと思われるので、ただ撮影するために形式だけをすることにした。

しかし、いくら形式だけを行うからといっても託太夫を勤めるものは、全然素人では出来ないので、神懸りした経験のある人、町内の八戸《やと》部落の人で最近私の部落に移住して来た、湯浅政一氏（大正六年十一月十一日生）にお願いすることにし、二月十四日夜、拙宅に招いて改めて御願いし承諾してもらった。同氏は引受けた以上は潔斎して奉仕することを約束した。

舞殿の準備などは三月十七日から取りかかり、前日二十日の午前中までに完了した。

託太夫の湯浅氏は一週間前から潔斎に入り、毎朝隣り部落の大元社と八幡社へ日参し、仕事も休み、ただひたすら心身の清浄を保ってその日を待っていた。

斎主を奉仕する私も託太夫と同じく潔斎に入り、前日の朝からは一切の飲食を絶って精進した。

大元神の龍蛇を迎えて

三月二十一日彼岸の中日は曇り日で、雨になる予報であった。午後五時大元神迎えに出発する頃から小雨が落ち出したが、幸にこの小雨は清めの雨であった。小田部落の氏子は紋付袴で行列に参加し、五時四十分頃一束《いっそく》幣《べい》、龍蛇を先頭にして、神職、託太夫、氏子総代以下続々斎場に到着し、一先ず神殿前へ安置して、夕食のため一時間の休憩とした。

儀式舞のなかで最も重要な「御座舞」。御座をかかげて舞うのがむずかしい。

早稲田大学演劇博物館の所員及び撮影班の九名は前日に来町して、機械の据付、その他の諸準備は完了されていた。見学のため来場された方々は三十名ばかりで、東京からは萩原龍夫、小島美子、樋口昭、渡辺伸夫、鈴木正崇、北潟喜久、西角井正大、大貫紀子、田地春江、村山道宣、京都の山路興造、岡山の岩田勝氏らが来られた。

神楽の公開は正七時に市山小学校四年生四名の四方《しほう》堅《がため》から始めた。つづいて清湯立、荒神祭、潮祓とすみ、注連主《しめぬし》の大役である山勧請《やまかんじょう》に入り、神殿入、献饌、大祓連読、奉幣、祝詞奏上、玉串奉奠《ほうてん》、撤饌《てっせん》と終って、午後十時前半の儀式を終了した。

後日、東京国立劇場に勤務していられる西角井正大氏に逢った時、当夜の神饌のことにふれられ、自分はこれまで各地の祭儀を見て来たが、大元神楽式のような美事な神饌は初めて見たといって下さった。

十五分間の休憩の間に、注連主、町長、教育長の挨拶があり、十時十五分から太鼓口《どうのくち》から再演された。次の磐戸からは村々の神楽団によって実演された。弓八幡、剣舞、御座《ござ》とつづいた。御座舞は儀式舞の重要な曲目で、川本町三谷の湯浅茂武宮司が永年奉仕されたが病気のため、今度は氏の二男弘興君に伝授されて、後継者の出来たことを喜んだ。御座舞は飛ぶだけなら誰でも舞うが、前段の御座をかづく所作がむずかしいのである。

舞殿に遊ぶ天蓋

御座が終って午前一時頃天蓋曳《てんがいひ》きに移った。元来、天蓋は十三個のものであるが、現今は九個で行い、中央を注連主、その両脇に一名宛神職が着座して各々四本ずつ天蓋の綱を持って曳くのである。天蓋は神楽の曲目中でも最も神聖なものとされ、熟練を要するもので、天蓋綱の縺《もつ》れることを不吉とされているため、用意周到に曳かねばならないものである。太鼓の囃しに神歌を掛合いながら、先ず東方の綱から下すのである。続いて南方西方北方と下し、終って注連主が中王黄龍王埴安比売命《はにやすひめのみこと》の幡を下す。終ると太鼓の囃しは、始め静かに、次第に調子を速めて、九本の綱は緩く、またはげしく曳いて、前後左右に揺り動かし、暫く曳いて後一旦引き上げて静止する。次に早調子の太鼓となり、注連主は装束の袖を脱いで、

〽みさきやま、下りつ上りつ、石ずりに、
　袴が破れて、着替へ給はれ

天蓋を生けるごとく揺れ動かす「天蓋曳き」。大元神楽の重要な一番

の神歌で九個の天蓋は、遠く近く前後左右、緩急自在に遊ばする。

そうするうち私の中央の天蓋と北方と西方の中間の天蓋の綱とが二巻き縺れた。私は困ったことになったと思っていると、左座の三浦宮司が早くその縺れを解かんと焦ったため、更に四巻に縺れた。これを見ていた太鼓側にいた人が、飛んで出てその縺れを解かんとしたので、これを制する人があり、その人は出ることを止めた。私は太鼓方に、

〽天蓋のみどりの糸を曳く時は、
　　とけよやほどけ、結ばれぬ糸

の歌を歌うように命じた。この神歌の二度目の繰返しに入った時、不思議、四巻き縺れていた綱がほどけた。

神懸り託宣

その時背後から拍手する人があったが、その瞬間すさまじき勢で私の烏帽子をはね飛ばして、大声で私の持つ天蓋の曳綱を握った者があった。烏帽子を飛ばした時は、酒酔の仕業かと咄嗟には思ったが、見ると託太夫が飛び出して来たのである。全く予期せぬことであったので、私をはじめ他の神職達も真青になった。中央の一本の綱では力が入らぬので託太夫はすばやく右側の四本の綱の方へ移った。腰抱の役なども一応は定めてあったが、この夜、神懸りがあるとは誰も思っていなかったし、それでも綱貫《つなぬき》か、御綱祭りの時であるならば、その処置も素早く出来たろうが、天蓋曳きの八分通り終った処で、咄嗟の神懸りであったから、近くにいた若い神職四名が出でて託太夫の腰を抱いた。他の神職数人して龍蛇を元山《もとやま》の柱から端山《はやま》の柱へと引き渡した。この間七分位要したとのことである。天蓋綱を握りしめたままの託太夫を託綱《たくづな》の龍蛇に引き寄せ、両手を綱にかけさ

「磐戸の舞」の手力男命と天照大神

神話の世界がよみがえる鍾馗の鬼

右手に剣、左手に草の輪を持って舞う「鍾馗」

せた。大元神の御託宣をお伺いする聞役も定めてはあったが、未経験者ではこの際処置に困ると皆が言うので、取敢えず私がお伺いすることにした。

その間、託太夫は息も切れるかと思う息づかいで、その絶叫は身震いする程であった。満場水を打ったような静けさである。

龍蛇を伸ばして揺する。このとき神懸りなる人が出る。神懸りは大元神楽で最も重視されている。

　岡山から見学に来られた岩田勝氏の後日の手紙では、自分は帰宅してから録音テープを聞いてわかったが、託太夫が飛び出した直後からテープコーダーが故障したのか、はたりと音が止まったと思ったら、四十秒後にまた音が出だした。四十秒間は祭場に何一つ音のするものはなかったことが知れたという。

　打米《うちごめ》をして祭場を祓い清め、一束幣を託太夫の頭上にかざして、

「恐る恐る大元様にお伺い申上げまする。今宵のお神楽はいかが思召しでございませうか」

　すると託太夫は、

「ホオーオ、エエ（良い）。オオ、オホ、オオ、ホントニ……」

と託宣があった。以下年の豊凶、火難水難、その他をお伺いして終った。注連主の打祓いの秘法の後、二度託太夫の肩を打つと、瞬きして正気に返った。数人して抱きかかえて本殿前へ運び寝かせた。

　これまで神懸りした場合は、鬼のように顔色は赤黒くなるのに、今度は顔面蒼白となった。珍しいことで、皆の話を聞くと、神懸りする前から青白い顔になっていたと言い、終って神殿前に寝かせた時は全く死人のように血の気はなくなっていたという。私も鎮めの歌の終るまでは夢を見ているような気持であったが、神懸りの出来たことで大任をはたせたと安らかさを覚えた。

　託宣が終って、夜半二時半頃から、手草、山ノ大王、羯鼓、刹面《きりめ》、神武、鐘馗、鈴ヶ山、蛭子《えびす》、天神、綱貫と続き、綱貫は既に託太夫をその中に入れて行う必要もな

夜が白々と明けるころに舞われる「塵輪の舞」

くなったので、形だけのものを行った。次の小田部落の鈴合（四剣）は、実に美事な太刀捌きの儀式舞で、これだけの演技の出来る処は島根県下にもないであろう。今宵の白眉でもあった。黒塚、塵輪《じんりん》と舞い終って、六所舞、御綱祭りと最終の神事式で神名帳を読み上げて、
　天下泰平、万民安泰、五穀豊穣、牛馬安全、千秋万歳万々歳と注連主の唱言の後、午前六時半、成就神楽の打上げで、目出度《めでたく》大元神楽の現地公開は終了した。
　つづいて大元神送りに移り、御神木に託綱を巻いて祭具を納め、神饌を供して、鎮祭祝詞を奏上し、一同拝礼して七時半八幡社へ帰り、神酒頂戴して散会した。
　あと片付を皆に頼んで、私は託太夫を連れて先に帰った。車の中で託太夫に話しかけてみたが、声は全然出なかった。体が元のように恢復するまでに一週間を要した。私も全然食欲がなく、歩いていても眠気がさした。その日は番茶を呑んだだけで何も食べずに、翌朝少し重《おも》湯《ゆ》を呑んだ。二日目三日目と少しずつ食べて行き、私も託太夫と同様体調の復したのは一週間後であった。神懸りした者の短命に終ることのあるのを、今度初めて身に体験したことであった。

神楽が終わり龍蛇は再び森に還る。龍蛇を神木に巻き、幣を立て神饌を供えて拝礼

龍蛇はまた七年後においで願うことになる。

人長舞

霜月に響く笛・太鼓

文と写真　須藤　功

十一月を陰暦では霜月ともいった。その霜月を現行暦にあてはめると、年によって日時に多少のずれはあるが、十二月中旬ぐらいから一月になる。

この時節、太陽の輝きは弱々しい。一年中で夜が最も長く昼の短い冬至もここにある。暗い時節である。

祖先の人々はこの時節をどう見ていたのだろうか。話は神代のことになる。天照大神が岩屋に籠ってしまったためにこの世が暗闇となったという神話は、この時節をさしているのではないかという。

この神話には、つづいて天鈿女命《あめのうずめのみこと》と手《た》力男命《ちからおのみこと》が登場する。手に笹竹を持ち、乳房もあらわに天鈿女命が踊ると、天照大神は外で一体何がおきたかと岩屋の扉をそっと開ける。その時を逃さず、手力男命が扉を一気に取り払う。そこでこの世は再び輝きに満ちた光をとりもどす。

現実にもどってみても、霜月のころは太陽のみならず、一年中せっせと働いた我々の体も弱っている。作物は収穫を終えて大地にはもう何もないが、その種子が来たるべき春の光を待っている。

衰えた万物の力を回復する。すなわち新しい力、はつらつとした魂をそそぎこむことを鎮魂といった。衰弱した魂を再びもとのところに鎮めることである。

神楽はそのための儀式、言葉を変えると鎮魂の祭りだといわれる。先の神話はそれを象徴的に物語っている。

いまは日々がまちまちになっているが、各地に見られる神楽の多くは霜月に祭日があった。しかるべき祭日だった。あちこちに笛・太鼓の響く月だった。

そうした神楽は大きく宮中の神楽と民間の神楽とにわけられる。宮中の神楽で最も重要視されたのは人長舞《じんちょうのまい》である。人長とは天皇のこと、しかしその人がまうわけではない。この舞が重要視されたのは、人長舞は人長のみならず、臣下人民の鎮魂をもなすという思想を多分に持っていたからである。

民間の神楽（里神楽という）はさまざまである。地域によって、演ずる人々によって、主神によって、道具立によってそれぞれ形式が違っている。もっともそれを問題とするのは研究者で、それを行う人々にとってはさしたる問題ではない。問題なのは神がどのように一年を約束してくれたか、ということである。それはその年の神楽がどれだけ真摯に、しかしどれだけ楽しかったかということで判断される。

神楽の楽しみ、それは土地の人々が一番よく知っている。その時間になると祭場は土地の人々でいっぱいになる。しかしそれは神楽の大事なところと必ずしも一致しないこともある。身内の者がまうとき、面白い舞のとき、あるいは餅投げがあったりするときなどである。もっともそのあたりはうまく神楽が構成されていて、狙ってきたのでは〝後の祭り〟ということにもなりかねない。一番前に陣取っている子供が、ときどき眼を開けて舞を見て、またコックリコックリする間はたいてい大丈夫、楽しい舞、面白い場面はまだ先である。

●神の座　神楽を行う場所、すなわち神の座もさまざまである。神楽殿、拝殿、民家、公民館、それに臨時につくられる祭場などである。しかしどこであろうともそこが神聖な場であることに変りはない。小さなけがれのない宇宙がつくられる。狭いといえば狭いが、そこで行われることは地域の万物におよぶのである。

座敷が神楽の舞台。四方に張った注連縄《しめなわ》には切り飾りがつけられる。注連縄のなかに一般の人ははいってはならない。（秋田県　霜月神楽）

花宿といって、奥三河の花祭では普通の家の庭が舞庭《まいにわ》になった。その中央にすえた釜のまわりをまわりながら神楽を舞いつづける。（愛知県　花祭）

沖縄の司祭者は女、御嶽《うたき》と呼ぶ神の座す神域に男ははいることができない。（沖縄県　種取祭）

白い輪は天、向こうは神籬《ひもろぎ》の頂き。神籬の下部に御贄《おにえ》の猪頭が供えられる。神楽は一夜、天の下で舞いつづけられる。（宮崎県　銀鏡《しろみ》神楽）

神楽の座ではないが、「おこない」と呼ぶ初春の神事では餅が神の座となる。（滋賀県　おこない）

●神楽さまざま　全国に数多く見られる神楽は、構成の中の重きをおかれるものによっていくつかに分類できる。しかしはっきりと区分できるわけではない。一つの神楽にはさまざまな芸能が複合されているからである。

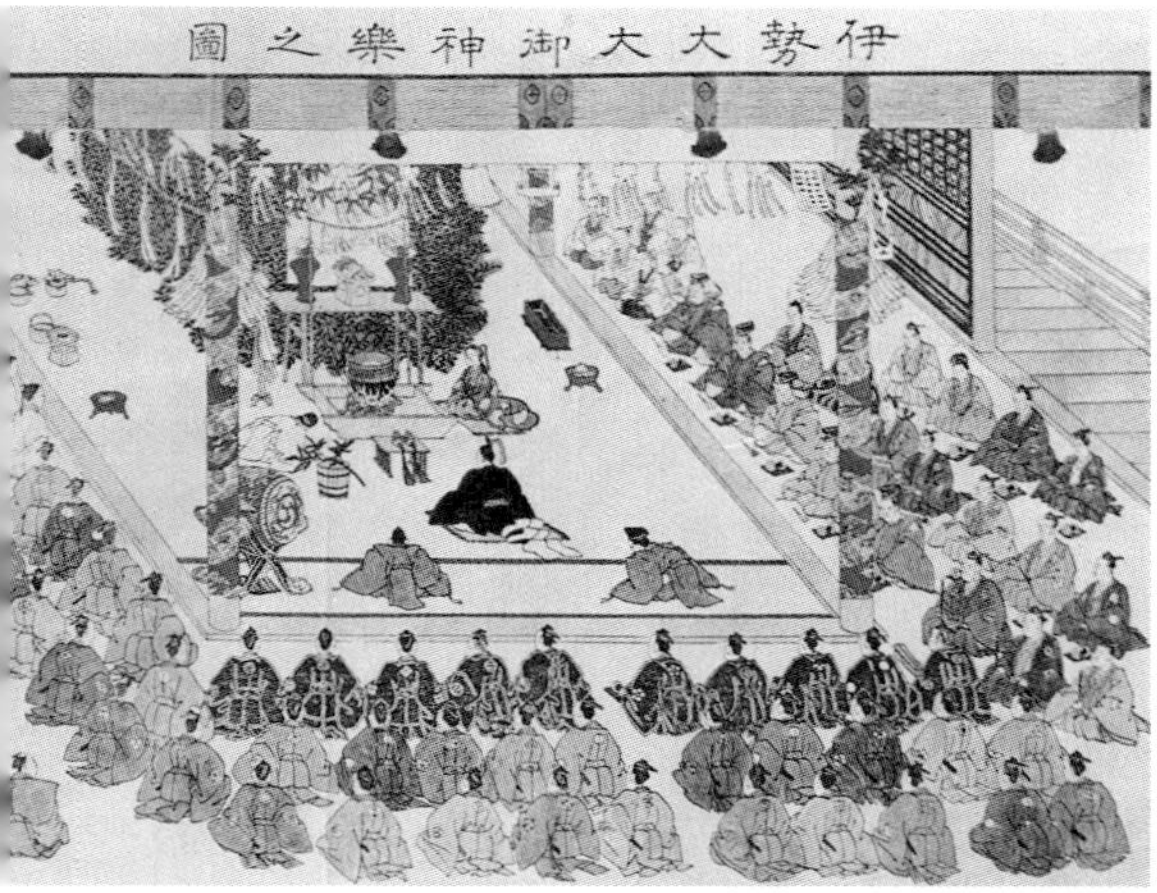

湯立のともなう神楽を伊勢流ともいう。伊勢大神楽は、伊勢参りの人を湯立の湯で清めるものだった。

写真は長野県南部の伊那谷の「遠山祭」、隣接する愛知県東北部の奥三河の「花祭」とともに湯立のともなう神楽である。

神話の世界を舞う神楽を出雲流ともいう。写真の大蛇退治はことに人気がある。天岩戸開《あめのいわとびらき》も欠かせない。（岡山県　備中神楽）

巫女《みこ》舞。沖縄を別にして、すべて男が神楽を舞っていたころには、この巫女舞に相当する舞も男が舞った。（秋田県　霜月神楽）

「ししとぎり」という、猪狩りのさまを演じる神楽の一番。股間の男根は女である山の神が喜ぶという。（宮崎県　銀鏡神楽）

●まう人みる人　神楽をまう人、むろん人である。しかし、見る人、いや見ていただくのは本来、神であらねばならない。見て満足すると神は人に新たなる力をあたえてくれる。しかし見る人を否定するわけではない。人神一体になって楽しむということも神楽ならではである。

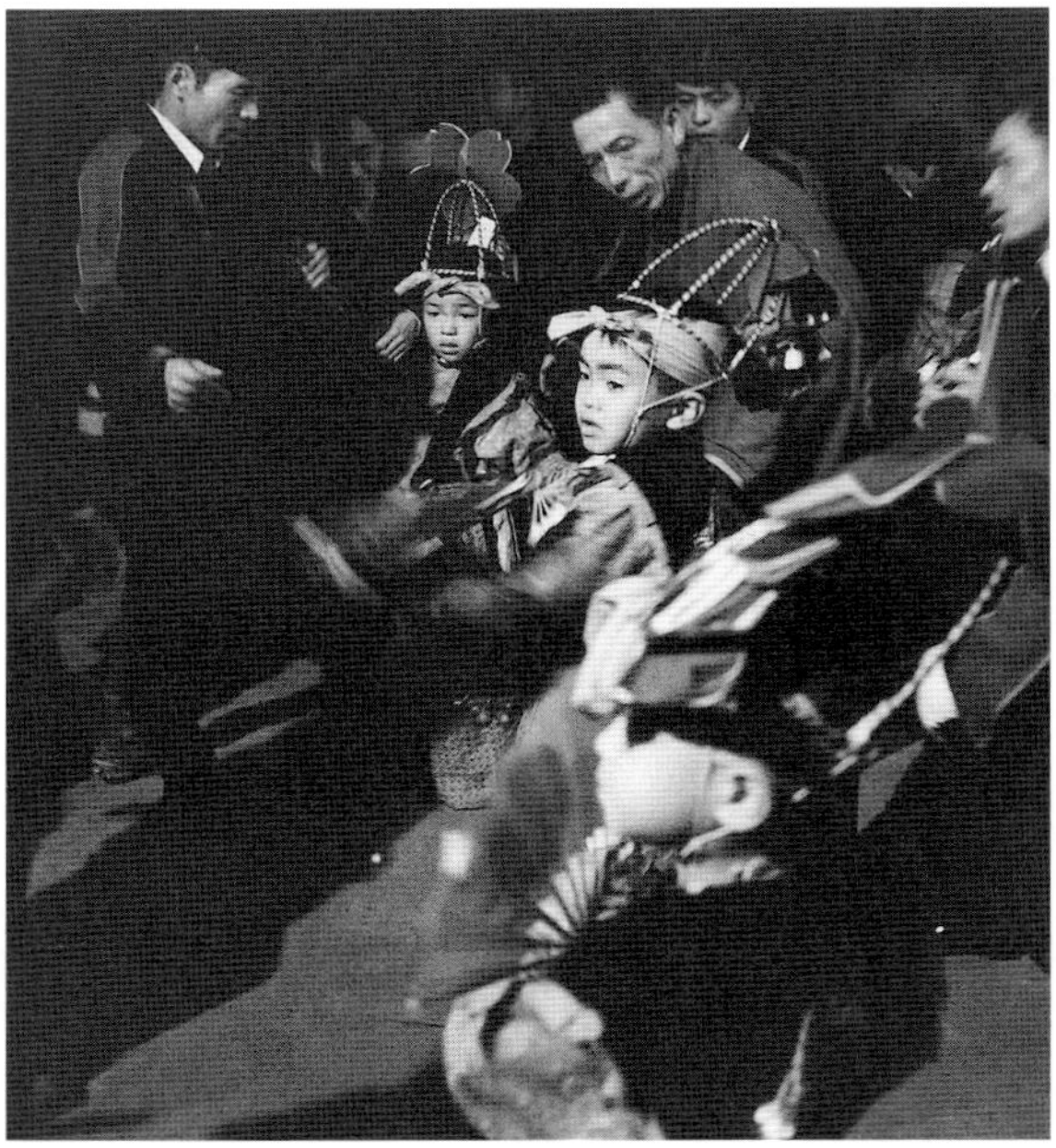

年少の子が舞庭で初めて舞う「花の舞」。舞う子も真剣なら、見つめる親もまた真剣。子の目がしだいに輝いていく。(愛知県　花祭)

神を招く勧請幣《かんじょうべい》を持って神懸りになった神楽太夫。これからの天候や稲作のことなど、神主の問いに神楽太夫は答える。(岡山県　荒神神楽)

顎においた横棒の上に茶碗を重ねていく。見ている方がハラハラする。(三重県　伊勢大神楽)

おどけた一番に、自然に笑いがこぼれる。(三重県　伊勢大神楽)

一夜をさわぎつくした朝。まどろむ夢は神楽舞で拍手をあびている、ところかもしれない。（愛知県　花祭）

沸騰させた釜の湯を撒き散らす「湯囃子《ゆばやし》」。祓い清めの湯で、体にかかると風邪を引かないなどという。（愛知県　花祭）

ヒョットコが何かを投げようとしている。それを取ろうとする子どもたち。（群馬県　南室神楽）

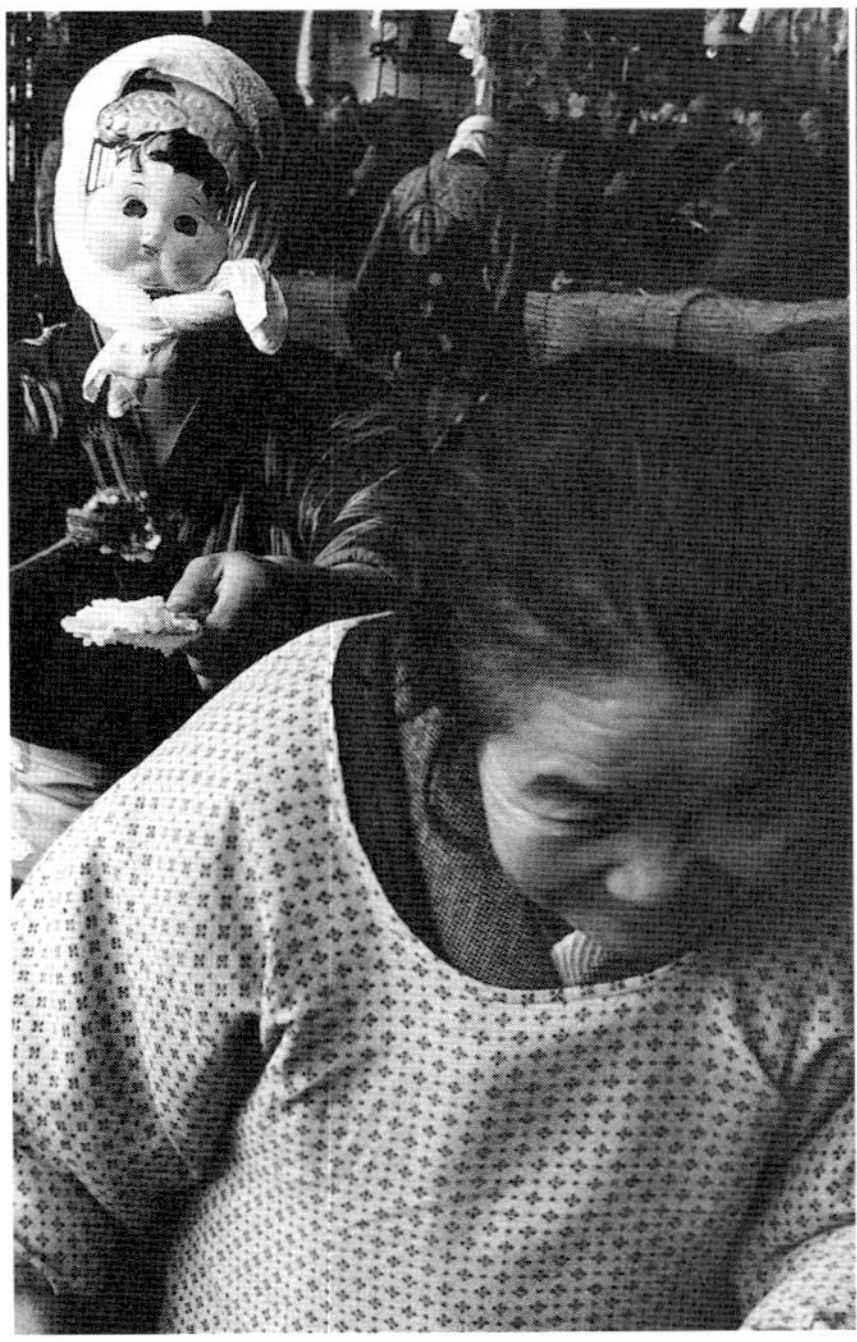

オカメに迫られるお婆さん。逃げないとオカメが手にする味噌や飯粒を顔に塗りつけられる。（愛知県　花祭）

こわーい鬼が現れて泣く孫。笑う祖母。（愛知県　花祭）

大根と菊花を背負って帰る。　新潟県山古志村（現長岡市）撮影・須藤　功

花語り

—野辺に咲く鮮やかな生命の伝承—

文　西山　妙
佐藤健一郎

きれいにできた花御堂の屋根。　埼玉県吉田町塚越（現秩父市）　撮影・須藤　功

やすらい祭りの、頂きに花木をおいた傘。
この下にはいると禍いが祓われるという。
京都市北区。撮影・須藤　功

さわやかな若葉の季節。若い二人はきっと自分たちの姿に重ねて若葉を眺めるに違いない。仕事に夢中になっていた人は若葉の風を受けて疲れを癒す。老いた人にはもう望めない生命のいぶき、しかし心の生命はこの季節に再び生き返る。

若葉の季節はまた花の季節。野山を彩る花々。路傍に咲く名も知らぬ可憐な花。そうした花に日本人はどのような思いを寄せてきたのだろうか。

誰もが思いあたるのは花の美しさとその生命の短かさだろう。だがはたして現在の日本人がいだくそうした感情は古くからのものだったろうか。

それは古くという言葉の時代をいつにおくかでかならずしも一様ではないが、花にいだく古《いにしえ》の人々の感情はおおむね実用的だったようである。とにかく食用となる実をつける木や作物の花。そしてその花がたくさん咲くことを願った。花が多いほど実りも豊かという発想である。

花によって時季を知るのはいまも変わらないが、咲く花を農耕の目安としていたところは多かった。辛夷《こぶし》が咲くと苗代に種をおろし、卯《う》の花のころに田植えをする。合歓《ねむ》の花が咲いたら大豆を蒔《ま》けというところもあった。

四季おりおりの花はさまざまな行事、言葉を変えると信仰の中にも生きている。大きくわけると仏教の花、神道の花ということになるが、日本人の生活の中にはその両者が混同した形で伝わっている場合が多い。そうした行事の中に古人の信仰の姿を残しているものも少なくない。

信仰の花も実用的なものの一つである。それは欧米の人々にとっても同じようである。生きて行くために神に祈り、祈りの証に花を供える。あるいは花を目標、すなわち依代《よりしろ》として神を迎えようとする。

そうした花のある生活を探って題して花語り。

卯木《うつぎ》の花の咲くころの田植え。新潟県山古志村
（現長岡市）撮影・須藤　功

秩父塚越の花まつり

文　西山　妙
写真　須藤　功

秩父塚越《つかごし》の花まつりのことを耳に入れてくれたのは、当日本観光文化研究所の山崎禅雄さんである。

「子供たちが小さな御堂を花で飾り、お釈迦さまに甘茶をかけて誕生を祝うのだけれど、その御堂が美しいのよぉ。藤とボタンで飾られて」と、まるで目の前に、うす紫の藤の花房と華麗に開くボタンの姿を見ているような表情であった。

幼い頃、花まつりは身近にもあったような気がするけれど、私自身はまつりに行ったことがない。心の中にうっすらとある、天と地を指した小さな誕生仏と御堂の有様は、絵本ででも見たものだろうか。

あの御堂を、花で飾る……。

同じ研究所の須藤功さんも二、三年前にまつりを撮影している、というので伺ってみると、

「まつりの前夜、氏神の熊野神社で花御堂を作ってね、それを翌朝、山の薬師堂へ運んでお祭りするんです。ツツジなんかの花をいっぱい集めておいて、運ぶ道々にまきながら」

とおっしゃる。

花をまきながらなんてどんなにきれいな光景だろう。記憶の中の御堂が次第に色をおび、その周囲は無数の花で埋まっていった。

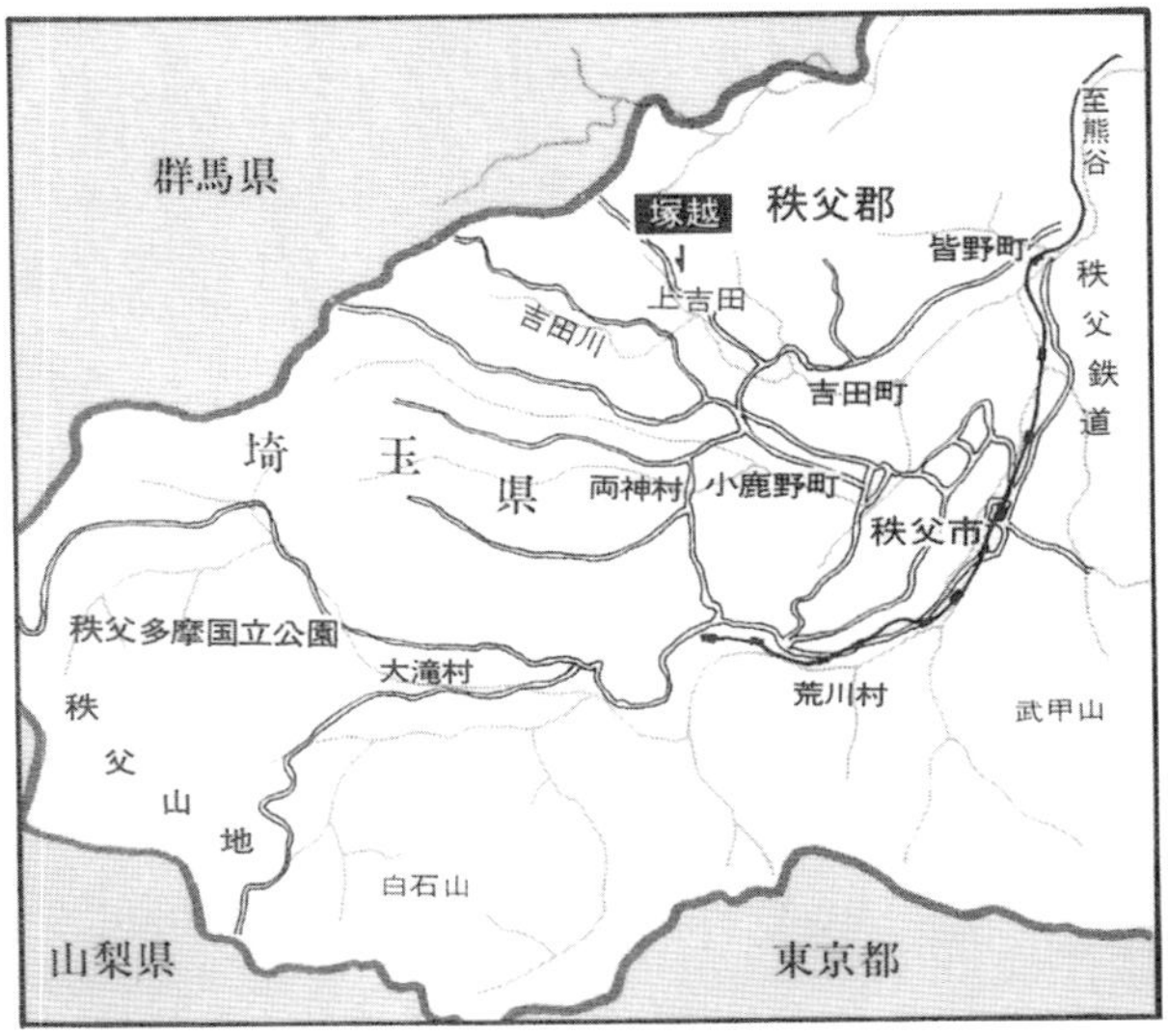

花まつりのころ、塚越の各家では藤の花を門口や井戸に飾りさす。
邪気を祓うのだろうが、門口に揺れる藤の花はなんとも美しい。
左頁上・道にまき清める花を掻き混ぜる。下・御堂を飾るために摘んだ花や蕾、木の新芽や実

塚越は、のどかで優しいたたずまいである

　昨年（昭和五十八年（一九八三））五月七日の早朝、私は秩父行きの電車に乗った。昨夕からの暴風雨は少しも衰えず、雨が激しく窓を打つ。そして窓のむこうを狂ったように身をよじる木々が過ぎて行く。どうか、どうかやんで下さい。まつりの花々を散らさないで下さい、と祈るような気持で外ばかりを眺めているうちに、突然雨がやんだ。と間もなく、先を争って東へ東へと馳けて行く雲の群の間に青空がのぞき始め、秩父駅に着いた時は、ぬけるような初夏の空が広がっていた。

高台に登ると武甲山の見える塚越集落

　秩父鉄道に乗り換えて皆野《みなの》へ。そこからバスで吉田川の渓流にそって右へ左へと曲りくねる道を三十分程行くと、塚越である。

　バスが走り去った後には、白く、長く一本道が延びていた。道の両側に軒をつらねて家々が続く。店も自動販売機も広告も驚くほど少ない家並みには、しっとりとした落ち着きが感じられ、周囲を小さな山々に囲まれているせいか、のどかで優しい村のたたずまいである。

　あちこちにひきちぎられた木の枝が散っているのをみると、こちらも相当に荒れたのだろう。けれど今は雨あがりの透明な日射しがいっぱいに降りそそぎ、あらゆるものの上で雫が光り、そして暖かな風がわずかに木々を揺らしているだけである。

　早朝の風雨からは想像も出来ない好天に恵まれた私は、目をとじて深く息をすった。雨の香り、土の香り、萌え始めた草木のムッとする香りが、体の中を心地よく流れてゆく。

　遅い昼食にとパンを買い、食べるのによさそうな場所を探してしばらく歩いてみたけれど見つからない。すると、「熊野神社」という標識に行き合った。熊野神社は、

米山から見おろした塚越集落

花御堂を作ると聞いていたその神社である。ならばいっそ神社の片すみをお借りしようと思って、標識の横の小道を入る。すぐに急な石段が現れ、石段を登るとひなびた感じの小さな拝殿があった。

拝殿の前には十人ほどの子供たちが集っていた。

「何しに来たの。花まつりの写真撮りに」と二年生くらいの少女が、目をクリクリさせて尋ねる。

「パン食べに来たの」と少しおどけて私。

「へんな人ねぇ」と心底不思議そうにするその表情が愛らしくて、思わずふき出してしまった。

「ごめんね、ほんとはね、おまつりを見せてもらいに来たの。でも今はおまつりよりもパンが食べたい。お腹がすいて死にそうだから」

「なあんだ。それならそこに腰かけて食べなさい」と、少女は拝殿へ上る階段を指さして言う。

機敏なしかも優しい心づかいが嬉しくて、ありがとうと言った時の私はきっと微笑んでいたのだろう。

「よく笑う人だなあ」と少女が笑う。新しいことに出会う前の緊張がすーっと消えてゆき、子供たちのおしゃべりの輪に加わりながらパンを食べた。

大きな竹籠をしょって、年輩の男の方が石段をゆっくりと登って来た。そして拝殿の前に竹籠を下ろした時、私は一瞬、息をのんだ。籠いっぱいの花びらであった。

五月になると、子供たちは毎日、家のまわりや近くの山々からまつりの日にまくための花を集める。早いうちに採った花は干からびてしまわないように、籠でつるべの井戸の中へ吊したり、あるいはビニール袋に詰めて冷

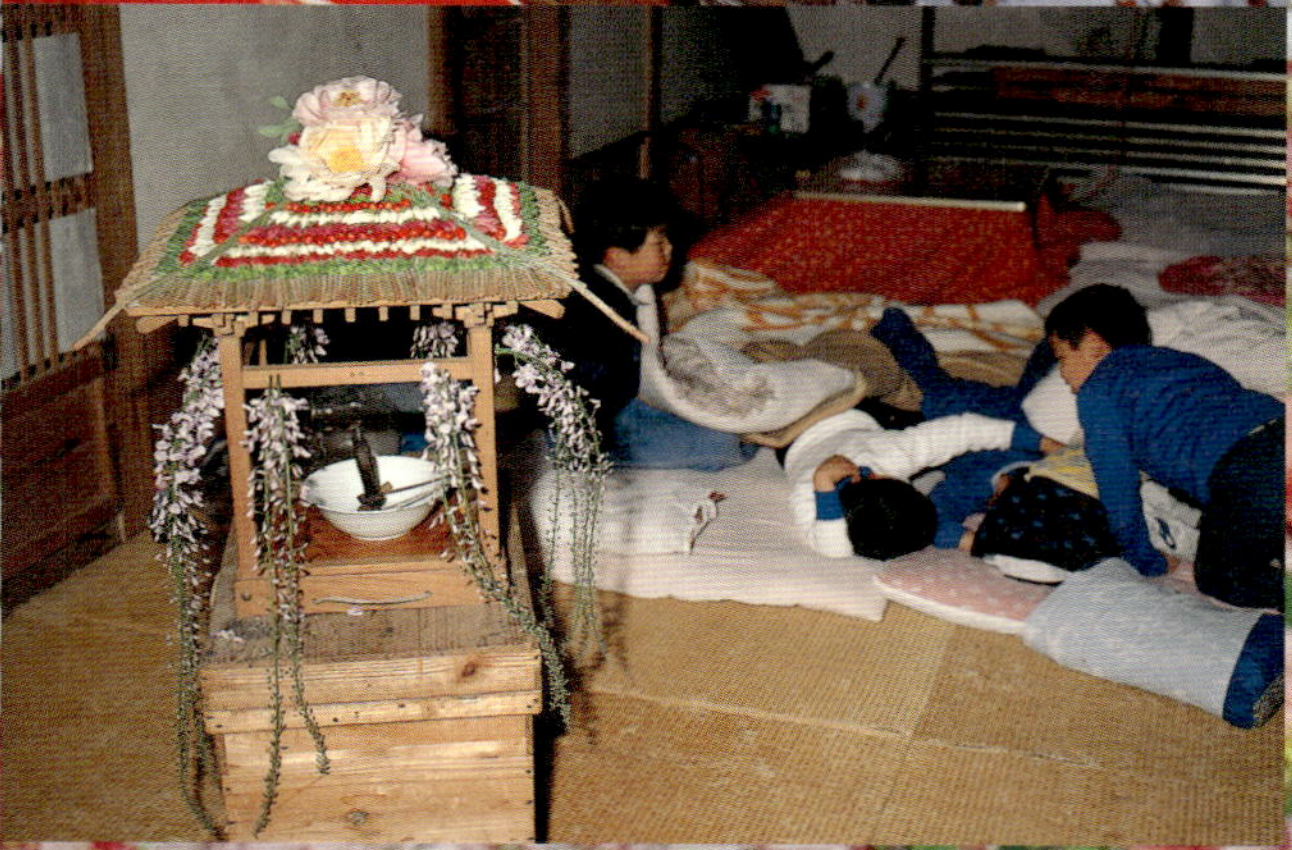

上・花御堂作り。下・男の子たちは花御堂と一夜を明かす。

花御堂とともに若葉の山道を米山の薬師堂に向かう。

もう一息で薬師堂

蔵庫の中に入れておいて今日、持寄る。男の方はそうした花を運んで来てくれたのであった。

子供たちは口々にそう説明すると、私をうす暗い拝殿の奥へと招き入れてくれた。六畳くらいの広さだろうか。ただ一つある窓から入る明りの中に、こんもりとした花の山が浮んでいた。濃淡さまざまのツツジ。桜。ボタン。椿……。

「これを道にまくの。きれいでしょう」ホラッと、六年生だという少女が、両手に抱いた花を上へ投げた。

花が降りしきる雪のように散った。

これ程の花を採り集めても、なお次々に花を咲かせ、あたりを埋めてゆく――花まつりのおこなわれる今は、そんな命の萌える季節なのだと、むせ返るような花の香の中で思った。

子供たちには、新緑や蕾と同じきらめきがあった

二時近くだろうか、御堂を飾る花を準備するために、子供たちが勢ぞろいした。小学一年生から六年生まで三十人ほど。塚越の子供だけでなく、まつりのために招かれた親戚の子たちも加わっている。

六年生の新井君が皆を班に分けて、ツツジの蕾、松の緑芽、犬がやの新芽、アオキの実、藤の花のうちの何をどこへ集めに行くかを告げた。彼の話し方はどちらかというとゆっくりとしていてしかも低い声なのに、不思議と騒ぐ子も調子づく子もいず、それぞれが年長者を先頭にして出かけて行った。

「いっしょに行こう」と少女たちが誘ってくれた。アオキの実の班である。春の声をきくと間もなくアオキは、大きくて厚みのある葉の重なりの奥に、大切なものを隠すようにして実をつける。それは深紅で陶器を思わせるようにつややかな実である。

列は一番うしろに私をつけて明るい陽を浴びながら進む。歩くのに合わせて、オカッパの髪が揺れ、腰に下げている小さな籠が踊る。おしゃべりをしたり唄を口ずさんだりしながら行く少女たちも、目ざす家へ着くと少しあらたまって、

「こんにちは。アオキの実を採らせて下さい」と挨拶をし、それぞれの籠の中へ手の掌に入るくらいの実を集めた。

花々がすっかりそろえられると、拝殿の前庭で甘茶づくりにかかる。女の子が加わらずにいるのを不思議に思って尋ねると、以前はすべてを男の子だけでしていたという。人数が少なくなったために今では花集め、花御堂づくり、道に花をまくこと等を手伝ってもらうようになったけれど、大事な部分はやはり男の子だけでする。平たい鉄鍋で、アジサイの葉に似たやわらかな葉を炒りながらそう言った少年たちの表情は、少しばかり誇らしげであった。

はじめのうちは男の子のすることをのぞき込んでいた少女たちもやがて見物にあきて、〈花いちもんめ〉を始めた。

〽勝って嬉しい　花いちもんめ

〽負けぇてくやしい　花いちもんめ

二手に分かれた少女たちは、交互に大声をあげながら地べたを踏み鳴らさんばかりの勢いで歩み寄り、肩をいからす。かと思うと笑いながら足を上げて相手に挑みかかるしぐさをする少女もあって、唄をかけ合うことの面白さとじゃんけん勝負の迫力とに満ちた、実に楽しい〈花いちもんめ〉である。

そんな前庭に、甘茶の葉を炒るこうばしい香りが漂い始めた。

焦げる少し手前で鍋を火からおろし、熱いうちに葉を手でていねいに揉む。何回にも分けて炒った葉は最後に全部集めてさらに細かく揉まれ、粉に近いくらいになっ

米山の山頂にある薬師堂。花御堂の安置につづいて護摩祈祷がある。5月8日は塚越の人々にとって大事な日

たものを明日の甘茶に使うのである。なめてごらんよ、とひとつまみくれたそれは、かすかに甘かった。

後かたづけをしながら、五年生の山本君がしきりに私の泊る宿を心配してくれる。塚越に近い旅館がいっぱいで、K園に予約していると何げなく話したためである。

「あそこは遠くてダメだ。あしたの朝、行列が出発するのに間に合わないよ。バスもまだ走ってないんだから」

たまたま様子を見に来た彼のお父さんにも相談してくれた。すると、近くの宿はまつりの一ヵ月程前から見物に来る人たちの予約ですっかり埋まっていて、今からではどうにもなるまいということであった。

「しょうがねえな。じゃあ俺の自転車貸すから、あしたはそれで来いよ」

私は自転車に乗れない。そう言うと山本君は処置なしという顔でため息をついた。

陽が心もち傾き始める頃、六年生が誕生仏を迎えに行った。誕生仏は平生はお大尽と呼ばれている旧家がお守りしているのを、花まつりの前日、熊野神社へ借りて来るのである。

こうして花御堂の準備がすっかり整うと、子供たちは家へ帰った。そして夕食を済ませてから再び神社に集って、いよいよ御堂を花で飾る。

御堂は四十センチ程の方形で、ゆるい勾配で広がった屋根の形が美しい。その屋根を、ツツジの白と紅で縁どりし、内側を、松のくすんだ緑—カヤの新芽の鮮やかな緑—アオキの実の深紅で順に埋め、頂上を赤と白のボタンで飾る。また屋根の下にはうす紫の藤の花房が挿され

薬師堂の祭壇に並ぶ十二神将の木像

安置した花御堂の脇で、塚越みんなの健康と安全を祈る護摩祈祷

参拝者は護摩にかざした独鈷《どっこ》を握って祓いを受ける。

て、優雅さをそえた。

こうして飾られた花や木の芽は各々の色を競い合って、野にあった時とは別の輝きを持ち始める。子供たちの手でそれらに、新しい命が吹き込まれたかのように。

夜は少年だけが誕生仏と御堂をお守りして拝殿におこもりをし、明朝は全員で薬師堂へ向かう。

こうして一歩一歩着実にまつりへ近づいてゆく子供たちの様は、私にとって驚きであった。リーダーがあれこれと大声で指図するのではなく、年長者を要にしておのおのがうまく役割りを見つけ合ううちに、すべてが運ばれるからである。

おそらく塚越の子供たちにとって花まつりは、季節と共に巡って来る生活のリズムなのだろう。親の背に負われて見物し、やがて一番外側の輪に加わり、年ごとに中心に近づいてゆく。そうしたなかで、集団で何かをなしとげる知恵が培われ、まつりも自然のもつ美しさもより深いものになるのではないだろうか。

「花まつりはいいおまつり。でも、子供たちは、もっといい」

ふともらした言葉に、撮影に来ていたカメラマンも微笑んで言う。

「絵になるんだなぁ。実に」と。

子供たちには、新緑や蕾と同じきらめきがあった。芽ぶき始めた季節の歓びをうたっているような花まつりの担い手にはこうした子供たちこそが、ふさわしいのであろう。

道は行列が進むにつれて、花で染まってゆく

五月八日、まだ暗いうちに起床。幸運なことに、K園にも花まつりを見るために泊っていた方があって、その方の車に同乗させていただいた。

十五分程朝もやの中を走って塚越へ。はやる心で神社へ行くと、子供たちはもう拝殿の前に集っていた。どの顔も寝不足のためか少し白っぽい。

「夜、目が覚めたよ。雨がふってないかと心配で外を見たら、星がいっぱい出てたから、ああよかったと思ってまた眠ったよ」

「今朝、四時ごろおきちゃった。きのうの晩、あんまりご飯が食べられなかった。朝も、なんにも食べないで来たの」

と低学年の少女たち。

まだ幼なさが残っている少女たちにとって、自分たちでする花まつりは楽しいけれど、少し緊張もするのだろう。

花をまき散らして花御堂の行く道を清める。

五時三十分。申しぶんのない青空の下を子供たちの行列が出発した。

米山薬師堂に通じる神社への山道は、両側から木々が繁っていて、まるで緑のトンネルを行くようである。

先頭は、花のいっぱい入った大きな籠を棒にとおし、少女が二人してかつぐ。次に腰へ小さな籠を着けた子供たちが続いた後、もう一つ大きな花籠。最後に花御堂と、小さな箱に納められた誕生仏が進む。

大きな籠から、小さな籠から、子供たちは花をつかんでは道にまく。と、まだ朝露の宿っている道は行列の歩みにつれて、赤く染まってゆくのであった。

木々のトンネルをぬけると、両側は畑。急に視界が開ける。それまでよりも少し広くなった道には、家族とまつりを見に来た人々が大勢待ちかまえていた。

見守るようなまなざしは、子供たちの親であろう。我が子を立ち止まらせてシャッターをきる姿があちこちにあった。カメラマンも多い。少しでも良いアングルをと、お互いにしのぎを削り、子供たちにポーズをとらせ

る様子にはハラハラさせられるけれど、子供たちは気にする風もなくて、いくぶん晴がましげに、おしゃべりをしながら楽しそうであった。

畑のつきるところにある小高い山が米山。米山は全山つつじの山で、今が真盛りである。そこを登る急な細道を行列はゆるゆると進み、出発してから二十分程で頂上の薬師堂に着いた。花御堂が廻り廊下に置かれ、お釈迦さまが御堂に安置された。

子供たちが年長者から順に、誕生仏へ甘茶をかけてお参りをする。大役を終えたあとのせいか、祈っている六年生の少年たちの後姿は妙に大人びて見え、高学年の少女たちには女らしさが漂う。小さな子供たちも、小さな手を合わせる。それは何をお祈りしたの、と思わず聞いてみたくなるような愛らしい姿であった。やがて、どの子もホッとした表情で甘茶をいただくと、連れだって帰って行った。

子供たちのいない、妙に静まり返った薬師堂から下を見ると、すっかり緑に覆われた塚越の畑や林が広がっている。そして遥か遠くの空に、秩父のシンボル武甲山があった。

やがてそんな光景を眺めながら、小さい子の手をひいて大人たちが山を登って来る。

この日塚越では親戚を招き、また、嫁いでいった娘たちも家へ帰ってくる。集った人々はご馳走を食べ、お酒を飲んで花まつりを祝うと、こうしてお参りに来るのである。境内にはひさしぶりに会った喜びで肩を抱き合う人たちの姿や、近況を語り合う人の輪があちこちにあって、実に和やかであった。

まつりのそこここに私は——

米山から降りて、家並みの中を気のむくままに歩いた。いつの間にか陽は高く昇っていて、汗ばむ程の暖かさである。

遠くの山は五月の優しい色をしていた。畑も生垣も緑に萌え、あちこちで桐の木がうすい紫色の花を高くかかげるようにつけ、道ばたで小さな花が揺れている。そして家々の軒には、藤の枝が挿されていた。

藤は所々にあるつるべ井戸の上にも見られた。昔の人は花まつりの朝、魔を除く力のあるといわれている藤を採るために山へ入り、枝を切って来て軒や井戸に挿した。その習慣が今もこうして続いているのである。

歩いていると何人もの子供たちに出会った。今日は日曜日なのであれから家で食事を済ませてから、ピアノやお習字の稽古に行った帰り道だという。そのうちの一人、紀美子ちゃんがどうしてもお客に、と痛いくらい私の手を引っぱって家へ案内してくれた。

紀美子ちゃんの家は、道に沿っている家並みから少し離れた、小高い場所にある。

伺った時には叔母さんが家族でみえていて、座敷は宴たけなわであった。名前をなのるでもなく、ただ、花ま

花さまざま

文・写真　須藤　功

先端に造花をかざした豊年祭の旗頭《はたがしら》。沖縄県石垣市登野城

ヤナギと呼ぶ飾りを立てた道祖神祭りのオカリヤ（お仮屋）。山梨県牧丘町牧平（現山梨市）

握飯に山茶花《さざんか》をさした力飯を持つ、神事相撲の子。鹿児島県瀬戸内町油井

十五夜に相撲を取る花笠の少年たち。鹿児島県知覧町加治佐（現南九州市）

野辺送りに加わる花籠は最後に墓に立てる。
群馬県新治村東峯須川（現みなかみ町）

太陽に花を捧げる天道花。福井県三方町（現若狭町）

花と盆菓子を供えた盆の墓。
秋田県西木村（現仙北市）

成仏寺《じょうぶつじ》の修正鬼会《しゅじょうおにえ》に僧侶が削花《けずりばな》を手に舞う。
大分県国東町（現国東市）

つりを見に来ましたと説明しただけの見知らぬ人なのに、私の前にもお赤飯やお煮〆が盛られ、ビールが注がれる。そしてお代わりをと催促までされた。はじめのうちは恐縮していたものの次第に打ちとけていって、つい長い時を過ごさせていただいた。

今ではこのように家々でお祝いをしているけれど、昔は薬師堂の前の広場にむしろを敷き、そこに集まって酒を飲み、ご馳走を食べたそうである。あの米山の頂上で初夏の風に吹かれながらの宴、遠くの山々を眺めながらの陽気な宴の様が、目に見えるようである。

この時季に高い所へ登って飲食を楽しむ習慣は、かなり古くから日本のあちこちで見られた（鹿児島県や徳島県の一部では今も残っている）。それらは、豊作と村の繁栄を神に願う行事で、塚越の花まつりはこの行事と四月八日の仏生会《ぶっしょうえ》が重なったのだろう。

かつての宴のご馳走もこのようだったのではないかと思いながら、私は細い野蕗《のぶき》のお煮〆や、うどんのつけ汁に入っている椎茸の、強い香りを味わった。

「うどんはおばあちゃんが打った。お母さんは作れないけど、私はおばあちゃんに教えてもらったから打てるよ。七味とうがらしを作ったのもおばあちゃん。椎茸は家でとれたの」

と紀美子ちゃんは得意気である。

それらをおみやげにいただいて、紀美子ちゃんの家を後にした。

まつりは夕暮に子供たちが御堂の花飾りをとり、誕生仏をお大尽の所へもどして終った。

人影のなくなった薬師堂の前には、干からびてしまった花々がもう花とも判らない姿で散っている。

夢のように美しいまつりであった。けれど美しさだけでなく、私自身もっと別なものも花に見ているような気がしていた。そして、ふと思ったのである。別なものとは、花の咲く力、あるいは緑の萌える季節が巡って来たこと、ではなかったろうかと。

田畑と山の仕事に生きてきた古《いにしえ》の人が花に見たのも、おそらくそういうものだったのであろう。そして、同じものを、彼等自身の中にも感じていたのかもしれない。だからこそ花を眺めているだけではなく、小山のように花々を採り集めて飾り、手折って軒に挿したのではないだろうか。花まつりのそここに私は、人と花が共鳴し合う、幽かな音を聞いた。

子供たちの花御堂への参詣はつづく。

春・花・宴

文 佐藤健一郎

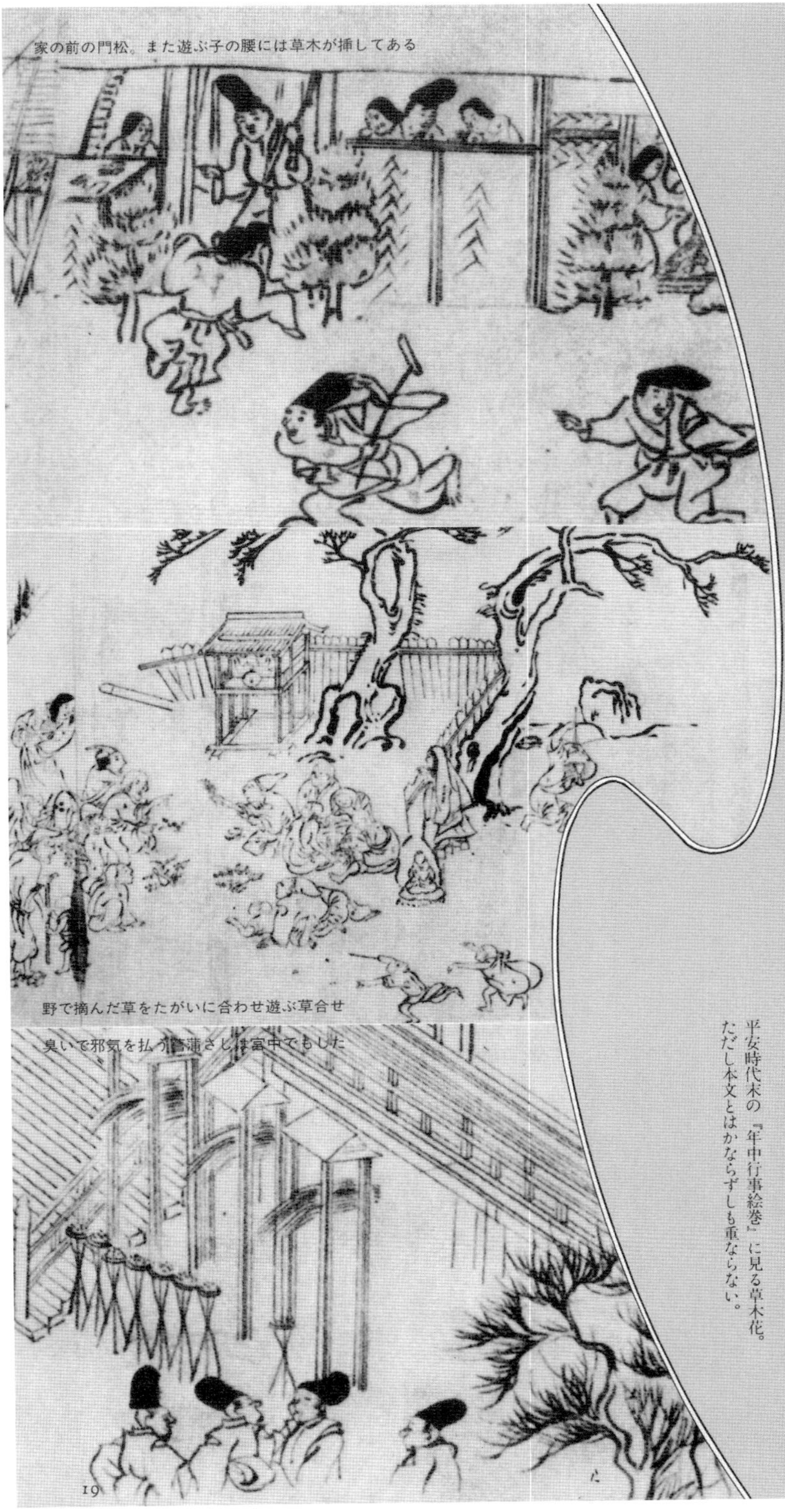

家の前の門松。また遊ぶ子の腰には草木が挿してある

野で摘んだ草をたがいに合わせ遊ぶ草合せ

臭いで邪気を払う菖蒲さしは宮中でもした

平安時代末の『年中行事絵巻』に見る草木花。ただし本文とはかならずしも重ならない。

椿

木偏に春、すなわち〝椿〟と書いてツバキと読む。春の花を考えてゆく以上、この花木から始めないわけにはいかない。

ツバキは日本原産である。種類も多く、十一月頃から四月末までいろいろに咲く。雪に埋もれて咲くユキツバキなどは、春の訪れをひそかに知らせているともいえるだろう。

『日本書紀』の景行天皇十二年冬十月の項に、朝廷に従わない土蜘蛛《つちくも》たちを討つところがある。そこに、

海石榴樹を採りて、椎《つち》に作り兵《つはもの》にしたまふ。因《よ》りて猛《たけ》き卒《いくさ》を簡《えら》びて、兵の椎を授《さず》けて、山を穿《うが》ち草を排《はら》ひて、石室の土蜘蛛を襲ひて、稲葉の川上に破りて、悉《ふつく》に其の黨《ともがら》を殺す。

とある。

海石榴は、海榴とも書き、ツバキをあらわす漢語である。兵は武器のことである。わざわざツバキで作った椎を武器としたと記しているところからみて、古代の人々は、ツバキに特別な力をみていたにちがいない。『古事記』の雄略天皇の項に、酒宴の時の歌謡をいくつか並べたところがあり、そこに、

倭《やまと》の　この高市《たけち》に　小高《こだか》る　市の高《つ》
処《かさ》　新嘗屋《にひなへや》に　生《お》ひ立てる　葉廣《はびろ》　ゆ
つまつばき　其《そ》が葉の　廣《ひろ》り坐《いま》し　そ
の花の　照り坐す　高光《たかひか》る　日の御子
に　豊御酒《とよみき》　献《たてまつ》らせ　事《こと》の　語言《かたりごと》も
是《こ》をば

とある。歌謡であるために、ここでは、万葉仮名で「由都麻都婆岐」と書かれている。「ゆつ」については、数の多いことする解に、神聖なという意であるとする解とがある。いずれの解にせよ、ここで、ツバキの葉のように広く、ツバキの花のように輝いていると天皇をたたえていることはまちがいない。ツバキは、このような場合にふさわしい木であったのだろう。同様の表現は、仁徳天皇の項にもみられる。

ところで、『出雲国風土記』の意宇郡の項に、「海榴　字或いは椿に作る」とあり、また、現存最古の漢和辞書である『新撰字鏡』は、「椿」の和訓として「豆波木」と記しているのである。『万葉集』にも「海石榴」と「椿」の両様の用例がみられる。ツバキに〝椿〟の文字をあてるのは古くからのことなのである。

「椿」について、諸橋轍次氏の『大漢和辞典』をしらべてみると、

落葉喬木の一。高さ三四丈。葉は大きく、若葉は赤色で、食用に供せられる。花は夏咲いて、白色小形。

とある。これは、明らかにツバキではない。海石榴という正しい文字を知っていたにもかかわらず、人々は、なぜ、椿という文字を使ったのであろうか。単なる誤用とはいえないであろう。春を象徴する木、春の木としてツバキをとらえていたからこそ、あえて〝椿〟を使ったにちがいない。しかし、残念ながら、ツバキをまさに春の木と考えていた人々の心を知ることのできる資料は見あたらないのである。『貞観儀式』の一月の上卯日進御杖儀の項に、焼椿・皮椿などがみえるが、これも梅・桃・木瓜など様々な木のなかの一つとして用いられているにすぎないのである。大和や豊後の海石榴市《つばいち》などでも、ツバキに或る力を認める人々の集まる市であったにちがいないが、その具体的な姿はわからない。ツバキは、早くに、春の木としての役割を終えてしまったようである。

霞たなびく

石《いわ》ばしる垂水《たるみ》の上のさ蕨《わらび》の萌え出づる
春になりにけるかも
志貴皇子《しきのみこ》（万葉・巻八）

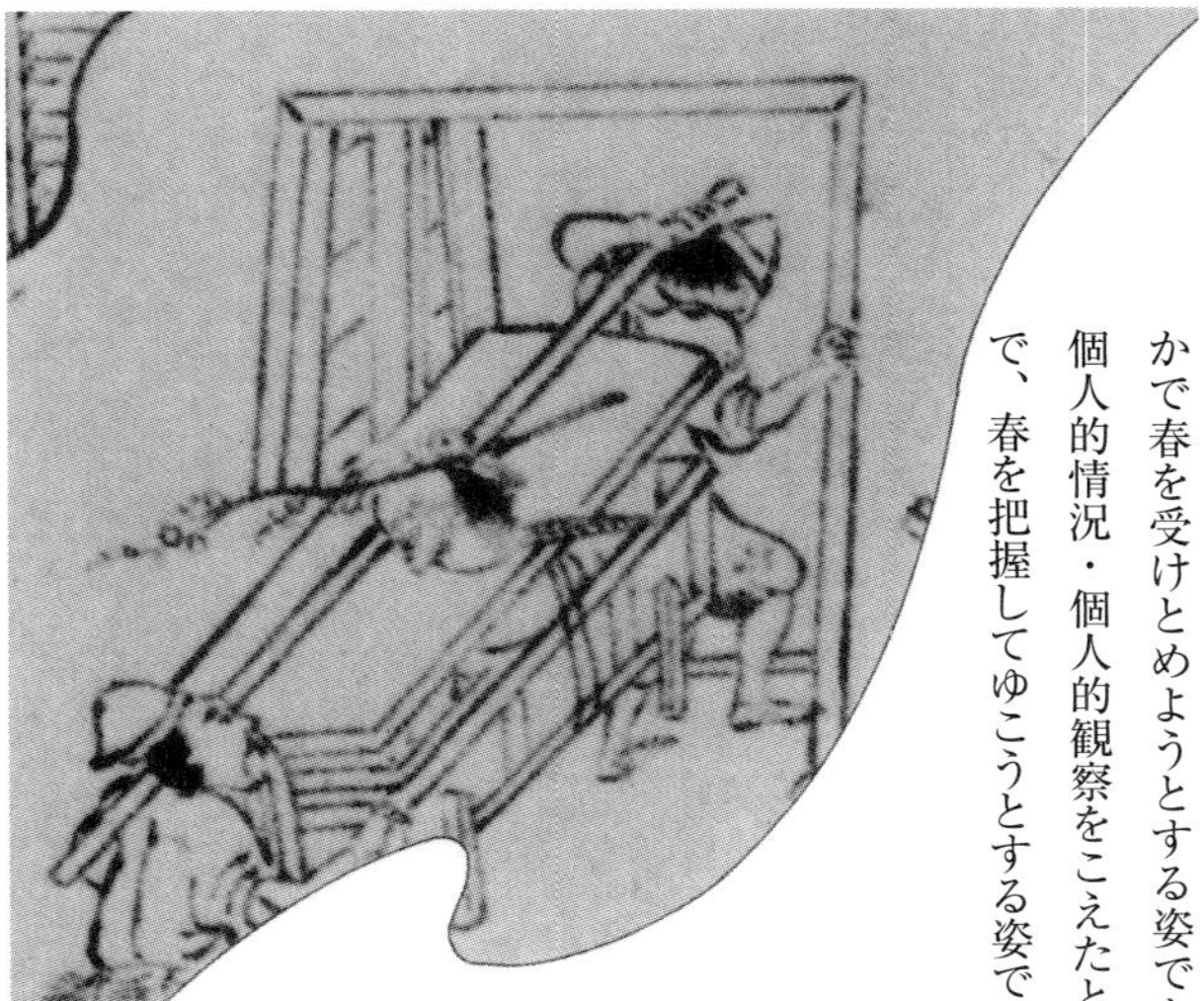

献饌を入れたと思われる箱の上に桜の一技。やすらいまつり一景

春を迎えた喜びを力強くうたった、『万葉集』のなかでもすぐれた歌の一つである。志貴皇子は、激しく流れる水と芽をふいて来た蕨に春を感じているのである。しかし、万葉時代の多くの人々が、このような自然の変化に着目し、そこに春をみていたわけではない。

冬ごもり　春さり来れば　朝《あした》には　白露置き　夕《ゆうべ》には　霞たなびく　風の吹く　木末《こぬれ》が下に　鶯鳴くも　（万葉・巻十三）

この長歌も、同じく、春がやって来たことをうたっているのであるが、この歌から感じられるのは、一つのきまりのなかで春を受けとめようとする姿である。個人的情況・個人的観察をこえたところで、春を把握してゆこうとする姿である。

ひさかたの天の香具山このゆふべ霞たなびく春立つらしも　（万葉・巻十）

冬過ぎて春來《きた》るらし朝日さす春日《かすが》の山に霞たなびく　（万葉・巻十）

このように、春の霞から春を感じていった人は多かったようである。そして、春の到来と春霞とは強く結びつき、生活のなかでの一つの型となっていったのである。

昨日こそ年は極《は》てしか春霞春日の山にはや立ちにけり　（万葉・巻十）

この歌などは、暦の上での春が、当然のこととして、自然の変化を呼び起こすと考えていることを示しているといえるだろう。だからこそ、自然がその型を破った時、

雪見ればいまだ冬なりしかすがに春霞立ち梅は散りつつ　（万葉・巻十）

と当惑してしまうのである。

人々に春を知らせるものは、もちろん、霞だけではない。

霞立つ野の上《へ》の方《かた》に行きしかば鶯鳴きつ春になるらし　丹比乙麿《たじひのおとまろ》（万葉・巻八）

うちなびく春立ちぬらしわが門《かど》の柳の末《うれ》に鶯鳴きつ　（万葉・巻十）

これらの歌で明らかなように、鶯の鳴き声も重要なものの一つであった。

梅

『万葉集』の巻八と巻十は、歌を春・夏・秋・冬の四季に分け、さらに、それを雑歌《ぞうか》と相聞《そうもん》とに分けて整理している。このような分類方式は、『古今集』以下の勅撰和歌集に大きな影響を与えたのであった。この巻八・巻十の春の項を初めとして、『万葉集』では、春のものとして、梅の花が数多くうたわれている。天平二年、大伴旅人のところで行われた梅見の宴の時の歌三十二首（巻五）などは名高いものである。歌の数でいうかぎり、春の花の代表は、外来の梅なのである。なお、数の上で梅と並び得るのは、秋の萩のみである。しかし、万葉時代の人々が、春を象徴する最も重要な花として、梅の花を受けとめていたとは考えられないのである。

春さればまづ咲く宿の梅の花獨り見つつや春日《はるひ》暮《くら》さむ　山上憶良《やまのうえのおくら》（万葉・巻五）

青柳梅との花を折りかざし飲みての後は散りぬともよし　沙彌滿誓《さみまんせい》（万葉・巻五）

梅は、中国から渡来した外国の木であった。それは、外国の進んだ文化を受

けとめてゆこうとする人々の個人の家の庭に植えられたようである。憶良や満誓の歌は、梅の花が、個人的・一時的観賞の対象にすぎなかったことを明白に示しているといえるだろう。志貴皇子がみせたような、春になったことに対する激しい感動はない。そればかりではない。生活のリズムとしての春の位置づけとのかかわりにおいて梅の花をとらえているわけでもないのである。なお、春さればは春になるという意であり、また、散りぬともよしは散ってしまってもよいという意である。

　万葉時代の梅は白梅であった。

　雪の色を奪ひて咲ける梅の花今盛りなり見む人もがな　（万葉・巻五）

　雪の白さとまちがうほどの白さだったのである。梅は、冬のものとしても、数多くうたわれたのであった。巻八の冬の雑歌の項をみると、全部で十九首のうち十一首までもが梅をとりあげているのである。このような梅のとりあげられかたについて、単に、梅は冬から春へかけてのものであったといってすませるわけにはいかない。梅が、はっきりとした形では位置づけられていないということは、梅が、文化的な意味で一つの明確な内容を持ち、人々の心や生活に定着してはいなかったということを示しているのである。梅は、決して、春の花を代表するものではなかったのである。

桜花今盛なり

　鶯の木傳ふ梅のうつろへば櫻の花の時片設《かたま》けぬ　（万葉・巻十）

　梅が散って桜の時がやって来たというのである。梅につづいて咲くのが桜である。

　見渡せば春日の野邊に霞立ち咲きにほへるは櫻花かも　（万葉・巻十）

とうたわれているように、春の霞とともにあった花であることにはちがいないのである。

　櫻花今盛《さかり》なり難波の海押し照る宮に聞《きこ》しめすなへ　大伴家持（万葉・巻二十）

　ここでは、桜の花の盛りと天皇の政治とが並べられている。なへは、ある状態に他の状態が並行することを表わす接続助詞である。繁栄の象徴として桜の花はとらえられているのである。とすると、有名な次の歌でうたわれているのも桜の花であろうと考えられる。

　あをによし寧樂《なら》の京師《みやこ》は咲く花の薫《にお》ふがごとく今盛りなり

小野老《おののおゆ》（万葉・巻三）

　このように、桜の花は、個人的観賞をこえたところに位置づけられているのである。それを、単に、春という季節の到来を確認するためのものとみるわけにはいかないのである。

桜

　サクラという呼称は、サツキやサナエなどと相い通じるものであって、穀霊・田の神の依代《よろしろ》を意味した。そして、人々は、その花が咲くことを神の来臨と受けとめていた。このような考えは、折口信夫氏の、

　昔の櫻は、山の櫻のみであった。遠くから櫻の花を眺めて、その花で稲の實りを占った。花が早く散ったら大變である。　（古代研究）

を初めとして、多く民俗学者によって述べられているところである。その花の咲きかたが秋の稔《みの》りと結びついているからこそ、人々はそれに強い関心を示したのであり、また、都《みやこ》の繁栄とも結びつけて受けとめ得たのである。よく指摘されていることであるが、川口孫治郎氏の『自然暦』にみられるように、秋田県鹿角郡では、コブシのことを田打ち桜とか田植え桜とかいっているのである。サクラ

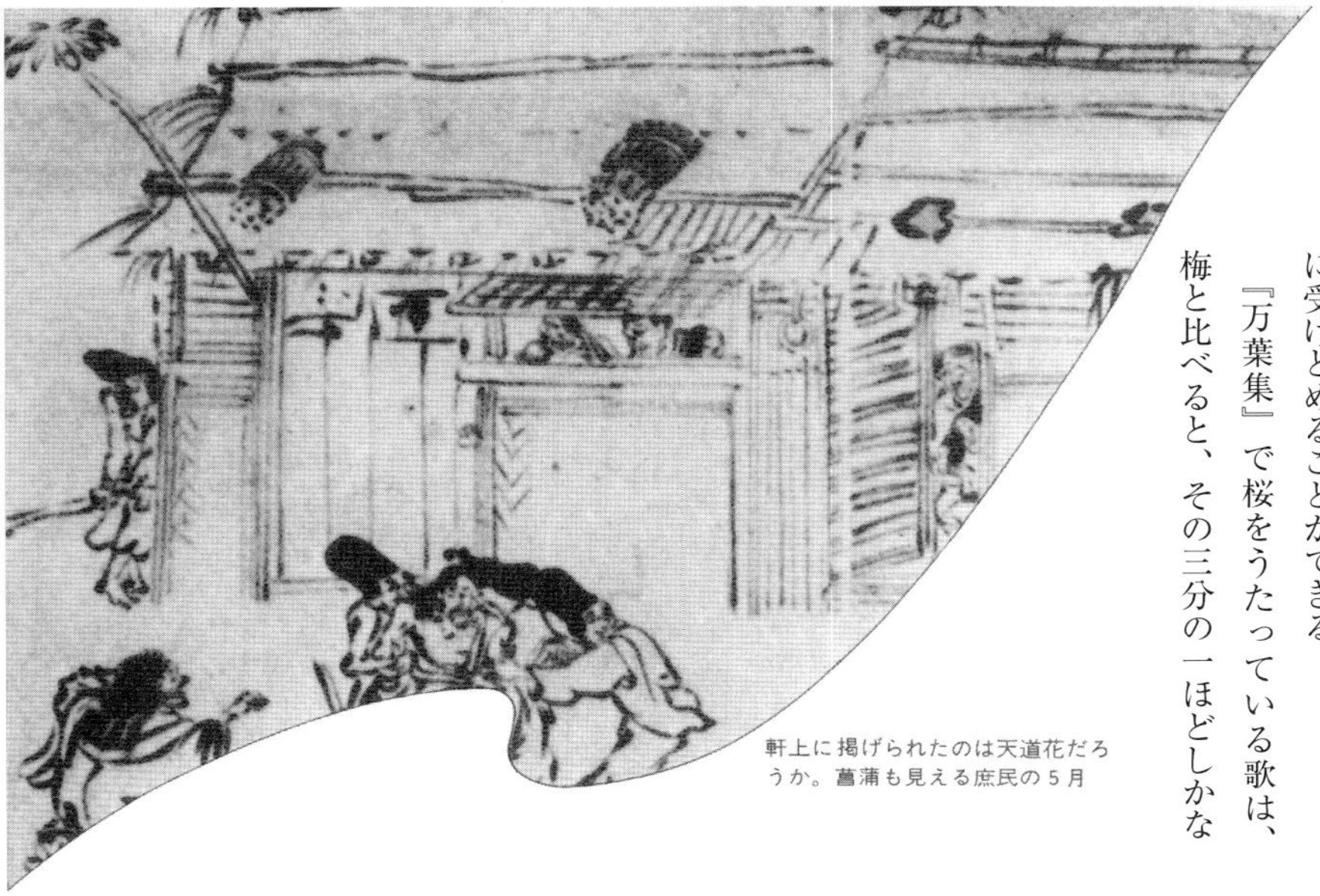

軒上に掲げられたのは天道花だろうか。菖蒲も見える庶民の５月

は、植物学上のサクラを指す言葉ではなく、特定の意味、内容をそなえた木、すなわち、神意を伝える木を指し示す言葉であったと考えることができる。このような考えをふまえることによって、『万葉集』などにみられる桜をうたった歌の意図するところを、私たちは、より明確に受けとめることができる。

『万葉集』で桜をうたっている歌は、梅と比べると、その三分の一ほどしかない。しかし、だからといって、万葉時代の人々が、梅により深い関心を示していたということにはならないのである。

春雨は甚《いた》くな降りそ櫻花いまだ見なくに散らまく惜しも　（万葉・巻十）

このような歌も、その背景に、桜の花の久しく咲くことを、秋の稔りゆえに祈るといった心が働いていることはいうまでもない。

嬢子《おとめ》らの　插頭《かざし》のために　遊士《みやびを》の　蘰《かづら》のためと　敷《ま》き坐せる　國のはたてに咲きにける　櫻の花の　にほひはもあなに　（万葉・巻八）

この長歌は、若宮《わかみやの》年魚《あゆ》麿《まろ》が伝誦していたものである。にほひはもあなに、これは、あかく映えている色は何と美しいこと、という意味で、強い感動の表現である。花などをかざしにするということは、その花の持つ特別な力を身にそなえたいという意志の表示であると同時に、その呪力を身につけた特別な存在であることを表わしていた。年魚麿が伝誦していた歌は、桜をかざした少年・少女による祭礼を讃えているかのようにみえる。

桜は、稲の稔りの予兆という公的な意味を持っていた。だからこそ、多くの人々とともに、共同で、それは受けとめられなければならなかったのである。桜の花というと、次の歌のような恋の歌がうたわれるのも、そもそも一人で見るものではなかったからであろうと思われる。

櫻花今そ盛りと人は云へどわれはさぶしも君としあらねば
大伴池主《おおとものいけぬし》（万葉・巻十八）

ところで、大伴家持の歌に、

春まけて物悲しきにさ夜更けて羽振《はふ》き鳴く鴫誰《しきた》が田にか住む　（万葉・巻十九）

とか、

春の野に霞たなびきうら悲しこの夕かげに鶯鳴くも　（万葉・巻十九）

といった作品がある。春まけては、春になっての意である。これらは、春という季節に、説明しがたい悲しさ、憂鬱を感じているように思える。私は、これらの歌に、万葉時代の終りを感じる。

春は来にけり

年のうちに春は來にけりひととせを去《こ》年《ぞ》とやいはむ今年《ことし》とやいはむ
在原元方《ありわらのもとかた》（古今・巻一）

『古今集』巻頭の歌である。十二月中に立春が来てしまったことに対する困惑をうたったもので、作品として、すぐれたものとはいえない。しかし、この歌を巻頭に据えざるを得なかったのは、自然の動きのなかに春をみてゆくよりも、まず、暦の上で春というものを把握してゆくことが大切であったからにちがいない。『後拾遺集』も、

いかにねておくるあしたにいふことぞ
きのふをこぞとけふをことしと
小大君《こおおきみ》（後拾遺・巻一）

という歌で始められている。

『古今集』は、全二十巻であるが、巻一・二が春、三が夏、四・五が秋、六が冬となっている。『古今集』に続く第二の勅撰集である『後撰集』などは、夏・冬は同じく一巻であるが、春・秋には、それぞれ三巻を当てているほどである。そして、恋の歌の部が、『古今集』で五巻、『後撰集』で六巻となっている。平安の人々、とくに貴族たちは、春と秋と恋に心ひかれていたのである。

ところで、『古今集』の春の部二巻には、一三四首の歌が収められているが、そのうち桜をうたった歌が七十首にも及んでいるのである。奈良から平安へと移り変わるなかで、歌をよむ人々の関心は、大きく桜へと傾斜していったのである。

もちろん、霞や鶯は、奈良時代と同じように、春を告げ知らせてくれるものであった。

はるのくるみちのしるべはみよしのの
やまにたなびくかすみなりけり
大中臣能宣《おおなかとみのよしのぶ》（後拾遺・巻一）

春きぬと人はいへどもうぐひすの鳴か
ぬかぎりはあらじとぞ思ふ
壬生忠岑《みぶのただみね》（古今・巻一）

このような歌によって、都の人々の受けとめかたを知ることができるのであるが、『枕草子』に、

鶯は、世になくさま、かたち、声もをかしきものの、夏秋の末まで老い声に鳴きたると、内裏のうちに住まぬぞ、いとわろき。また、夜鳴かぬぞいぎたなきとおぼゆる。十年《ととせ》ばかり内《うち》に候ひて聞きしかど、さらに音もせざりき。

とあるところをみると、少なくとも、宮中で鶯の声を聞くことはできなかったのである。ということは、鶯が、都の貴族たちの現実の生活から離れてしまっているにもかかわらず、春のものとしてうたわれ続けたということである。それをうたうことは、あるいは、春を迎えるための一つの儀式のような意味を持っていたのかもしれない。宮中にあって、それなりの形で、現実を直視した清少納言が、

春はあけぼの。やうやうしろくなりゆく山ぎは、すこしあかりて、紫だちたる雲のほそくたなびきたる。
（枕草子）

としか記さなかったのは、彼女たちのおかれている状況を暗示しているといえるだろう。しかし、その清少納言も、

正月一日は、増して空のけしきうらうらとめづらしく、霞こめたるに、……
（枕草子）

と記しているのである。霞は、まだ、春のものとして生きていたということであろうか。

万葉時代に数多くうたわれた梅は、

春くれば宿にまず咲く梅の花君が千年《ちとせ》
のかざしとぞ見る　紀貫之（古今・巻七）

と、一見かつてよりも呪的性格を増したかのようにみえるが、それも、数は少なく、また、この歌でも、宿の梅なのであって、公的な意味は持ち得ていないといってよいであろう。有名な、

こちふかばにほひおこせよ梅の花ある
じなしとて春をわするな
菅原道眞（拾遺・巻十六）

なども、梅との個人的なつながりをうたったものである。家の庭先に植えて、それを愛玩する梅とのつきあいかたは、平安時代になっても変わらなかったようである。清少納言が、あてなるものとして、薄色に白襲《しらかさね》の汗衫《かざみ》などとともに、

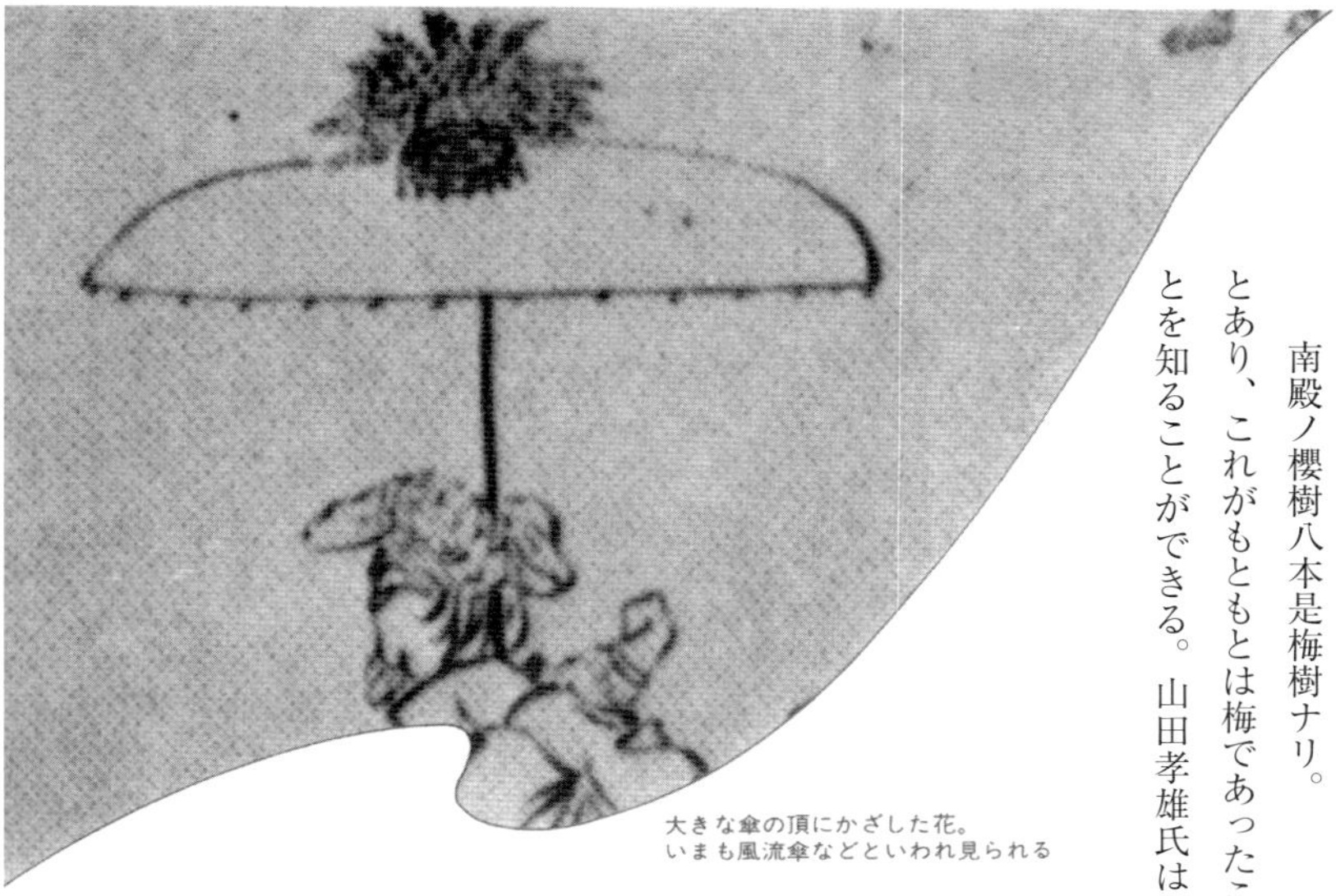

大きな傘の頂にかざした花。いまも風流傘などといわれ見られる

梅の花に雪の降りたる。（枕草子）

をあげているのも、身近に見ることのできるものであったからと思われる。

花は紅ない

宮中の紫宸殿の前庭に、左近の桜と右近の橘とが植えられていた。『古事談』巻六に、

南殿ノ櫻樹八本是梅樹ナリ。

とあり、これがもともとは梅であったことを知ることができる。山田孝雄氏は、この梅が桜に改められたのは、平安時代初頭の仁明天皇の頃であろうと推測しておられる（『櫻史』）。なぜ、梅が桜に植えかえられたのであろうか。桜が、観賞用の花としての地位を確立したからであろうか。それとも、この一対の木が、単なる観賞用の樹木としてだけではなく、呪的象徴としての役割を持ち始め、それには、桜の方がふさわしかったからであろうか。前代の『懐風藻』に、采女比良夫《うねめのひらふ》の五言詩が収められている。その一部分を紹介する。

淑景蒼天《しゅくけいそうてん》に麗しく、嘉気碧空《かきへきくう》に陳《つら》く。
葉は緑なり園柳《ゑんりう》の月、花は紅《くれない》なり山櫻《さんおう》の春。
雲間皇澤《うんかんくわうたく》を頌《ほ》め、日下芳塵《じっかはうぢん》に沐《ゆあみ》す。

春はうららかで、めでたい瑞気が空に広がっている、柳の葉は緑であり、桜の花は紅である、天子の恩をほめたたえ、そのもとで皇恩に浴する、といった内容である。これは、天皇をたたえることを直接の目的とした詩である。しかし、その底に、緑の柳と紅の花とに世界を集約してゆく考えの萌芽をみることができる。「柳ハ緑花ハ紅真面目」という蘇東坡の一句を、あるがままの自然そのものが真実の姿であることを見事に表現したものとして、後代の文芸において重要視してゆくが、そのような受けとめも、一日にして成立したものではないのである。すでに、比良夫の時点において、稲の稔りの予兆という農耕的視点をこえたところの、桜花を中核に据えた世界観が誕生していたといえるかもしれない。もちろん、秋の稔りは、生命を支える根幹である。だからこそ、桜は、都の繁栄とも結びつけて意識されていたのである。その意味では、ここにあらためていうまでもないことかもしれない。しかし、桜花を、そのような具体的認識をふまえつつも、それをこえて、抽象的世界観のなかに明確に位置づけていったのは、貴族たちであったのである。少なくとも、平安初期にみられる貴族たちの桜花への著しい接近は、そのような考えの成立、発展の結果であり、また、貴族社会における定着を意味しているといえるであろう。とすると、紫宸殿前庭の梅が桜へと植えかえられたのは、桜が、貴族たちの精神世界において重要性を持ち始めたということと、前庭の樹木そのものが、単なる前栽をこえた存在となっていったということとの関連においてであったと考えられる。

万葉の時代にも、桜を個人の家に植えることはあった。しかし、平安時代に入

ると、それは珍しいことではなくなったようである。そして、宮中においても、処々に桜は植えられていたのである。『古今著聞集』巻十九に、

　長元々年十二月廿二日、昭陽舎の櫻を一本、清涼殿東北の庭にうつしうへられけるに、殿上人ども下りたちて、ふみかためけり。いと興ある事也。むかしはかやうにあちこちほりわたし、又はじめても植ゑけり。

とある。植樹、移植は簡単に行われていたのである。

花の宴

平安時代に、桜の花を中心とした花の宴と呼ばれる儀式があり、『源氏物語』の巻名にもなっていて、名高い。しかし、花の宴は、定まった儀式ではなかった。行われる月日も不定であり、また、行われないこともしばしばであった。『源氏物語』の「花宴」の巻は、

　二月《きさらぎ》の二十日あまり、南殿《なでん》の櫻の宴せさせたまふ。

と始まる。南殿とは、紫宸殿のことである。桐壺帝の主催であり、そこには、藤壺中宮・弘徽殿女御・春宮《とうぐう》などが列席した。宮中をあげての盛儀であり、もちろん、光源氏も頭中将も出仕していた。人々は、自分の作る詩の韻字を天皇から賜わって、漢詩を作った。光の賜わったのは「春」という文字であった。舞楽の準備も充分になされており、光は「春鶯《しゅんのう》囀《でん》」を、そして、頭中将は「柳花苑《りゅうかえん》」を舞った。宴は、

　夜いたう更《ふ》けてなむ、事はてける。

とあるように、夜おそくまで続けられたのであった。宴であるから、当然、酒もあった。ところで、興味深いのは、このところで、桜の花の美しさについては全くふれられていないことである。『源氏物語』にみるかぎりでは、花の宴の中心は、即興で作る漢詩と、突然の要望に応じられる舞楽の能力とにあるのである。

ここから思い浮かぶのは、現在行われている花見の宴である。酒や料理を用意し、飲めや歌えと花の下で宴を開いているのは周知のことである。『後撰集』巻三に、

　花山にて道俗酒らたうべけるをりに
　山守はいはばいはなん高砂の尾上の櫻
　　折りてかざさむ

とあるように、花見の折に酒を飲むのは、古くからの道俗の習俗であった。これは後の記述であるが、『徒然草』で兼好法師は、

　片田舎の人こそ、色こく万《よろず》はもて興ずれ。花の本には、ねぢ寄り立ち寄り、あからめもせずまもりて、酒飲み、連歌して、はては、大きなる枝、心なく折り取りぬ。

と記している。兼好法師は非難をこめて述べているのであるが、ここにこそ、当時の在地の花見の姿をみることができる。花を一心にみまもり、また、その下で、酒を飲み、詩歌をよみ、最後には花を折り取っているのである。花に稔りの予兆をみ、降り来った神とともにナオライの宴を開き、そこで神を讃え、なぐさめ、神の力のこもった桜の枝を持ち帰って、自分の家や田の守りにしようというのである。

花見

貴族や都人の花見は、もちろん、花の宴だけではなかった。

　花見にはむれてゆけども青柳の糸のもとにはくる人もなし　（拾遺・巻一）

　はなみにと人は山べにいりはててはるはみやこぞさびしかりける
　　道命法師（後拾遺・巻一）

花見は、一人でするものではなかった。大勢で山に入って行うものであっ

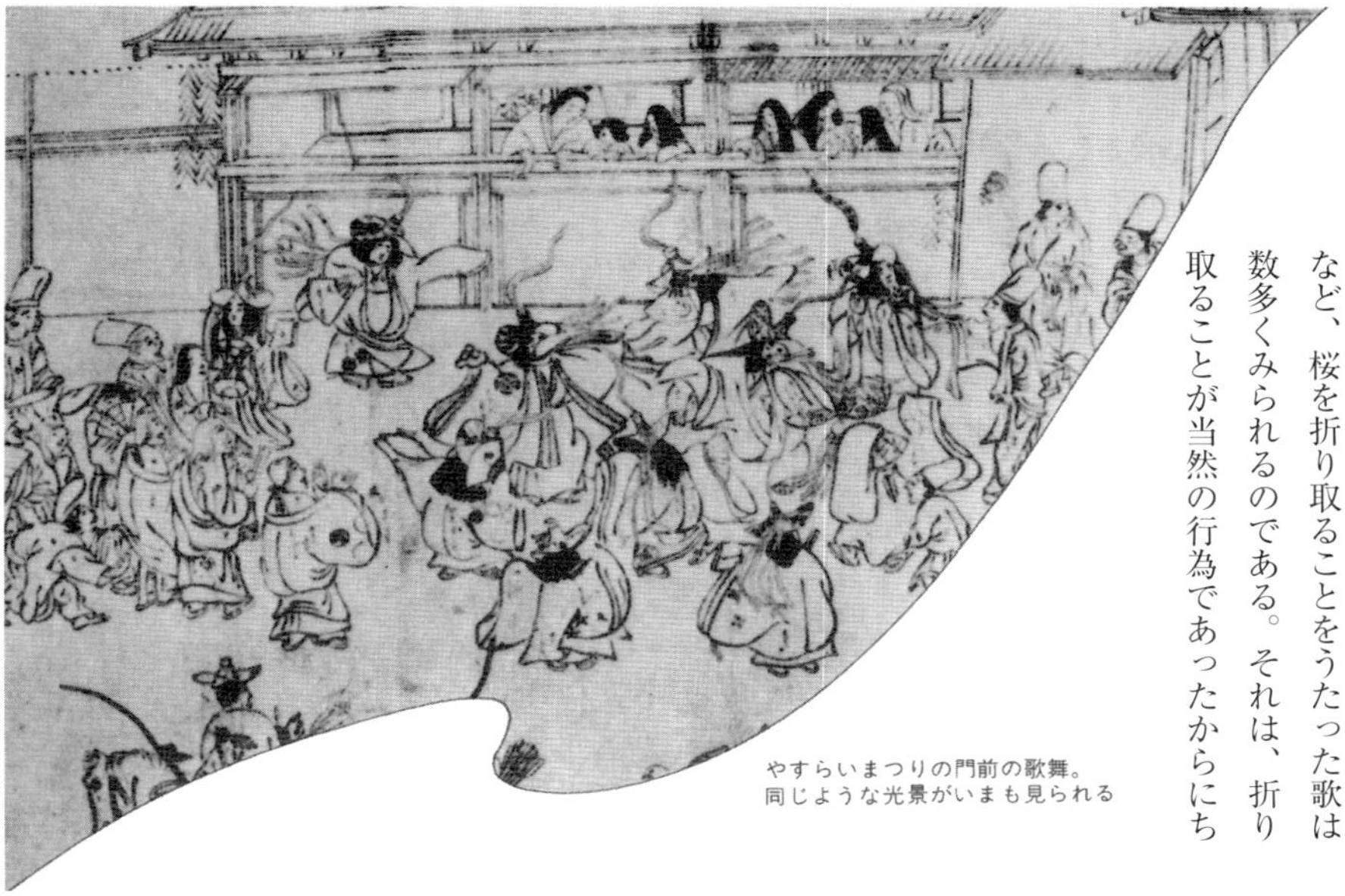

やすらいまつりの門前の歌舞。
同じような光景がいまも見られる

た。そして、

見てのみや人に語らむさくら花手ごとに折りていへづとにせむ

素性法師（古今・巻一）

誰しかもとめて折りつる花霞立ちかくすらむ山のさくらを

紀貫之（古今・巻一）

など、桜を折り取ることをうたった歌は数多くみられるのである。それは、折り取ることが当然の行為であったからにちがいない。

ひさしかれあだにちるなとさくら花かめにさせれどうつろひにけり

紀貫之（後撰・巻三）

とうたった貫之には、桜を折り取りながらも、そこに神をみる心は意識されていなかったかもしれない。しかし、その貫之も、ひさしかれ、あだにちるなと願っているのであり、その心の奥底には、稔りの予兆としての桜花を前にして祈る人々の心と同じものが流れていたとはいえないであろうか。

光源氏は、三月の末に、北山深く入り、山桜の咲くなかで若紫を発見する。『源氏物語』の「若紫」の巻のこのような設定の底にも、稔りをもたらす神聖な山桜に対する思いがあったと考えられる。農耕の民の心に強く存在していた桜に対する信仰は、都の人たちの心に、深い影響を与えていたのではないだろうか。

鎮花祭

鎮花祭と呼ばれる祭りがある。現在、京都の今宮神社のやすらい祭りとして知られているものもその一つである。『令義解』巻二の神祇令の項に、

鎮花祭　謂フ、大神《おほみわ》・狭井《さゐ》ノ二祭也。春ノ花飛散ノ時ニ在リテ、疫神分散シテ癘《えやみ》ヲ行フ。其ノ鎮遏《ちんあつ》ノ為ニ必ズ此ノ祭有リ。故ニ鎮花ト云フ。

とある。同様の記述は『令集解』にもみられる。鎮花祭は、九世紀の前半には、確かに存在していた。鎮魂祭と比べるまでもなく、もともとは、桜花の散る頃に、稲の花の安定を祈願し、秋の稔りを確かなものにするために行われた農耕儀礼であったにちがいないが、都市の人々の間では、早くから、疫病をはらうものとして位置づけられていたのである。

『梁塵秘抄口傳集《くでんしゅう》』巻十四として伝えられている本に、久寿元年（一一五四）三月のこととして、京都周辺の男女が風流のあそびをして紫野社へ参ったと記されている。人々は、歌をうたい、笛や太鼓などを演奏し、花傘を用意し、叫び狂った。それを、京中の貴賤の者たちがみていたというのである。そして、

はなやさきたる　やすらいハナヤ
はなやさきたるや　やすらいハナヤ

と、その時の歌の詞章が二十行以上にわたって書き留められているのである。このことばからみると、この時点においても、この風流のあそびは農耕儀礼的性格を失ってはいなかったと考えられる。このようなやすらい祭りの様子は、『年中

行事絵巻』にも描かれている。貴族たちの管理下にあったにちがいないこれらの書物や絵巻に、狂態ともいうべき庶民の祭礼が書き記されなければならなかったのは、貴族たちにそれを無視することができなかったからである。それは、永長元年（一〇九六）の大田楽と同じように、民衆の活力を吸収して、自分たちの社会に新しい生命を与えようとする試みでもあったと考えられる。

九世紀に奈良にあった鎮花祭が、平安末期には京都にあって、しかも、本来の意味を完全には失っていなかったのである。このような祭りは、当然のこととして、今宮だけのものではなく、各地にあったにちがいない。そして、都の人々は、十分に、それらに接する機会を持っていたのである。だからこそ、桜花の農耕的意味を、都の庶民も、貴族も、自らの生活のなかに位置づけ得たのであり、また、そうせざるを得なかったのである。

春死なむ

桜の花に強い関心を示し、しかも、その底流に農耕儀礼的桜花の意味をふまえていたとすれば、当然のこととして、単にその美しさをめでてすますわけにはいかない。散るということを強く意識しなければならないはずである。そして、『古今集』以降の歌人たちは、桜の咲くことよりも、散ることを多くうたってゆくこととなるのである。そして、一方に桜を通じて世界を把握してゆこうとする考えもあった。貴族たちは、散る花の姿に世界そのものをみつめてゆかなければならなかったのである。

『古今集』のなかで、桜をうたって名高い歌を三首あげてみる。

世の中に絶えて櫻のなかりせば春の心はのどけからまし
在原業平（古今・巻一）

ひさかたの光のどけき春の日に静心《しづこころ》なく花の散るらむ　紀友則（古今・巻二）

花の色は移りにけりないたづらにわが身よにふるながめせしまに
小野小町（古今・巻二）

このような歌を初めとして、数かぎりなくといえるほど、桜をみつめつくす歌がうたわれている。そこには春の明るさはない。これらの歌が、後の時代にもてはやされたのは、後代の人々が、これらの歌人たちの桜花を通じて生をみつめてゆく姿勢に共感を覚えたからであろう。そして、これらの歌は、

うつせみの世にも似たるか花ざくら咲くと見しまにかつ散りにけり
（古今・巻二）

散る花をなにかうらみむ世の中にわが身もともにあらむものかは
（古今・巻二）

といった仏教的世界観と隣りあわせにあったのである。

桜をながめることが、同時に、人生を考えることとなった時、貴族たちは、一人で桜に対さざるを得なくなったのである。

『新古今集』になると、春の歌一七四首に対し、秋の歌は二六六首にも及ぶこととなる。これは、平安時代を通じて、光のどけき春の日に、暗く沈んだ生そのものを感じてゆかざるを得なかった心が必然的にもたらしたものであったといえるであろう。

『伊勢物語』に、

散ればこそいとど櫻はめでたけれ憂き世になにか久しかるべき

という歌がある。このような仏教的無常観を、より明確に、より積極的に受けとめたのは兼好法師である。『徒然草』に、

花はさかりに、月はくまなきをのみ見るものかは。雨にむかひて月を恋ひ、たれこめて春の行方知らぬも、なほあはれに情ふかし。咲きぬべきほど

の梢、散りしをれたる庭などこそ見所
多けれ。
とある。無常なる世を無常なるものとして受けとめてゆこうとする考えである。桜の花のにほひもあなたにと讃歎し、久しかれと祈った心は、もはやここにはない。

そして、西行法師は、

ねがはくは花の下《した》にて春しなむそのきさらぎのもち月の比《ころ》（新古今・巻十八）

とうたった。西行法師にあったものは、自然との一体化を希求する心に外ならなかった。桜の花をひたすらにながめつくした平安時代を終って、桜は世界そのものとなっていったのである。

京都・仁和寺の八重桜

京都・八瀬の桜

町内をまわって踊る、京都・今宮神社のやすらい祭り

祭と芸能拾遺

文・写真　須藤　功

祭の餅　「おこない」は、琵琶湖（滋賀県）周辺の多くの集落にみられる初春の祭である。祭の参加者や祭式は集落によって多少の違いがあるが、共通しているのは、餅を神へのもっとも大事な供えものにしていることである。そのため糯米《もちごめ》を蒸かすときも、臼で搗くときも神聖なものとしてあつかっている。供えて神前からさげた餅は、氏子に平等に切りわけるが、それは神から新たな魂をいただいたことになる。

2月11日の早朝、常緑樹の木枝に餅を練りつけた「御華《はな》」を、氏神の志賀神社前に立てる。滋賀県山東町志賀谷（現米原市）昭和55年（1980）

床間に供えられた志賀谷の御鏡

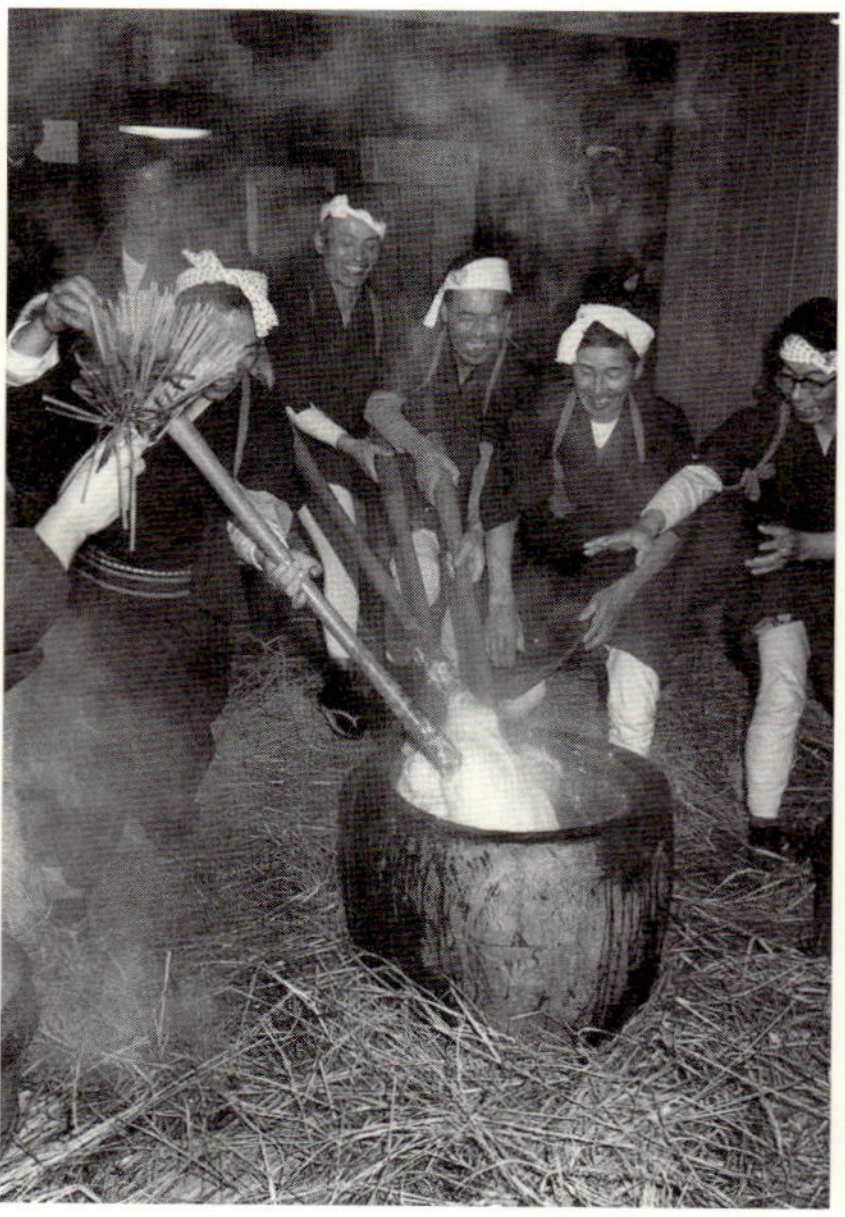

志賀谷では、立杵で4人で餅を搗く。

志賀谷では、木桶を藁で包んだ甑《こしき》で糯米を蒸かす。

馬上《まけ》では、化粧した若者が餅を背負っておどける。氏神に向かうころには大雪になった。滋賀県高月町馬上　昭和55年（1980）

3月1日の川道のおこないでは、組ごとに巨大な餅を神前に供える。滋賀県びわ町川道（現長浜市）昭和54年（1979）

つぎの家に向かうイタツキバラの男女とアンガマ面

イタツキバラ　祭は最後に直会を行なう。祭の終わりの酒宴のように思われているふしがあるが、神前に供えたものをさげいただき、神に感謝しながら食する祭式のひとつである。九州南部には、この直会をイタシキバライと呼んでいるところがあった。

沖縄の石垣島でいうイタツキバラとはつづりが少し異なるが、盆が終わったあと、すなわち祭事のあとに行なうということではイタシキバライと共通する。

石垣島の大浜では、イタツキバラは盆が終わってもうろついている仏をあの世に送るのだという。

祖先を大事にする沖縄の人々は、盆には特別な客を迎え、ともに過ごすかのような緊張した気持ちで盆三日を送る。疲れるわけで、イタツキバラでその疲れを癒し、自分たちの健康を願うということでもあるようだ。

踊るアンガマ面。力強くきれいに踊った。

訪れた家の者はつぎつぎに踊る。

「踊りなさい」と促されたらまず踊る。上手下手ではない。
それがイタツキバラの挨拶

じじの踊りも堂々としていた。

青笹獅子踊りは少女たちの手踊りをともなって遠野郷八幡宮に練りこんでくる。

獅子踊り　岩手県には、「鹿踊り」と書く「ししおどり」が各地に見られるが、遠野の青笹の場合は「獅子踊り」で、毎年九月十五日に遠野郷八幡宮例祭に奉納される。長さ約二メートルの白楊（柳）のカンナガラを獅子の髪としていることから「カンナガラ獅子」ともいう。大きな目に大きな角の獅子頭は怖い感じがするが、このカンナガラが踊りにつれてサラサラと揺れて、見る者を柔らかに包んでくれる。

勇壮な動きの青笹獅子踊り。弧を描く角の間の透彫《すかしぼり》が役を表す。写真の獅子の透彫は梅で、「側獅子」と呼ばれる。

八幡宮の境内で組ごとに宴。獅子はそこにまわってくる。

いい伝えによると、青笹獅子踊りは、慶長元年（一五九六）ころ、京都の松尾からもたらされた獅子踊りに、土地で親しまれていた豊年踊りや神楽の山神舞などを加えて構成されたという。

踊りは総勢三、四十人、獅子十人ほどを中心に、種ふくべ、子踊り、中太鼓、刀かけ、笛・太鼓などの役がある。

踊りは一見同じようだが、入端、庭褒め、小切り、引端、柱がかり、関下笹の葉踊りなどがある。

秋の取り入れを目の前にした遠野郷八幡宮例祭、そこで踊られる元気な青笹獅子踊りは、遠野郷の人々の気持ちをひとときなごませ、働く活力を与えてくれるという。

ひとまず踊り終えて破顔一笑

編者あとがき

私は日本観光文化研究所、通称「観文研」に昭和四十二年（一九六七）二月から昭和六十年（一九八五）三月まで在席した。その間の一年の旅日数でもっとも多かったのは昭和四十六年（一九七一）の一九六日、在席中の総日数は三〇〇〇日ほどになる。まったく行っていないわけではないが、外国には関心も興味もないので、その総日数はほとんど国内の旅である。

観文研を退いてからもむろん旅はつづけている。このごろは日向山地（宮崎県）の二ヶ所に足しげく通っている。一つは椎葉村不土野で、そこにある小学校の「焼き畑体験学習」の取材のためである。不土野には日豊本線の日向市駅前からバスで二時間半近く揺られ、さらに終点の上椎葉で村営バスに乗換えて五十分ほどかかる。時間を記したのは深い山であることをいいたかったからだが、驚くのはその小学校には児童が三十六人いて、来春には四十人になることである。六年生が五人卒業するが、一年生に九人入学する。これはいうまでもなく親が若いということになる。実際、二十代の若者が大勢いる青年団があり、山中と思えないような若い母親がいる。

平成23年の焼き畑地標識。写真はいずれも平成23年撮影

枯らした木枝に火をつけて燃やす。

子どもは地域で育てる。そうした考えが生きているところである。子どもを家では叱らないが、よそのおじさんによく叱られてくると話す母親がいる。といってゴツンと殴られるわけでも怒鳴られるわけでもない。それはしてはいけないことだよ、とさとるようにいうのだという。それがかえって子どもに安心感を与え、のびのびとさせているのかもしれない。どの子も子どもらしく、しかも個性的な顔をしている。私はまだこうしたところがあったのだ、とすっかり好きになり、そ

蕎麦を石臼で碾いて粉にする。

火が鎮まったあとに蕎麦を蒔く。

みんなで蒔いて育てた蕎麦を食べる。

およそ二ヶ月後、蕎麦の花が咲いて実をつけている。

れが遠いところというためらいをなくして、不土野に足しげく通わせている。

小学校の焼き畑体験学習は平成元年からつづいている。山の草木を伐りはらうヤボキリは父母だけで行なうが、そのあとの火入れにつづく蕎麦蒔き、実った蕎麦の収穫、脱穀、そして収穫祭に石臼で蕎麦を碾いて粉にすることから始まる調理を、一年生から六年生までの全員と、椎葉中学校の二年生が体験する。

体験学習でヤボキリを体験しなかった若者が、今年（平成二十四年）青年団で初めて体験し、これはきつい大変な作業だと思ったと話してくれた。それはそのまま先祖の生活を思う心につながっているだろう。

旅の楽しさは、宮本常一がいっていたように、人との出会いにある。

須藤　功

著者・写真撮影者略歴（掲載順）

宮本常一（みやもと　つねいち）
一九〇七年山口県周防大島の農家に生まれる。大阪府立天王寺師範学校卒。柳田國男の『旅と伝説』を手にしたことがきっかけとなり民俗学者への道を歩み始め、一九三九年に上京し、渋沢敬三の主宰するアチック・ミュージアムに入る。戦前、戦後の日本の農山漁村を訪ね歩き、民衆の歴史や文化を膨大な記録、著書にまとめるだけでなく、地域の未来を拓くため住民たちと膝を交えて語りあい、その振興策を説いた。一九六五年、武蔵野美術大学教授に就任。一九六六年、後進の育成のため近畿日本ツーリスト（株）・日本観光文化研究所を設立し、翌年より月刊雑誌「あるくみるきく」を発刊。一九八一年、東京都府中市にて死去。著書『忘れられた日本人』（岩波書店）、『日本の離島』（未來社）『宮本常一著作集』（未來社）など多数。

須藤　功（すとう　いさを）
一九三八年秋田県横手市生まれ。川口市立県陽高校卒。民俗学写真家。一九六七年より日本観光文化研究所所員となり、全国各地を歩き庶民の暮らしや祭り、民俗芸能等の研究、写真撮影に当たる。日本地名研究所より第八回「風土研究賞」を受賞。著書に『西浦のまつり』（未來社）、『山の標的—猪と山人の生活誌』（未來社）、『花祭りのむら』（福音館書店）、『写真ものがたり　昭和の暮らし』全一〇巻（農文協）、『大絵馬ものがたり』全五巻（農文協）など多数。

萱野　茂（かやの　しげる）
一九二六年北海道平取村二風谷に生まれる。平取村立二風谷尋常小学校卒業。アイヌ民具の蒐集、アイヌ語の集成・普及、ウウエペケレ（昔話）・結婚式・イヨマンテ（熊送り）等のアイヌ民俗の記録・復元、二風谷アイヌ文化資料館の開設、一九九四年参議院議員に当選し「アイヌ新法」制定のために奮闘等、アイヌ文化を守るために生涯を尽くす。一九七四年菊池寛賞、一九八九年吉川英治文化賞、一九九八年毎日出版文化賞を受賞。二〇〇六年五月没。著書に『ウウエペケレ集大成』（アルドオ）、『アイヌの碑』（朝日新聞社）、『萱野茂のアイヌ語辞典』（三省堂）、『萱野茂のアイヌ神話集成』（ビクターエンタテインメント）など多数ある。

都丸十九一（とまる　とくいち）
一九一七年群馬県勢多郡北橘村（現渋川市）生まれ。群馬県師範学校卒業後、県内の小中学校教諭に従事。群馬県文化財保護審議会委員、群馬大学非常勤講師を歴任。二〇〇〇年没。著書に『日本の民俗・群馬』（第一法規）『村と子ども』（第一法規）『上州ことわざ風土記』（上毛新聞社）『地名研究入門』（三一書房）などがある。

佐藤健一郎（さとう　けんいちろう）
一九三六年東京都生まれ。東京都立大学大学院修了。武蔵野美術大学教授となり、日本観光文化研究所設立当初から参加し各地をあるく。武蔵野美術大学名誉教授。共著に『日本古典文学全集　謡曲集1・2』『小絵馬』『藁の力—民具の心と形』などがある。

米山俊直（よねやま　としなお）
一九三〇年奈良県生まれ。京都大学大学院農学研究科博士課程単位取得退学。京都大学総合人間学部教授、大手前大学学長を歴任。京都大学名誉教授。文化人類学者。アフリカの農村研究や日本の祭りまで幅広く研究し、京都学を提唱して国際京都学協会を設立。二〇〇六年没。著書に『祇園祭都市人類学ことはじめ』（中公新書）、『アフリカ農耕民の世界観』（弘文堂）、『「日本」とは何か—文明の時間と文化の時間』『米山俊直の仕事』（人文書館）などがある。

阿南　透（あなみ　とおる）
一九五八年埼玉県生まれ。京都大学理学部卒業。慶應義塾大学大学院社会学研究科修了。現在江戸川大学教授。民俗学・文化人類学専攻。

吉中充代（よしなか　みちよ）
一九五九年兵庫県生まれ。京都大学文学部哲学科美学美術史学専攻卒。姫路市立美術館学芸員、姫路市広報課を経て、現在、京都市美術館学芸課課長補佐。日本近代美術、美術館学。共編著に『現代美術館学』（昭和堂）などがある。

石田昌弘（いしだ　まさひろ）
京都教育大学卒。米山俊直先生指導の近衛ロンド（人類学研究会）に参画。

小林康子（こばやし　やすこ）
京都教育大学卒。米山俊直先生指導の近衛ロンド（人類学研究会）に参画。

酒井直広（さかい　なおひろ）
一九六一年大阪府生まれ。一九八〇年京都経済大学に入学し、米山俊直先生指導の近衛ロンド（人類学研究会）に参画。「六万人の広場」実行委員長。一九八三年没。

鵜飼正樹（うかい　まさき）
一九五八年滋賀県生まれ。京都大学大学院文学研究科博士課程学修認定退学。京都文教大学総合社会学部教授。社会学専攻。著書に『大衆演劇への旅』（未來社）、『見世物稼業　安田里美一代記』（新宿書房）などがある。

伊藤俊一（いとう　としかず）
一九五八年愛知県生まれ。京都大学大学院文学研究科博士後期課程満期退学。一九九二年名城大学教職課程部講師。現在、名城大学人間学部教授。

牛尾三千夫（うしお　みちお）
一九〇七年島根県邑智郡市山村（現江津市桜江町）の飯尾山八幡宮の宮司の家に生まれる。国学院神道部卒業。早くより民俗学を志し、柳田国男、折口信夫、宮本常一らと親交をもち、大元神楽の研究、保存、民俗調査研究に一生をささげた。一九八六年没。著書に『大田植と田植歌』（岩崎美術社）『牛尾三千夫著作集』全二巻（名著出版）などがある。

田地春江（たち　はるえ）
一九二三年東京生まれ。著書に『神楽大夫—備後の神楽を伝えた人びと』（岩田書院）、共著書に岩田勝編『神楽』「大神楽に祭られる神々」（名著出版）などがある。

岩田　勝（いわた　まさる）
一九二六年広島県生まれ。一九九四年没。著書に『神楽源流考』『神楽新考』（以上名著出版）、『伝承文学資料集成16中国地方神楽祭文集』（三弥井書店）などがある。

西山　妙（にしやま　たえ）
一九四三年東京都生まれ。早稲田大学第一文学部卒。一九六六年、日本観光文化研究所に初代事務局員として入る。『あるくみるきく』の創刊以降は、その編集、執筆に携わる。著書に『道は語る』（ほるぷ出版）共著に『ハマの職人探訪瓦版』全二巻などがある。

監修者略歴

田村善次郎（たむら　ぜんじろう）

一九三四年、福岡県生まれ。一九五九年東京農業大学大学院農学研究科農業経済学専攻修士課程修了。一九八〇年武蔵野美術大学造形学部教授。武蔵野美術大学名誉教授。文化人類学・民俗学。

大学院時代より宮本常一氏の薫陶を受け、国内、海外のさまざまな民俗調査に従事。『宮本常一著作集』（未來社）の編集に当たる。著書に『ネパール周遊紀行』（武蔵野美術大学出版局）、『棚田の謎』（農文協）ほか。

宮本千晴（みやもと　ちはる）

一九三七年、宮本常一の長男として大阪府堺市鳳に生まれる。小・中・高校は常一の郷里周防大島で育つ。東京都立大学人文学部人文科学科卒。山岳部に在籍し、卒業後ネパールヒマラヤで探検の世界に目を開かれる。一九六六年より近畿日本ツーリスト・日本観光文化研究所（観文研）の事務局長兼『あるくみるきく』編集長として、所員の育成・指導に専念。

一九七九年江本嘉伸らと地平線会議設立。一九八二年観文研を辞して、向後元彦が取り組んでいた「（株）砂漠に緑を」に参加し、サウジアラビア・UAE・パキスタンなどをベースにマングローブについて学び、砂漠海岸での植林技術を開発する。一九九二年向後らとNGO「マングローブ植林行動計画」（ACTMANG）を設立し、サウジアラビアのマングローブ保護と修復、ベトナムの植林事業等に従事。現在も高齢登山を楽しむ。

あるくみるきく双書
宮本常一とあるいた昭和の日本 20 祭と芸能

2012年10月15日第1刷発行

監修者　田村善次郎・宮本千晴
編　者　須藤　功

発行所　社団法人　農山漁村文化協会
郵便番号　107－8668　東京都港区赤坂7丁目6番1号
電話　03（3585）1141（営業）　03（3585）1147（編集）
FAX　03（3585）3668
振替　00120（3）144478
URL　http://www.ruralnet.or.jp/

ISBN978-4-540-10220-2
〈検印廃止〉

印刷・製本　（株）東京印書館